心理诸葛
ISBN: 9787564573706
This is an authorized translation from the SIMPLIFIED CHINESE language edition entitled《心理诸葛》published
by 郑州大学出版社, through 陈禹安, arrangement with EntersKorea Co.,Ltd.

심리학이 제갈량에게 말하다 ①

현대 심리학으로 읽는 삼국지 인물 열전

심리학이 제갈량에게 말하다 ①

펴낸날 2023년 2월 10일 1판 1쇄

지은이 천위안
옮긴이 정주은
펴낸이 강유균
편집위원 이라야 남은영
기획·홍보 김아름 김혜림
교정·교열 이교숙 나지원
경영지원 이안순
디자인 바이텍스트
마케팅 신용천

펴낸곳 리드리드출판(주)
출판등록 1978년 5월 15일(제 13-19호)
주소 경기도 고양시 일산서구 고양대로632번길 60, 207호(일산동, 대우이안)
전화 (02)719-1424
팩스 (02)719-1404
이메일 gangibook@naver.com
홈페이지 www.readlead.kr

ISBN 978-89-7277-370-2 (04320)
      978-89-7277-602-4 (세트)

◈ 현대 심리학으로 읽는 삼국지 인물 열전 ◈

천위안 지음
정주은 옮김

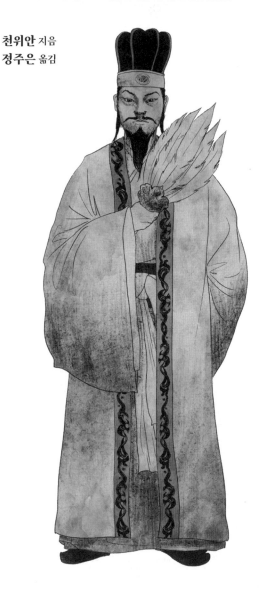

심리학이

제갈량에게 말하다

탁월한 전략으로 승리를 추구하다

①

리드리드출판

현대 심리학으로
지혜의 화신 제갈량을 들여다보다

위·촉·오가 천하를 삼분하여 호령하던 중국의 삼국시대에는 그 어느 시대보다 인재가 넘쳐났다. 그러기에 판세를 엎치락뒤치락하는 수많은 책략과 전술이 펼쳐졌다. 《삼국지》에는 수많은 인물이 복잡하게 등장하고 피비린내 나는 전쟁과 권력투쟁이 수없이 벌어진다. 각 등장인물이 보여준 파란만장한 이야기와 그들 나름의 생존 기술과 지혜는 시대를 막론하고 교훈과 감동을 준다. 나는 이것이 《삼국지》가 세대를 뛰어넘어 사랑받는 이유라고 믿는다.

시대가 영웅을 만든다고 했던가. 삼국시대에는 걸출한 인물들이 저마다 눈부신 업적을 남겼다. 이 시대를 살다간 수많은 영웅은 시대가 흘러도 여전히 역사에 남아있다. 세 나라가 천하를 다투는 상황에서 뛰어난 모사의 지략은 나라의 흥망을 좌우할 정도로 중요했다. 그들은 피바람이 몰아치는 난세에 목숨 걸고 싸우면서 지혜와 능력을 길렀다. 그 결과 역사적 경험과 교훈을 남기며 세월이 흘러도 수많은 가르침을 주고 있다.

저자 천위안은 '현대 심리학으로 읽는 《삼국지》 인물 열전 시리즈'의 인물로 우리에게 가장 큰 영향력을 발휘하는 조조, 제갈량, 관우, 유비, 손권, 사마의를 선택했다. 심리학을 통해 이들의 삶과 삼국시대의 이야기를 재해석한 방식은 이제껏 접근하지 못한 새로운 방식이다.

이러한 참신함에 다양한 의문을 제기할 수 있겠으나 반드시 짚고 넘어가야 할 질문은 두 가지다. 하나는 현대인의 시선으로 2천 년 전에 살았던 인물들의 심리를 추측하는 것이 과연 신빙성이 있는가? 좀 더 직설적으로 표현해 심리학적 분석이 과연 역사 연구에 도움이 될 수 있느냐이다. 다른 하나는 조조, 제갈량, 관우, 유비, 손권, 사마의를 '현대 심리학으로 읽는 《삼국지》 인물 열전 시리즈'의 인물로 택한 것이 타당한가? 이들이 과연 삼국시대를 대표하는 인물일까? 나는 평범한 독자의 시각에서 이 두 가지 문제를 생각해보려 한다.

심리학은 근현대에 발전한 사회과학이다. 이것으로 2천 년 전 난세 영웅들의 심리를 분석하고 해석하려는 시도는 대단히 흥미롭고 학문적 의미도 크다. 천위안의 '현대 심리학으로 읽는 《삼국지》 인물 열전 시리즈'는 처음부터 끝까지 철저하게 심리학적 각도에서 역사적 인물을 분석한 최초의 작품이다. 심리분석을 통해 인물과 시대를 해석한 것은 방법적인 측면에서 이의를 제기할 수 없다는 뜻이다. 마치 근대 고고학에서 탄소14를 이용해 유적이나 유물의 제작 시기를 분석하는 일에 비견할 수 있다. 과학과 수학, 통계학을 활용해 고대 역사를 연구하는 것처럼 심리학이 역사 연구의 또 다른 도구가 될 수 있다는 것을 보여준다.

물론 고대인과 현대인은 서로 다른 시대를 살고 있으므로, 오늘날의 시각으로 고대인의 의도나 당시의 실제 논리를 완전히 간파할 수는 없다. 이 점은 독자들이 유념해야 한다.

역사 고증의 목적은 역사 속 사실과 인물의 갈등을 찾아 대리 경험과 교훈을 얻는 데 있다. 또한, 역사적 사실에 다양한 소재를 가미시켜 이야기로 풀어내는 역사 연구(연희)는 '즐거움의 가치'를 지니고 있다. 역사의 재해석으로 현실의 삶을 깨닫고 전달하는 것이 바로 역사의 '현대적 가치'다. 그런 의미에서 이 책은 역사를 통해 깨달음을 얻는 데 머무르지 않고 현대적 가치를 발굴해내는 가치를 실현해내고 있다.

삼국의 주축은 위나라와 오나라이고, 촉나라(촉한)는 위와 오에 비해 아주 작은 땅을 차지한 나라이다. 삼국 중 가장 일찍 멸망한 촉나라가

三國志

삼국 역사에서 차지하는 부분은 극히 일부에 지나지 않는다. 하지만 촉나라는 삼국 중 통치가 가장 잘 이루어졌으며 한나라의 정통을 계승한 나라이다. 유비와 함께 촉나라를 세운 관우는 당시 엄청난 영향력을 발휘했다. 여러 맹장을 단칼에 날린 천하무적이었으며 그의 이름만으로도 적군을 사분오열시켰던 영웅 중의 영웅이었다. 삼국 역사의 기여도를 따지자면 삼국의 창시자인 조조, 손권, 유비의 기여도가 가장 크다. 이 세 사람이 세운 삼국의 영토 크기 역시 같은 순서이다. 하지만 역사적 영향력은 관우, 제갈량, 조조 순이다. 관우는 죽고 나서도 역대 제왕들로부터 십여 차례 봉작을 하사받았다. 건륭乾隆 32년에는 관성대제關聖大帝라는 칭호까지 받았다.

나 역시 삼국 역사에 관한 몇 권의 책을 냈지만, 기존의 연구 방법에서 탈피하지 못했다. 새로운 것을 개척해나가려는 창조 정신이 부족해 그저 문헌을 이용하여 재해석하는 수준에 그쳤다. 이런 내게 심리를 통한 역사 연구라는 좋은 사례를 보여 준 천위안의 도전은 소중한 귀감이 되고 있다. 이 책에 큰 동의와 큰 박수를 보낸다.

역사 연구가 장다커張大可

11

◆ 차례 ◆

1부 제갈량, 세상이 원하다

이유가 분명하다면 이기심을 뽐내라 • 17
심드렁한 판매자 전략으로 몸값을 올리자 • 25
후광효과는 주변 사람들을 매료시킨다 • 32
높은 기대심리는 짙게 깔린 안개와 같다 • 40
우연이 필연의 출발점이다 • 49
함정에 빠진 사람은 더 깊은 함정을 원한다 • 57
자신이 어떤 사람인지는 옷차림에서 드러난다 • 66
훗날을 기약하려거든 고집부리지 마라 • 73

2부 제갈량, 때를 알고 나서다

상대가 눈치챌 수 없는 수완을 발휘하라 • 83
열매를 따기 위해서는 나무에 올라야 한다 • 92
성공은 시와 때를 맞추는 자가 거머쥔다 • 100
자신이 내뱉은 말은 자기 행동의 족쇄이다 • 108
은혜는 인생을 멀리 내다보는 자가 베푼다 • 117

三國志

3부 제갈량, 진가를 선보이다

하늘이 편들어줄 때를 놓치지 마라 • 127

경험은 용기와 지혜의 영양제이다 • 136

원숭이를 나무에서 떨어뜨리려면 가지를 흔들어라 • 144

도덕을 방패삼은 사람에게 공격은 통하지 않는다 • 153

자신의 방식으로 자신이 가진 패를 내놓다 • 161

약한 부위는 가릴수록 돋보인다 • 170

상대를 휘두르고 싶다면 그의 자존심을 운전대 삼아라 • 179

눈을 가리는 시기와 질투는 투명해질 수 없다 • 188

상대가 쓴 방법을 당신의 필살기로 활용하라 • 197

자신 있다면 문을 활짝 열고 도둑을 맞이하라 • 206

얍삽한 꾀가 목줄을 쥔 사람을 쓰러뜨린다 • 217

맨손으로 이리 잡는 재주를 썩히지 마라 • 226

지혜는 관중이 많은 광장에서 겨뤄라 • 235

신비감을 주고 싶다면 철저하게 준비하라 • 243

적 앞에서 온전히 자신을 드러내지 마라 • 251

4부　제갈량, 승부수를 던지다

공격이냐 방어냐의 선택이 성패를 가른다 • 261

발을 빼야 하는 이유는 분명하다 • 270

도구가 있다면 그 활용도를 먼저 고민해야 한다 • 278

정치가는 맹수보다 무섭다 • 286

감정을 이길 맞수는 감정 밖에 없다 • 296

좌절에 분노하는 사람은 공격할 대상을 찾는다 • 303

집착은 자신을 나락으로 내몬다 • 311

쇠사슬에 묶인 코끼리는 걷는 법을 잊는다 • 319

눈물은 상대방의 시야를 가리는 묘수를 부린다 • 327

1부

제갈량, 세상이 원하다

시대는 영웅을 원한다.
나라를 구하고 세상을 이롭게 하는 인재는 어느 시대나 등장한다.
그에 따라 세상의 판도가 바뀌고 역사의 흐름도 바뀐다.
이 영웅의 영향력은 후대에까지 미치며 위세를 자랑한다.
그래서 우리는 언제나 영웅의 출현에 기대를 품는다.

이유가 분명하다면
이기심을 뽐내라

"서원직徐元直, 유비에게 빚을 진 사람은 자네이거늘 그 빚을 갚고자 나를 이용하다니. 그러고도 내 친구인가!"

이렇게 꾸짖는 사람의 성은 제갈諸葛, 이름은 량亮, 자는 공명孔明이었다. 사실 제갈량은 겉으로만 노기충천했지 속으로는 기뻐서 어쩔 줄 몰라 했다.

그런 제갈량 앞에서 난처한 모습으로 서 있는 서서徐庶는 자신의 행동을 몹시 후회했다. 서서는 유비劉備의 군사軍師였다. 그러나 조조의 계략에 속아 허도許都에 잡혀 있는 어머니를 구하기 위해 어쩔 수 없이 유비를 떠나야 했다. 짧은 기간 유비 휘하에 있으면서 군사조직을 이끌며 몇 번의 전쟁을 승리로 이끌었다. 대표적으로 조조의 장수인 조인曹仁의 부대를 물리치고 번성을 차지한 걸 들 수 있다. 훗날 막강한 군대로 천하에 위세를 떨친 관우가 이 번성을 오랫동안 공략하고도 함락시키지 못한 것을 보면 얼마나 대단한 전적인지 알 수 있다. 이런 이유로 유비는 서서를 매우 신임했다.

유비는 자신이 믿고 의지하는 서서를 보내고 싶지 않았다. 하지만 어머니를 구하러 가겠다는 서서를 붙잡는 것은 '인의仁義'를 저버리는 행동이었다. 유비는 '눈물'로 서서를 배웅할 수밖에 없었다. 유비는 호혜互惠의 원리를 아는 사람으로 먼저 은혜를 베푸는 것이 자신에게 얼마나 이로운지를 잘 알고 있었다. 아니나 다를까, 서서는 자신을 떠나보내는 섭섭함에 통곡하는 유비에게 감격했다. 유비가 보여준 아량에 죄책감마저 느꼈다. 결국, 서서는 달리던 말머리를 돌렸다.

유비는 눈물범벅으로 서서가 떠나는 모습을 보다가 돌아오는 그를 보고 기쁨을 감추지 못했다. '서서가 조조를 찾아가지 않기로 마음을 고쳐먹었구나'라고 김칫국을 마신 것이다. 그러나 서서가 말 머리를 돌린 이유는 유비에게 자신을 대신할 인재를 추천하기 위해서였다.

원래 서서는 '이 사람'을 소개할 생각이 조금도 없었다. '이 사람'의 재능이 자신보다 훨씬 뛰어나기 때문에 은거지에서 나와 유비를 보좌하면 얼마 안 가 눈부신 공을 세울 것이라 확신했다. 그러면 자신이 세운 공적이 별것 아니게 된다는 것도 알았다. 남이 나보다 뛰어나기를 바라는 사람이 어디 있겠는가! 설령 '이 사람'이 자신의 친구라 할지라도 공을 다투는 데 있어서 초연할 사람은 없다. 그 상대가 아무리 친한 친구라도 예외는 아니다.

이기심은 인간의 본성이다. 이러한 심리 기제를 진화심리학에서는

'생명의 본질은 자신의 유전자를 생존시키고 계속 이어가기를 바란다. 이러한 바람을 최대한으로 보장할 수 있는 것이 이기심이다'라고 설명한다. 영국의 진화생물학자 리처드 도킨스Richard Dawkins는 자신의 베스트셀러인《이기적 유전자The Selfish Gene》에서 '개인이 낯선 사람의 이익을 위해 스스로 희생할 것을 알려주는 유전자는 진화의 경쟁 속에서 살아남을 수 없다'라고 말했다. 그나마 다행은 이러한 유전자의 이기심인 혈연 간 보호와 '호혜' 덕분에 타인에게 이타적일 뿐만 아니라 자기희생적으로 도움을 준다는 것이다.

혈연관계를 보호하는 이유는 두말할 나위 없이 자신의 유전자를 후대로 잇기 위함이다. 그리고 '호혜'는 훗날 보답을 받기 위해 먼저 은혜를 베푸는 행위로 이 또한 유전자를 지속시키는 데 도움이 된다.

유비의 '호혜 전술'에 걸려든 서서는 결국 유비에게 돌아가 제갈량이라는 인재를 추천한다. 더 나아가 제갈량을 추천하는 것만으로는 유비의 깊은 은혜를 갚기에 턱없이 모자란다고 생각했다. 그래서 다시 말 고삐를 고쳐 잡고 제갈량이 은거하고 있는 와룡강臥龍崗으로 내달렸다. 갑작스러운 방문에 어리둥절해하는 제갈량에게 서서가 말했다.

"나는 원래 유비군의 군사로 내 목숨을 바칠 작정이었네. 그런데 조조가 계략을 꾸며 연로하신 어머니를 인질로 잡고 있으니 내 어찌 가만히 있을 수 있겠나? 차마 발걸음이 떨어지지 않으나 어쩔 수 없이 조조에게 잡혀계신 어머니를 뵈러 가는 길이라네. 그런데 진영을 떠나오면서 내가 유비에게 자네를 추천했으니 부디 거절하지 말게. 유비는 인의를 아는 주인이니 자네가 신야新野로 찾아간다면 틀림없이 자네를 중용할 것일세. 그렇게 되면 자네도 평생 배운 학문을 펼칠 기회를 얻게 되지 않겠나?"

서서는 친구를 위하는 마음으로 좋은 일을 했다고 생각했다 하지만 서서의 말이 끝나기가 무섭게 제갈량은 노기 띤 얼굴로 호통을 쳤다. 왜 제갈량은 화를 냈을까?

비록 지금 융중隆中에서 밭이나 갈며 은거 중이지만 제갈량은 평생 그렇게 살 생각이 없었다. 비범한 재주와 지혜를 타고났으니 자신의 능력을 마음껏 펼치도록 도와줄 현명한 군주를 찾고자 했다. 그러나 제갈량은 융중에 사는 일개 평민에 불과했다. 교류하는 사람도 매우 적어 방덕공龐德公, 수경선생水鏡先生 사마휘司馬徽, 서서徐庶, 최주평崔州平, 석도石韜 등 몇몇 선비와만 친분이 있을 뿐이었다. 그런데 조조, 손권과 같은 맹주 곁에는 이미 수많은 인재가 몰려들어 있었다. 그런 곳에 가봐야 능력을 펼칠 기회가 주어질 리 만무했다. 그렇다고 유표劉表, 유장劉璋 같은 사람을 찾아가자니 식견이 짧고 유약하고 무능하며 야심도 없어 도저히 주인으로 섬길 수 없었다.

이런 이유로 제갈량은 융중에 틀어박혀 기회가 오기만을 학수고대하고 있었다. 유비가 신야에 나타났을 때, 제갈량은 그가 큰 잠재력을 지닌 사람이라는 걸 직감했다. 병력은 보잘것없었지만 유비군의 장수인 관우, 장비, 조운은 모두 일당백의 명장이었다. 유비에게는 장수가 충분했으나 재능이 출중한 모사는 턱없이 부족했다. 물론 미축麋竺과 간옹簡雍이 모사 역할을 했지만 그들의 재능은 지극히 평범한 수준이었다. 이러한 상황에서 지략이 뛰어난 군사가 나타나 장수와 병사들을 적재적소에 쓰기만 한다면 유비는 천하를 호령하는 맹주로 우뚝 설 수 있었다. 하물며 유비는 황숙皇叔이 아니던가! 이와 같은 신분은 아무나 얻을 수 없는 귀한 정치적 자원이었다.

인재가 부족한 유비에게 제갈량은 최고의 재원이었다. 사람은 종종 자신을 과신하는 경향이 있다. 별 볼 일 없는 사람도 이러한데 삼라만상을 꿰뚫고 있는 제갈량이니 오죽했으랴! 제갈량은 유비를 도와 큰 공을 세우면 평생의 포부를 실현할 수 있을 것이라 확신했다.

그러나 제갈량의 기대는 한순간에 물거품이 되고 말았다. 사마휘가 중립적인 제삼자의 입장에서 '와룡臥龍'을 신비롭고 과장되게 포장해 유비에게 추천했다. 그리고 어디서 튀어나왔는지 서서가 한발 앞서 제갈량이 원대한 포부를 펼칠 기회를 빼앗아갔다.

조직의 자원을 제 마음대로 배치할 수 있는 자리는 많지 않다. 유비의 군사조직이라면 자리는 오직 하나뿐이다. 서서가 유비의 군사가 되었으니 이제 제갈량이 나설 기회는 사라진 셈이었다. 더 현실적인 문제는 유비가 자신을 도와 승전을 이끈 서서가 나타난 뒤로는 사마휘가 추천했던 '와룡'의 존재조차 까맣게 잊어버렸다.

유비의 약한 병력으로 조인의 대군을 거듭 물리친 서서는 짧은 시간에 위신을 높였다. 그 모습을 지켜본 제갈량은 심경이 몹시 복잡했다. 시간이 갈수록 자신이 나설 기회가 줄어들 것이 분명했기 때문이다.

제갈량의 판단은 옳았다. 순풍에 돛 단 듯 승승장구하며 일인지하만인지상의 지위에 만족하는 한 서서가 제갈량에게 기회를 줄 리 없었다. 제갈량의 능력이 자신보다 뛰어나고, 은거하는 와룡강이 유비군이 주둔한 신야에서 멀지 않은 곳에 있었다. 하지만 서서는 절친한 친구인 제갈량에 대해 유비에게 입도 뻥긋하지 않았다.

이기심은 언제 어디서나 힘을 발휘한다. 서서는 제갈량이 자신을 도우면 천하에 자신들을 상대할 자가 없음을 잘 알고 있었다. 그러나 제갈량이 유비를 돕게 되면 금세 두각을 나타낼 것이고 그렇게 되면 자신의 지위가 흔들릴 걸 알았다. 그래서 서서는 제갈량을 언급하지 않았다. 유비군을 떠날 때조차 제갈량을 추천할 생각은 조금도 없었다.

만약 유비의 진심 어린 눈물에 감동하지 않았다면 서서가 말 머리를 돌려 제갈량을 추천하러 달려오는 일은 없었을 것이다.

제갈량이 서서를 큰소리로 꾸짖은 것은 서서로 인한 출사의 기회를 놓쳐버린 분풀이였다. 화를 내면서도 제갈량은 놓쳤던 기회가 찾아왔음을 깨달았다. 바로 이것이 제갈량이 겉으로는 노발대발하면서도 속으로는 기뻐한 진짜 이유다. 그러나 이를 모르는 서서는 자신의 호의를 달가워하지 않는 제갈량의 태도에 결국 화를 내며 자리를 떠났다.

멀어져가는 서서의 뒷모습을 바라보던 제갈량은 갑자기 무서운 생각이 들었다. 그는 떠나가는 서서를 붙잡으려다가 이내 충동을 억누르고 입술을 앙다물었다.

사마휘가 유비 진영에 서서를 만나러 왔다. 유비는 울적한 기색을 감추지 못하며 말했다.

"조조가 서서의 어머니를 붙잡아 가뒀다오. 서서의 어머니가 편지를 보내왔는데 서서에게 어서 허도로 오라는 내용이었소."

이 말을 듣자마자 사마휘는 탄식했다.

"서서가 조조의 간계에 당했군요. 그가 갔으니 이제 서서의 어머니는 목숨을 부지하지 못할 것입니다."

깜짝 놀란 유비가 그 까닭을 물었다.

"서서의 어머니는 재덕을 겸비하고 지조가 굳은 사람으로 황제를 기만하는 조조의 행동을 늘 못마땅해했지요. 설령 조조에게 붙잡혔다 해도 아들에게 그런 편지를 써 조조 곁으로 불러들일 사람이 아닙니다. 만약 서서가 가지 않았다면 조조는 서서의 어머니를 인질로 삼아 협박만 할 뿐 감히 죽이지는 못했을 겁니다. 그러나 서서가 조조를 찾아간다면 서서의 어머니는 필시 부끄러움을 참지 못하고 자진할 것입니다."

사마휘의 말을 들은 유비는 몹시 후회했다. 이를 알았다면 서서를 자신 곁에 둘 수 있었을 뿐만 아니라 서서 어머니의 목숨도 지킬 수 있었을 테니 말이다.

제갈량의 지력은 사마휘에 비할 바가 아니었다. 사마휘가 생각할 수 있는 것을 제갈량이 모를 리가 없었다. 그러나 그는 서서가 그냥 떠나가게 내버려뒀다. 만약 서서가 제갈량의 충고를 듣고 허도로 가지 않는다면 계속 유비의 군사를 맡을 게 뻔했다. 유비 또한 잃었던 인재를 다시 찾은 기쁨에 서서를 더욱 아낄 것이 분명했다. 그렇게 되면 자신은 또 기회를 잃게 될 것이다.

앞서 말했듯 제갈량은 융중에 은거하며 극소수의 사람과만 친분을 유지하고 있었다. 그런데 유비와 같은 현명한 군주를 만날 확률은 지극히 낮았다. 따라서 기회를 놓치면 평생 융중에서 농사나 지으며 살아야 할지도 모를 일이었다. 이런 연유로 제갈량은 서서를 붙잡지 않았다. 그저 자신이 예상하는 일이 서서의 어머니에게 일어나지 않기만을 바랐다.

과연 이런 이기심의 속박에서 자유로울 사람이 몇이나 되겠는가!

◈ 심리학으로 들여다보기

사람은 이기적일 수 없는 경우에만 이기적이지 않을 수 있다. 이기심을 개인의 욕심이나 남에게 피해를 주는 고집이라고 폄하해서는 안 된다. 누구나 자기 이익을 추구하며 이를 조절할 힘을 기르는 편이 낫다.

심드렁한 판매자 전략으로
몸값을 올리자

　제갈량은 아주 오래전부터 마음의 준비를 마친 상태였다. 그러나 아이러니하게도 그가 마친 준비란 '출사'하지 않는 것이었다. 더 정확하게 말하자면 모든 사람이 '제갈량은 결코 출사할 사람이 아니'라고 믿게 하는 것이었다.

　제갈량은 융중에 사는 농부에 불과했지만 출사할 기회가 전혀 없지는 않았다. 그의 형 제갈근諸葛瑾이 동오東吳에서 꽤 인정받고 있었으므로 미관말직이나마 한자리 꿰차기란 그리 어려운 일이 아니었다. 그뿐만이 아니라 제갈량은 양양襄陽의 명사인 방덕공과 친분이 있었고 장인인 황승언黃承彦과도 관계가 가까웠다. 방덕공이나 황승언이 유표에게 제갈량을 추천했다면 당장이라도 출사할 수 있었다.

　손권이나 유표도 당시 꽤 이름을 날리던 군주였다. 그들을 주인으로 모시는 것도 괜찮은 선택이었다. 그러나 제갈량은 조금도 출사할 뜻을 내비치지 않았다.

유비는 서서가 떠나기 전에 제갈량을 추천했다고 사마휘에게 말했다. 사마휘는 미소를 지으며 생각했다.

'자기가 가면 가는 것이지 어쩌자고 와룡을 들먹인 것인가?'

사마휘는 제갈량이 출사하지 않을 것이라고 굳게 믿었다. 그래서 '와룡'이라는 호만 언급했을 뿐 제갈량의 이름과 사는 곳을 알려주지 않았다. 출사하려는 뜻을 알았다면 사마휘가 제갈량에 대해 말하기를 꺼릴 이유가 없었다.

이는 가르침을 청하러 온 서서에게 유비를 추천한 사마휘의 행동만 보더라도 알 수 있다. 서서는 유비에게 말했다.

"저는 원래 유표를 주인으로 섬기려 했습니다. 그러나 그와 몇 가지 일에 관해 이야기를 나눈 결과 참으로 쓸모없는 사람이라는 사실을 깨달았습니다. 저는 그날 밤으로 사마휘를 찾아가 가르침을 청했지요. 그때 사마휘는 눈이 있어도 현명한 군주를 알아보지 못한다며 저를 크게 꾸짖었습니다. 현덕공이 이곳에 있는데 어째서 그를 찾아가 충성을 바치지 않느냐고 했습니다. 그래서 저는 일부러 노래를 지어 부르며 주군의 관심을 끈 것입니다."

사마휘는 서서에게 유비를 찾아가라고 명확하게 가르쳐줬다. 그러면서도 인재에 목말라하는 유비에게는 정작 제갈량의 이름을 알려주지 않았다. 이 같은 태도로 보아 사마휘는 제갈량이 '출사를 원하지 않는 사람'으로 확신했다는 사실을 알 수 있다.

서서도 마찬가지였다. 제갈량을 추천받은 유비가 서서에게 물었다.

"그대가 제갈량을 데려와 줄 수 있겠소?"

"이 사람은 저와는 전혀 다른 사람입니다. 그를 데려오고 싶으시다면 주군께서 친히 찾아가야지 절대로 그에게 주군을 보러오라고 해서는 안 됩니다."

서서는 제갈량이 융중을 떠나 출사할 일이 결코 없다고 생각했지만 사실대로 말할 수는 없었다. 아무리 능력이 출중한 사람이라도 출사할 뜻이 없다면 무슨 소용이냐고 유비가 불평할 게 틀림없었기 때문이다. 그래서 서서는 자신이 직접 와룡강으로 향해 제갈량을 만났다.

"내 이미 자네를 유비에게 추천했으니 부디 거절하지 말게. 제발 그를 찾아가 자네의 학문을 마음껏 펼치도록 하게나."

서서는 제갈량이 유비의 체면을 봐주지 않고 단칼에 거절할까 걱정되었다. 그래서 친분을 이용해 제갈량의 마음을 움직일 수 있기를 바랐다.

이처럼 모든 사람이 제갈량은 욕심이 없고 공명을 멀리한다고 생각했다. 그러나 과연 정말로 그랬을까? 그렇게 생각한다면 큰 오산이다. 제갈량이 출사를 원하지 않은 게 아니다. 그는 그저 다른 사람처럼 제 발로 출사하기를 원치 않은 것뿐이다.

그렇다면 제 발로 출사하는 게 무슨 문제가 될까? 제 발로 출사하면 주도권을 잃게 돼 자신의 발전을 다른 사람이 좌지우지하게 된다. 자신의 능력이 아니라 '인맥'으로 관직에 오른다면 말단관직에서 시작하는 수밖에 없다. 오랜 세월을 죽도록 일해도 큰 성공을 기대하기 힘들다. 평생 아무런 실수도 저지르지 않고 무난하게 임무를 수행해도 처음보다 겨우 몇 직급 높은 자리에 오르는 게 고작일 것이다. 제갈량은 이런 길을 가고 싶지 않았다. 또한, 이런 방식으로 능력을 펼칠 기회를 얻게 되면 두 가지 불리한 요소가 작용한다.

첫째, 시간이 너무 많이 걸린다. 조직 전체를 통제하는 높은 자리에 오른다 해도 황금 같은 청춘을 모두 바쳐야 뜻을 이룰 수 있다.

둘째, 어떤 사람은 날 때부터 일인자로 태어난다. 이런 사람은 단번에 최고의 자리에 올라 웅대한 포부를 펼친다. 그런 사람에게 밑바닥부터 시작해 복잡한 관계를 차근차근 처리하며 천천히 성장하라고 한다면 호랑이에게 풀을 뜯으라고 하는 것이나 다름없다.

천부적인 재능과 웅대한 포부를 지녔던 제갈량은 밑바닥에서 시작하면 평생 두각을 드러낼 수 없다는 사실을 알고 있었다. 그래서 단번에 일인지하 만인지상의 자리에 올라 조직 전체를 아우를 힘을 갖기를 원했다. 야심만만한 제갈량이 볼 때 제 발로 출사하는 것은 지극히 비효율적인 행위였다.

하지만 제갈량은 이런 생각을 단 한 번도 겉으로 드러낸 적이 없었다. 한번은 최주평, 석광원石廣元(석도의 자), 맹공위孟公威, 서원직徐元直(서서의 자)과 이야기를 나누던 제갈량이 말했다.

"자네들이 출사한다면 먼 훗날 자사刺史나 군수郡守의 자리에 오를 걸세."

그 말에 네 사람이 제갈량에게 물었다.

"그렇다면 자네가 출사한다면 어떤 관직에까지 오를 수 있겠나?"

제갈량은 미소만 지을 뿐 대답하지 않았다. 그가 대답하지 않은 이유는 두 가지다.

첫째, 답을 할 수 없었다. 그가 말을 하더라도 믿을 사람이 없기 때문이다. 천하에 어떤 군주가 빈천한 농가 출신에 아무 경력도 없는 청년을 중용해 군의 통수권을 맡기겠는가? 미친 사람의 헛소리에 불과하다고 생각할 게 뻔했다. 이에 제갈량은 아예 입을 다문 것이다.

둘째, 답해서는 안 됐다. 그가 말을 꺼내는 순간 그의 본심이 백일하에 드러나 오랜 세월 공들여 꾸민 일이 수포로 돌아간다. 미소만 지을 뿐 대답하지 않으면서 신비로움을 더하는 것이 자신의 계획을 추진하는 데 더욱 유리했다.

간절히 원하지만 발설하지 않는다는 것은 얼핏 생각하면 불가능에 가까워 보인다. 그러나 불가능한 일을 이루면 엄청난 효과를 거둘 수 있다. 이를 위해 제갈량은 '심드렁한 판매자' 책략을 쓴 것이다.

'심드렁한 판매자' 책략이란 '판매자'가 자신의 본심을 감춤으로써 구매자를 유인해 원가보다 훨씬 높은 가격으로 물품을 구매하게 만드는 것이다. 제대로만 구사한다면 '심드렁한 판매자' 전략은 엄청난 효과를 거둘 수 있다. 미국의 부동산 재벌 도널드 트럼프^{Donald Trump}는 이 '심드렁한 판매자' 책략으로 단번에 8천만 달러를 더 벌어들였다.

1991년, 트럼프는 난관을 맞이했다. 당시 미국 부동산 시장은 붕괴 직전이었다. 이에 트럼프는 하루라도 빨리 자신의 부동산을 팔아 현금을 회수해야만 위기를 넘길 수 있었다. 가장 좋은 방법은 자신 소유의 세인트 모리츠 호텔을 매도하는 것이었다. 트럼프가 3년 전에 7천 9백만 달러를 주고 사들인 호텔이었다. 트럼프는 서둘러 행동에 나섰다. 조금 낮은 가격으로라도 호텔을 팔아넘길 생각이었다. 그러나 호주의 억만장자 앨런 본드^{Alan Bond}가 구매 의사를 밝히자 속으로 쾌재를 부르며 겉으로는 '심드렁한 판매자'인척했다.

"앨런 씨, 저는 세인트 모리츠 호텔을 팔지 않을 겁니다. 이 호텔은 제가 가장 좋아하는 건물이라서 한 번도 팔 생각을 해본 적이 없습니다. 저는 호텔을 제 손자에게 물려줄 생각입니다. 다른 부동산은 팔 수 있지만 세인트 모리츠 호텔만은 안 됩니다. 그런데 저보다는 당신에게 더 어울릴 것 같다는 생각이 들긴 하네요. … 혹시 얼마 정도에 사실 의향이신가요?"

앨런 본드가 트럼프에게 제시한 구매 금액은 얼마일까? 자그마치 1억 6천만 달러였다. 이는 원래 구입한 가격보다 두 배나 많은 액수였다. 트럼프는 이 거래를 통해 확보한 현금으로 위기를 넘겼다. 만약 앨런 본드가 호텔을 구매할 의향이 있다는 사실을 알고 기쁜 마음에 바로 머리를 숙였다면, 호텔은 현저히 낮은 가격에 매각되었을 것이다.

부동산을 파는 것이나 재능을 파는 것은 맥이 통한다. 학문을 익히든 무예를 익히든 최종 목적은 군주를 곁에서 모시는 것이다. '심드렁한 판매자' 수법을 이해하지 못하면 어떻게 최단 시간에 최소의 비용으로 최고의 자리에 오를 수 있겠는가?

일찌감치 이를 간파한 제갈량은 출사하고 싶은 마음을 숨기고 융중을 지켰다. 단숨에 일인지하 만인지상의 자리에 오르고 싶을수록 더욱더 출사에는 관심이 없는 양 밭을 갈고 자연에 파묻혀 사는 삶을 즐기는 척했다.

'심드렁한 판매자' 책략이 성공하려면 진짜로 '심드렁해' 보여야 한다. '진짜'처럼 보여야 '가짜'가 '진짜'가 된다. 만약 심드렁한 '척'한 사실이 들통나면 공든 탑이 한순간에 무너진다.

제갈량의 연기는 흠잡을 데 없이 완벽했다. 그러나 지나치게 완벽한 연기는 또 다른 문제를 불러일으킨다. 판매자가 팔려는 의사가 '전혀' 없다고 판단한 구매자가 제풀에 나가떨어질 수 있기 때문이다. 절대로 안 팔겠다는데 굳이 시간 낭비할 필요 없다고 생각할 수 있는 것이다.

만약 상황이 이렇게 흐른다면 제갈량은 지난 몇 년 동안 헛고생을 한 셈이 된다.

◈ 심리학으로 들여다보기

스스로 가치를 높이는 방법은 사람들이 당신을 찾도록 하는 것이다. 이때 먼저 자신의 가격을 책정하지 마라. 과소평가든 과대평가든 당신 입에서 먼저 나와서는 안 된다. 상대가 먼저 당신을 알아보고 흥정하게 하라.

후광효과는
주변 사람들을 매료시킨다

'심드렁한 판매자' 책략을 성공시키려면 구매자가 '안 사고는 못 배기게' 만들어야 한다. 그런 만큼 모든 면에서 매력적인 상품이 되어야 한다. 구매자의 요구를 가장 만족시키면서도 희귀하다면 '안 사고는 못 배길' 정도로 매력적일 것이다. 이렇게 귀한 것이면 아무리 팔지 않으려고 해도 구매자는 무슨 수를 써서라도 사려고 한다.

그렇다면 어떤 점이 제갈량을 '안 사고는 못 배길'만큼 가치 있게 만들었을까? 아직까지 그는 융중에 사는 일개 평민에 불과했다. 든든한 배경이나 눈부신 공적을 세운 적도 없다. 그런 제갈량이 모든 사람을 완벽하게 속이는 '심드렁한 판매자' 책략을 구사하고도 그의 출사를 간절히 요청하게 만든 방법은 무엇이었을까?

제갈량은 하늘의 보살핌을 받는 사람이었다. 다른 사람이 감히 대적할 수 없이 뛰어난 두 가지를 가지고 태어났기 때문이다. 그중 하나는 준수한 용모와 체격조건이었다. 제갈량은 8척 장신에 얼굴은 옥같이 아름답고 눈썹은 강산을 그려놓은 듯 수려해 신선의 풍모를 지녔다.

호주국립대학 경제학자인 앤드루 리Andrew Leigh가 2009년 〈이코노믹 레코드Economic record〉 7월호에 발표한 자료를 보면, 신장이 180센티미터가 넘는 남성은 매년 천 달러 정도를 더 벌 수 있다고 했다.

미국과 영국에서도 신장과 임금의 상관관계를 조사했다. 이 조사에서도 키가 큰 사람이 더 많은 임금을 받는다는 결과가 나왔다. 플로리다대학 경영학과 교수 티모시 저지Timothy A. Judge와 노스캐롤라이나대학 경영학과 교수 다니엘 키블러Daniel Keibler가 2003년 실시한 연구에 따르면 사람의 신장이 1인치(약 2.54센티미터)씩 커질 때마다 매년 789달러 정도를 더 벌 수 있다고 했다.

심리학자들이 키가 큰 사람이 돈을 더 버는 이유를 연구해보니, 키가 크면 자신감도 커져 다른 사람과 소통할 때 우위를 점하게 된다고 한다. 인류의 진화 초기로 거슬러 올라가 보면 큰 체격은 종종 힘의 상징으로 여겼다. 그래서 사람들은 기골이 장대한 사람이 부족을 더 잘 보호할 수 있다고 생각했다. 키가 크다는 것은 능력이 뛰어나다는 뜻이다. 이는 인류가 진화하는 과정에서 잠재의식 속에 각인되었다. 이런 이유로 키가 큰 사람은 보통 사람보다 능력이 뛰어날 것이라는 인상을 준다. 안타깝게도 키가 작은 사람은 이런 편견을 뛰어넘기 위해 더 많이 노력해야 한다.

기록에 따르면 제갈량의 키는 8척이다. 1척이 약 24.2센티미터이니 환산하면 제갈량의 키는 무려 194센티미터가 된다. 물론 제갈량의 키가 정확하게 8척이었을 리 없고 대충 그 언저리가 아니었을까 싶다. 이는 날 때부터 남보다 우월한 조건을 갖추고 있었다는 사실이 증명된다. 게다가 제갈량은 얼굴이 옥같이 아름다운 미남이었다. 우월한 체격조건에 준수한 용모까지 갖췄으니 그야말로 금상첨화였다.

사람들은 키뿐만 아니라 외모에 대해서도 남녀를 불문하고 편견을 갖고 있다. 아름다운 사람은 곧 좋은 사람이라고 생각한다. 이런 편견은 종종 용모와 능력을 정비례 관계로 생각하게 만든다. 다시 말해 아름답고 준수한 사람은 뛰어난 능력을 갖추고 있다고 판단하는 것이다.

1972년 실시한 심리학 조사에 따르면 사람들은 일반적으로 이렇게 단정했다.

"외모가 매력적인 사람은 그렇지 못한 사람보다 더 선량하고 강인하고 외향적이며 재밌고 침착하고 교양 있고 다른 사람과 잘 어울리며 민감하고 성격이 좋다. 또한, 외모가 뛰어난 사람은 평범한 사람보다 더 높은 자리에 오르고 더 행복한 결혼생활을 할 것이며 사회적으로 더 큰 성공을 거둘 것이다."

제갈량은 이미 선천적인 조건에서 다른 사람보다 우월한 자리를 차지하고 있었다. 이 점에서 제갈량은 분명히 행운아였다. 만약 이 결론을 의심한다면 추남으로 유명한 방통龐統과 장송張松이 어떤 대우를 받았는지를 살펴보라.

그뿐만이 아니었다. 하늘은 제갈량에게 출중한 용모뿐 아니라 뛰어난 지혜까지 주었다. 타고난 머리 덕분에 그는 하나를 배우면 열을 깨우치게 되었고 함께 공부하던 서서 등이 도저히 따라잡을 수 없는 지식을 갖췄다. 이 때문에 서서를 비롯해 동문수학하던 사람들은 제갈량의 재능에 감탄을 금치 못했다. 물론 제갈량이 가장 똑똑한 사람이기는 했지만 그와 견줄 사람이 전혀 없었던 것은 아니다. 같은 시기 인물 중 방통은 제갈량과 막상막하의 지력을 가졌다. 그보다 나중에 나타난 인물로는 사마의司馬懿도 그러했다.

하늘로부터 부여받은 이 두 가지 선물 덕분에 제갈량은 더 쉽게 성공에 다가갈 수 있었다. 그러나 '더 쉽게' 다가갈 수 있다고 '반드시' 성공하는 것은 아니다. 세상에는 뛰어난 용모와 출중한 능력을 지니고도 성공하지 못한 사람은 부지기수다. 오직 인간 심리의 인지 메커니즘에 숨겨진 비밀을 완벽하게 이해하고 자유자재로 운용할 수 있는 사람만이 이 천부적 능력을 제대로 발휘할 수 있다.

사람의 대뇌는 자신이 인지한 모든 사건이나 한 가지 사건의 모든 부분을 깊이 있고 꼼꼼하게 연구하고 분석한 끝에 결론을 내리지 않는다. 이 신비한 기관은 한 측면만 보고 판단하여 한쪽으로 치우친 관점을 형성한다. 그리고 이 의견을 끝까지 견지한다. 그래서 같은 사건 또는 그와 관련된 사건이 발생하면 항상 처음에 형성된 편견으로 판단한다. 이 문제를 20세기 형이상학 체계인 '과정 철학'의 창시자인 화이트헤드Alfred North Whitehead는 '문명의 진보를 나타내는 상징 중 하나는 인간이 더 자주, 깊이 생각하지 않고 행동한다는 것이다'라고 반어적으로 풍자했다.

이 점에서 볼 때 인간의 행동 양식은 동물과 별다른 차이가 없다. 새끼 칠면조를 살뜰히 보살피는 어미 칠면조는 모성으로 명성이 자자하다. 그러나 암컷 칠면조의 강한 모성애를 자극하는 신호는 오로지 새끼 칠면조가 내는 소리뿐이다. 새끼 칠면조가 울면 어미 칠면조는 득달같이 달려와 알뜰살뜰 보살핀다. 그러나 울지 않는 새끼는 무시하거나 심지어 죽여 버리기도 한다.

동물행동학자 폭스는 1974년 어미 칠면조와 박제된 족제비로 실험을 진행했다. 족제비는 칠면조의 천적이다. 그래서 족제비가 가까이 다가가면 칠면조는 날카로운 비명을 지르며 부리로 쪼고 발톱으로 할퀸다. 실험에 사용한 것은 박제된 족제비였다. 어미 칠면조는 살아있는 족제비를 대할 때와 똑같은 반응을 보였다. 그런데 똑같은 족제비 박제 안에 새끼 칠면조의 울음소리를 녹음한 녹음기를 넣고 가까이 가져갔을 때 어미 칠면조가 보인 반응은 충격적이었다. 어미 칠면조는 박제된 족제비가 가까이 다가와도 아무런 해코지를 하지 않았을 뿐만 아니라 마치 자신의 새끼에게 하는 것처럼 날개 아래에 숨겨 보호하기까지 했다. 그러다가 녹음기를 끄자마자 언제 그랬냐는 듯 공포에 질린 채 적대적인 반응을 보였다.

사람이 사물을 인지할 때도 이와 비슷한 반응을 보인다. 앞서 말한 사람들이 특정한 이유 없이 외모가 뛰어난 사람을 모든 면에서 높은 평가하는 것은 이러한 자동 반응 기제 때문이다. 이러한 현상을 '후광효과'라고 부른다. 이 심리학 용어는 미국의 심리학자 에드워드 손다이크Edward Lee Thorndike가 1920년대에 처음으로 사용했다. 그에 따르면 우리가 다른 사람을 인지하거나 판단할 때 그 사람의 일부 특성만을 보고 나머지 전부를 동일시해 판단한다는 것이다. 일단 좋은 사람이라는 꼬리표가 붙으면 매우 긍정적인 후광이 빛을 발하면서 그 사람의 모든 부분에 광채를 덧입힌다. 그러나 이와 반대의 경우라면 큰일 난 셈이다. 아무런 잘못을 하지 않아도 전신을 휘감은 부정적인 후광

탓에 '하나부터 열까지' 좋은 게 하나도 없는 사람으로 낙인찍힌다. 이는 비바람이 몰아치기 전, 달 주위에 나타나는 달무리를 보고 그것이 달이라고 판단하는 것과 다를 바 없다. 사실 달무리는 대기 중의 빙정에 의해 빛이 굴절, 반사하여 나타나는 것으로 원래의 달빛이 크게 보이는 것뿐이다.

이 '후광효과'의 덫에 걸리면 대상의 진면목을 보지 못한다. 자신이 그릇된 판단을 했다는 사실도 깨닫지 못한다. 이 같은 인간의 심리를 이용해 자신을 돋보이게 만들고 의심의 여지가 없는 권위자로서의 이미지를 형성하는 것은 오직 극소수의 사람뿐이다. 특히 제갈량은 중국 역사를 통틀어 가장 탁월했던 인물이다.

사실 역사적 업적으로 말하면 제갈량은 진시황, 한무제, 당태종, 송태조에 비할 바가 아니다. 그런데도 제갈량은 그들 중 누구보다도 유명하다. 어째서 수많은 문인이 다른 사람의 공적을 제갈량의 공적인 것처럼 꾸며 대중의 인정을 받았을까? 설마 사람들이 꾸며낸 이야기도 구별하지 못하는 바보라고 생각한 것일까? 그렇지 않다.

대중은 진실을 알면서도 '꾸며낸 이야기'를 믿고 싶어 했다. 대중이 볼 때 제갈량은 총명함, 정직함, 용감함, 근면함, 성실함, 공평무사함, 검소함, 일편단심 등 사람이 지닐 수 있는 우수한 자질을 모두 갖춘 사람이다. 제갈량이라면 그런 공적을 세우는 것에 너무도 당연했다. 만약 인간을 통제하는 심리 인지 기제를 제대로 이해하면 더는 맹목적으로 권위를 숭배하지 않게 된다. 권위자는 훌륭한 품성을 전부 갖췄다는 편견을 버릴 것이고, 설령 권위자가 심각한 결함이 있다고 해도 큰 무리 없이 받아들이게 된다.

선거에 출마한 어느 후보자가 홍보문을 배포했다. 이를 읽고 당신은 이 후보에게 표를 던질지 생각해보라.

"이 후보자는 위대한 민족의 미래를 대표합니다. 그녀는 민주주의를 수호하고 우리의 기치를 지켰습니다. 미국인의 꿈을 실현하는 데 있어 그녀는 확고한 결심과 믿음, 용기가 있습니다. 또한, 이 후보자는 따뜻한 마음을 지니고 있습니다. 그녀는 아동 사업과 환경보호를 적극적으로 지지합니다. 그녀의 행동은 이 나라가 평화롭고 부강하고 자유로운 나라로 나아가는 데 큰 도움을 주었습니다. 마음씨가 고운 사람에게 투표하는 것은 진리와 통찰력, 그리고 상식을 위해 투표하는 것입니다."

이 홍보문이 사실이라면 그녀는 훌륭한 후보자가 틀림없다. 그러나 흥분을 가라앉고 냉정하게 분석해보면 이 홍보문의 문제점을 쉽게 찾아낼 수 있다. 일단 이 후보자의 과거 행위에 대한 어떠한 설명도 없다. 어떤 부분은 아무런 뜻도 없는 미사여구에 불과하다. 그러나 사람들은 '후광효과'에 휘둘려 사실 여부는 따지지도 않는다. 그리고 그녀에 대해 긍정적인 판단을 내린다. 이것은 정치가들이 흔히 쓰는 수법이다. 정치가는 모호하고 감정적인 미사여구를 남발해 유권자가 사실관계는 따지지도 않고 무조건 자신의 관점을 지지하게 만든다.

이처럼 하늘로부터 부여받은 준수한 외모와 탁월한 지력은 제갈량이 '후광효과'로 사람들의 마음을 휘어잡을 도구가 되었다. 게다가 제갈량이 자신을 관중管仲과 악의樂毅에 비유하고 자신의 포부에 미소로만 답할 때 '후광효과'는 더욱 강력한 효력을 발휘했다. 따라서 제갈량은 굳이 공을 세워 자신의 능력을 증명할 필요가 없었다. 그러지 않더라도 이미 제갈량의 '후광효과'에 경도된 사마휘와 서서가 최고의 찬사를 보냈기 때문이다.

사마휘의 말이 백번 옳다. 주周나라 문왕文王을 도와 주나라 800년 강산을 세운 강태공姜太公과 한고조漢高祖 유방劉邦을 도와 한나라를 세운 장량張良을 제외하고 어느 누가 감히 제갈량에 필적할 수 있겠는가! 비록 아직 융중의 초가에서 나오지 않은 청년이었지만 사마휘와 서서가 내린 제갈량의 평가는 과장이 섞이지 않은 진심이었다.

이러한 불세출의 기재가 있는데 천하를 얻고자 하는 '구매자'가 몸소 납시지 않을 수 있겠는가?

◈ 심리학으로 들여다보기

권위자는 결코 완벽하지 않다. 그도 그것을 잘 알고 있다. 그런데도 당신은 그 권위자가 완벽하다는 환상을 품는다. 겉으로 보이는 것에 이미 눈이 멀었기 때문이다. 그 결과 당신은 권위자의 노예가 되고 만다.

높은 기대심리는
짙게 깔린 안개와 같다

서서가 떠난 후, 제갈량은 유비가 자신을 찾아올 것이라 직감했다. 이는 제갈량이 평생 겪게 될 '초저확률' 사건 중의 첫 번째 사건이다. 그렇다면 왜 그전에는 유비가 제갈량을 찾아가지 않았을까. 여기에는 적어도 다섯 가지 조건이 충족되어야 하기 때문이다.

첫째, 세상에 유비라는 현명한 군주가 있어야 한다.

둘째, 유비가 형양荊襄으로 도망쳐 유표劉表에게 의탁해야 한다.

셋째, 유비 곁에 능력이 출중한 모사가 없어야 한다.

넷째, 유비에게 제갈량을 천거해줄 사마휘司馬徽를 만나야 한다.

다섯째, 경쟁상대가 없어야 한다.

이상의 다섯 가지 조건이 충족되었을 때 비로소 제갈량의 '심드렁한 판매자' 책략이 성공한다. 그러나 이 다섯 조건이 모두 충족될 확률은 훗날 제갈량이 '짚단을 실은 배로 화살을 얻^{草船借箭}'거나 '동풍을 빌릴^借^{東風}' 확률보다도 낮았다. 특히 다섯 번째 조건은 하마터면 충족되지 못할 뻔했다. 서서가 제갈량보다 한발 앞서 유비의 군사^{軍師} 자리를 얻었기 때문이다. 그러나 얼마 지나지 않아 서서가 조조^{曹操}의 계략에 넘어가 유비 곁을 떠나면서 제갈량에게 기회가 돌아온 것이다. 게다가 서서가 떠나기 전 유비의 은혜에 보답하고자 제갈량을 적극적으로 천거해준 덕분이었다. 이로 인해 제갈량은 더 좋은 기회를 맞이하게 되었다.

제갈량은 사마휘와 서서가 천거하면 자신은 이 시대의 강태공, 장량으로 여겨질 것이라는 사실을 알고 있었다. 아니나 다를까, 천하를 얻고 싶었던 유비에게 두 사람의 천거는 뿌리칠 수 없는 유혹이었다. 제갈량은 곰곰이 생각했다.

'속세의 일에 무심하고 고명한 선비인 사마휘가 천거했다는 사실만으로도 유비는 기꺼이 나를 찾아올 것이다. 게다가 뛰어난 전적을 자랑한 서서까지 나를 천거했으니 유비는 무슨 수를 써서든 나를 데려가려고 할 것이다.'

제갈량은 서서가 자신을 천거한 사실에 무척 감사했다. 물론 유비를 쉽게 따라나설 생각은 처음부터 없었다. 그의 천거 덕분에 적어도 세 번은 유비가 친히 발걸음을 하도록 만들 수 있다고 자신했다. 그러나 유비가 세 번이나 찾아온다고 얼씨구나 따라나서서는 곤란했다.

사람은 자신이 갖고 싶은 것을 쉽게 포기하지 않는다. 오히려 어느 정도의 어려움을 감내하면서 그것을 손에 넣으려고 의지를 불태운다.

콜린 시루테^{Colin Siruote}는 미국 홈쇼핑 업계의 전문가다. 그녀는 매우 간단한 방법으로 지난 20년간 깨지지 않은 홈쇼핑 판매 기록을 갱신했다. 그녀가 한 일이라고는 홈쇼핑 프로그램의 주문 전화 화면에 띄우던 '상담원이 대기하고 있으니 전화 주시기 바랍니다'라는 말을 '주문 전화가 많아 연결이 어려우니 다음에 다시 걸어주십시오'라고 바꾼 것뿐이다. 실제로 주문 전화가 폭주한 것이 아니라 프로그램 제작진이 일부러 고객에게 불편을 끼친 것이다. 그러나 잠재고객은 화를 내기는커녕 어떻게 해서든 상품을 구매하려고 더욱 조바심을 냈다. '주문 전화가 많다'라는 말은 물건을 구매하고자 하는 사람이 매우 많아서 서둘러 주문하지 않으면 물건을 구매하지 못할 수도 있다는 뜻이다. 이런 상황에서 고객이 취할 행동은 하나다. 상품을 손에 넣을 때까지 전화통을 붙들고 주문 전화를 거는 것이다.

제갈량도 이 같은 방법을 구사했다. 유비가 자신에게 도움을 청하기 어렵게 만들어 더욱더 조바심이 나게 한 것이다.

제갈량은 느긋하게 며칠 집을 비웠다. 그 당시의 유비는 서서가 떠난 후 망연자실해 있었다. 그런데 서서가 이미 떠난 줄 모르고 찾아온 사마휘까지 제갈량을 천거했다. 상황이 이러했으니 유비가 열 일 제쳐두고 관우關羽, 장비張飛와 함께 융중隆中으로 향할 수밖에 없었다.

유비와 관우, 장비는 시종 수십 명을 거느리고 위풍당당하게 융중으로 향했다. 가는 길에 보니 멀리 산비탈에서 농부 몇 사람이 호미로 밭을 매며 노래를 부르고 있었다.

"푸른 하늘은 둥그런 덮개 같고 땅은 바둑판과 같구나. 세상 사람들은 흑백으로 나뉘어 바쁘게 오가며 영욕을 다투네. 영예를 얻은 자는 편안하고 치욕스러운 자는 일평생 보잘것없구나. 남양에 은자가 있으

42

니 베개 높이 베고도 아직 잠이 모자라네."

노래를 듣고 난 유비는 문득 불안한 마음이 들어 농부에게 물었다.

"이보시게. 그 노래는 누가 지은 것인가?"

농부가 대답했다.

"와룡선생께서 지은 노래입니다."

유비는 노래 가사를 곱씹으며 생각했다.

'와룡선생이라는 사람은 틀림없이 고명한 선비로 세상 돌아가는 이치를 모두 꿰뚫고 있구나. 그러면서도 외딴 곳에 은거하는 삶을 즐기고 있다니, 과연 그와 같은 사람을 모셔갈 수 있을까?'

이 노래를 듣고 유비가 어떤 생각을 할지 제갈량이 모를 리 없었다. 제갈량은 일찌감치 근처에 사는 농부들에게 이 노래를 가르쳤다. 다른 사람의 입을 빌려 자신이 '심드렁한 판매자'라는 사실을 전하는 것이야말로 제갈량의 주특기였다. 지략이 뛰어난 사마휘와 서서조차 제갈량의 진심을 꿰뚫어보지 못했는데 하물며 순박한 농부들이 어찌 그의 의도를 알겠는가?

유비는 농부들이 무의식적으로 가르쳐준 제갈량의 정보가 매우 믿을 만하다고 생각했다. 그래서 더욱 걱정되었다. '과연 이 같은 사람이 은거 생활을 접고 나를 따라나설까?'라는 생각으로 유비는 몹시 불안했다. 하지만 기왕 여기까지 온 거 결과가 어떻든 시도나 한번 해보자고 마음먹었다.

"와룡선생은 어디 사시는가?"

농부는 먼 곳을 가리키며 말했다.

"이 산 남쪽은 모두 높은 언덕으로 와룡강이라고 부릅니다. 와룡강

앞의 숲속에 초가 하나가 있는데 그곳이 바로 와룡선생이 사시는 곳입니다."

유비는 관우와 장비를 데리고 농부가 가리키는 곳으로 곧장 달려갔다. 제갈량의 초가 앞에 이른 유비는 사립문을 가볍게 두드렸다. 동자가 나와 문을 열어주자 유비가 말했다.

"한좌장군漢左將軍, 의성정후宜城亭侯, 영예주목領豫州牧, 황숙皇叔 유비가 특별히 와룡선생을 뵙고자 한다."

유비는 착실하고 겸손한 사람이었다. 절대 화려한 말로 다른 사람의 환심을 사는 부류가 아니다. 그런데 어째서 이렇게 온갖 감투를 다 끄집어내 자신을 설명한 것일까? 그나마도 하나같이 아무런 쓸모도 없는 빈껍데기 감투였다. 이는 제갈량의 '심드렁한 판매자' 책략이 제대로 힘을 발휘했음을 보여주는 증거다.

미리 사마휘와 서서에게 들은 말도 있었지만, 오는 길에 만난 농부들의 노래를 통해 유비는 제갈량을 데려가는 일이 녹록하지 않을 것이라는 사실을 어렴풋이 느꼈다. 그런 와중에 감투는 자신과 일행의 권위와 지위를 단숨에 높여줄 최고의 도구였다.

'나는 이미 당신이 은거 생활을 그만둘 뜻이 없음을 잘 알고 있다. 그런데 이렇게 대단한 감투를 쓴 인물이 몸을 낮추고 직접 찾아온 것만으로도 당신에 대한 존중을 충분히 표현하고도 남는다. 그렇다면 당신도 분위기 파악을 좀 해서 내 체면을 세워줘야 하는 것 아닌가?'

다시 말해 유비는 자신이 가진 온갖 감투를 내세워 제갈량의 '심드렁한 판매자' 책략에 맞선 것이다. 그러나 유비 앞에 서 있는 동자도 평범한 아이가 아니었다. 제갈량의 가르침을 받은 특별한 아이였다.

동자는 어린아이다운 거침없는 말투로 유비의 의도를 묵사발로 만들었다.

"그렇게 긴 이름을 어찌 기억하겠습니까?"

동자의 대꾸에 유비는 깜짝 놀랐다. 비록 어린아이가 한 말이기는 하나 그 말 속에 담긴 뜻은 결코 가볍지 않았다. 마치 유비가 일부러 내세운 지위를 은근히 탓하는 것 같았다. 이것이야말로 은거하는 고인들이 가장 경멸하는 태도였다. 만약 동자가 그 길로 달려가 제갈량에게 이 사실을 말하면 제갈량이 유비의 얼굴조차 보지 않고 그대로 돌려보낼지도 모를 일이었다. 다급해진 유비는 태도를 180도 바꿔 소리쳤다.

"그냥 신야에 사는 유비가 뵙기를 청한다고 전해라."

그러자 동자가 대답했다.

"선생님께서는 오늘 아침에 출타하셨습니다."

"어디로 가셨단 말이냐?"

"가실 곳을 정하시고 가시는 게 아니어서 어디로 가셨는지 모르겠습니다."

"그럼 언제쯤 돌아오시느냐?"

"저도 잘 모릅니다. 며칠 내로 오실 수도 있고 열흘 이상 걸릴 수도 있습니다."

어디로 갔는지도 모르고 언제 올지도 모른다니 그럼 도대체 아는 게 무엇인가! 이렇게 구매하기 어렵고 불편하게 만들수록 구매자는 더욱 구매 의욕을 불태운다. 이것이야말로 '심드렁한 판매자' 책략을 성공시키는 가장 좋은 방법이다.

동자의 대답을 들은 유비는 몹시 낙담했다. 아무래도 은거의 재미에 푹 빠진 제갈량이 자유로운 삶을 누리고자 할 뿐 출사할 생각이 전혀 없어보였기 때문이다. 성격 급한 장비가 자꾸 재촉했다.

"집에 없다는데 더 기다리지 말고 어서 돌아갑시다."

그러나 차마 발길이 떨어지지 않았던 유비는 혹시 제갈량이 돌아올지도 모른다는 일말의 희망을 품고 말했다.

"잠시만 더 기다려 보자꾸나."

만약 이때 유비가 제갈량을 만난다면 제갈량이 우리가 알고 있는 그 제갈량이겠는가! 사실 유비는 괜히 시간 낭비를 했을 뿐이다. 오히려 그 점에서 보면 관우가 더 현명했다. 관우가 유비에게 말했다.

"형님, 일단 돌아가시는 게 어떻겠습니까? 다음번에는 먼저 사람을 보내 선생이 계시는지 확인하고 다시 오도록 합시다."

유비는 관우의 의견에 따르기로 하고 동자에게 말했다.

"선생께서 돌아오시면 유비가 왔었다고 전해주려무나."

당부를 마친 유비는 관우와 장비를 데리고 울적한 마음으로 초가를 떠났다.

몇 리쯤 갔을 때 유비 일행은 맞은편에서 오는 사람을 발견했다. 그의 모습을 보니 눈매가 수려하고 늠름했으며 일신에서 비범한 풍모를 풍겼다. 소요건을 쓰고 푸른 두루마기를 입은 채 천천히 걸어오는 품새가 여간 예사롭지 않았다. 유비는 크게 기뻐하며 두 아우에게 말했다.

"와룡선생이 틀림없구나!"

유비는 곧장 말에게 내려 예를 갖추고 물었다.

"혹시 와룡선생이 아니십니까?"

그가 되물었다.

"장군은 뉘시오?"

"저는 유비라고 합니다."

"저는 공명이 아닙니다. 그의 친구 최주평입니다."

유비는 이미 다른 사람을 제갈량으로 오인한 적이 있었다. 군영에 있을 때 군사 하나가 와서 보고했다.

"문밖에 어떤 선생이 찾아와 특별히 뵙기를 청하는데 선비의 복색을 하고 있으며 태도가 매우 위엄이 있습니다."

그 말이 끝나기가 무섭게 유비가 말했다.

"와룡선생이 오신 게 아니냐?"

유비는 세상 경험이 풍부할 뿐만 아니라 경솔한 사람도 아니었다. 그럼에도 어째서 이런 수준 낮은 실수를 두 번이나 저지른 것일까? 유비의 행동은 '지각의 선택성'에서 비롯된 행동이다.

지각의 선택성이란 대상의 특징만을 지각의 내용으로 삼거나 자신의 흥미, 배경, 경험 및 태도로 타인이나 사건을 선택적으로 해석하는 것을 의미한다. 안타깝게도 인간의 뇌는 언제나 객관적이고 냉정하게 철저한 분석을 거쳐 사물을 인지하지 않는다. 우리가 어떤 사물을 대하기 전에 뇌는 이미 기대하는 윤곽을 그려놓는다. 어떤 때는 이 윤곽이 너무 뚜렷하거나 기대가 지나쳐 일정한 틀로 굳어지기도 한다. 심지어는 머릿속에 떠오르는 모습으로 그 사물을 결정하기도 한다.

심리학에서 인간의 잠재의식을 검사하는 방법 중 '로르샤흐 테스트'가 있다. 스위스의 정신의학자 로르샤흐Hermann Rorschach는 좌우대칭인 잉크 얼룩 그림 10장을 만들어 피실험자에게 보여주고 최대한 상상력을 발휘해 그들이 본 것이 무엇인지 대답하게 했다. 그 결과 똑같은 그림을 보여주었지만 사람에 따라 보이는 모습이 달랐다. 로르샤흐는 이 결과를 심리학적으로 분석했다. 지각 선택성이 검증된 것이다.

유비는 제갈량을 어떻게든 모셔가고 싶어서 목마른 물고기가 물을 구하는 심정이 되었다. 게다가 자기 스스로 제갈량에게 '기세가 드높고 은거 중인 선비'라는 이미지를 덧씌웠기 때문에 자신이 상상하는 제갈량의 이미지에 부합하는 사람만 보면 제갈량이 틀림없다고 '선택적'으로 판단하게 된 것이다. 이미 유비의 머릿속에는 제갈량의 이미지가 너무 깊이 각인되어 그 후로도 똑같은 실수를 반복해서 저지르게 된다.

◈ **심리학으로 들여다보기**

세상은 결코 객관적인 존재가 아니라 당신이 보고 싶어 하는 존재다. 편협된 사고가 수정되지 않는 원인이기도 하다. 주관적 판단의 근거는 당신의 경험에서 나오는데 이는 지극히 개인적인 부분이라 타인의 영향력이 미치지 못한다.

우연이
필연의 출발점이다

　유비는 길에서 만난 최주평에게 이야기를 나누자고 청했다. 자리를 잡고 앉은 최주평이 유비에게 물었다.

　"장군께서 공명을 찾으시는 까닭이 무엇입니까?"

　"지금 천하는 큰 혼란에 빠졌고 도적이 들끓고 있습니다. 제가 공명을 만나려는 까닭은 나라를 평안하게 할 방책을 구하기 위해서입니다."

　이에 최주평이 말했다.

　"장군이 천하를 평안하게 하는 일을 자기소임으로 생각하는 것은 좋은 생각입니다. 그러나 장군께서는 난세를 다스리는 방법은 모르고 있군요."

　"난세를 다스리는 방법이 무엇입니까?"

최주평은 '치세가 극에 달하면 난세가 되고 난세가 극에 달하면 치세가 된다'라고 일장연설을 한 뒤 다음과 같은 결론을 내렸다.

"한왕조는 이미 운이 다했으니 장군이 공명을 설득해 출사하게 만들더라도 정해진 운명을 되돌릴 수는 없습니다. 천하를 평정하느니 천명에 순응해 편안한 삶을 누리는 것이 나을 겁니다."

그러나 천하를 평정할 야심에 가득 찬 유비의 귀에 최주평의 말이 들어올 리 없었다. 여기에는 두 가지 이유가 있다.

첫째, 유비는 자신감이 지나쳤다. 사람은 누구나 자신을 과대평가하는 경향이 있다. 그래서 다른 사람은 해내지 못해도 자신은 해낼 수 있다고 믿는다. 투자전문가를 예로 들어보자. 거의 모든 투자전문가가 자신은 주식시장의 평균 수익률보다 더 높은 수익을 낼 수 있다고 믿는다. 그러나 경제학자 말키엘Burton G. Malkiel이 1999년 실시한 조사 결과에 따르면 투자전문가들이 심혈을 기울여 고른 뮤추얼펀드 조합의 수익률은 임의로 고른 주식보다 수익률이 낮았다.

유비는 어려서부터 큰 뜻을 품고 오직 천하를 평정할 날만 꿈꾸며 살아왔다. 그 과정에서 적잖은 우여곡절을 겪었지만 마음에 품은 꿈만은 결코 포기하지 않았다. 그래서 자신은 분명 난세의 영웅이 될 것이며 제갈량만 군사로 삼으면 성공의 문턱을 더 빨리 넘을 수 있다고 확신했다.

둘째, 신념이 확고부동하게 고착됐다. 어떤 신념이 마음에 단단히 뿌리를 내리면 그 신념을 부정하기 쉽지 않다. 설령 자신의 신념이 틀렸다는 분명한 증거가 있더라도 사람들은 좀처럼 한번 품은 신념을 바꾸지 않는다.

사마휘와 서서가 제갈량을 적극적으로 추천했다는 사실만으로 유비는 '제갈량만 얻으면 천하를 얻은 것이나 다름없다'라는 신념을 갖게 됐다. 이 신념은 최주평의 말 한마디로 바뀔 성질의 것이 아니었다. 오히려 최주평의 부정적인 의견을 듣고 유비는 이 신념을 더욱 굳혔다. 최주평이 제갈량을 찾아가지 말라고 권유할수록, 정해진 운명을 거스르지 말고 천명에 순응하라고 권유할수록, 유비는 더욱 간절히 제갈량을 원했다. 그리고 더 조속한 시일 내 조조 등과 천하를 다투고 싶었다.

유비는 최주평의 말을 흘리며 제갈량의 행방을 물었다. 유비가 자신의 말을 귓등으로도 듣지 않자 최주평은 내심 불쾌하기 짝이 없었다. 그러나 자기 생각을 강요할 수는 없었으므로 내색하지 않았다. 유비의 물음에 더 길게 말하고 싶지 않았던 최주평은 간단히 대답했다.

"저도 그를 만나러 오는 길이라 어디로 갔는지 알 수가 없습니다."

최주평은 그 자리를 벗어나려고 그렇게 말했지만 결국 제갈량의 '심드렁한 판매자' 책략을 도운 셈이 되고 말았다. 생각해보라. 최주평은 제갈량의 몇 안 되는 친구였다. 아니 더 정확하게 말하면 손에 꼽힐 만큼 절친한 친구였다. 그런 사람조차 제갈량의 행방을 모른다면 얼마나 신비로운 인물이고, 또 얼마나 만나기 어려운 인물이란 말인가. 제갈량의 행방을 찾는 일조차 이토록 어려운데 그를 설득해 데려가는 일이야 말해 무엇하랴! 진귀한 것은 당연히 얻기 어려운 법이다. 얻기 어려울수록 제갈량을 향한 유비의 갈망은 더욱 커지기만 했다.

신야로 돌아온 유비는 수시로 와룡강에 사람을 보내 제갈량의 동정을 살폈다. 엄동설한이 닥칠 무렵 드디어 제갈량이 와룡강에 있다는 보고가 날아들었다. 유비는 서둘러 말을 준비하라고 시켰다. 곁에서 그 모습을 지켜보던 장비가 말했다.

"제갈량은 일개 촌부에 불과한데 형님께서는 무엇 때문에 몸소 찾아가는 것입니까? 차라리 사람을 보내 불러오게 하시죠?"

이에 유비가 장비를 크게 꾸짖었다.

"네가 뭘 안다고 떠드는 게냐! 제갈량은 당세의 현자인데 내 어찌 아무렇게나 사람을 보내 불러올 수 있겠느냐? 그것이야말로 나 스스로 현자를 구할 길을 막는 셈이 아니겠느냐?"

장비는 유비를 공경하던 터라 감히 대꾸하지 못했지만 마음속으로 불만이 가득했다.

유비와 관우, 장비는 다시 융중으로 향했다. 이때는 한겨울이라 몹시 추웠다. 길을 떠난 지 얼마 되지 않아 갑자기 먹구름이 잔뜩 끼며 북풍이 매섭게 몰아치더니 눈보라가 몰려왔다. 생각지도 못한 눈보라에 장비는 좋지 않은 예감이 들었지만 유비는 무척 기뻐하며 생각했다.

'이런 눈보라를 뚫고 찾아가면 제갈량은 나의 진심을 느낄 것이다. 그의 마음을 움직이려면 이 정도 정성은 쏟아야지. 그러니 이 얼마나 고마운 눈보라란 말인가!'

분명 유비의 반응은 정상이 아니었다. 유비는 지금 인간의 본능에 가까운 착각에 빠져 있다. 여러 가지 상관없는 사건을 서로 연관시켜 이 사건들 사이의 인과관계를 찾는 것이다. 이런 현상을 '착각상관'이라고 한다.

1965년, 워드Ward와 젠킨스Jenkins는 피실험자에게 50일 동안 인공구름 실험을 실시한 결과라며 가상의 수치를 알려줬다. 실험이 진행된 50일 동안 인공구름을 만든 날과 비가 내린 날이 언제였는지에 관한 정보였다. 그러나 이 정보들은 실제와는 다른 임의로 혼합한 정보였을 뿐이다. 그런데도 이 실험에 참가한 피실험자는 인공구름과 우천 간의 밀접한 상관관계를 발견해냈다. 이처럼 우연히 잇달아 일어난 사건일 뿐인데도 이들이 연관되어 있다고 생각하기 시작하면 사람들은 종종 통제 착각에 빠진다. 자신이 우연히 일어나는 사건을 통제할 수 있다고 생각하는 것이다.

사마휘와 서서는 제갈량을 주나라 800년 강산의 기틀을 세운 강태공에 비유했다. 그런데 주문왕이 강태공을 제 사람으로 만드는 과정은 결코 쉽지 않았다.

강태공은 서주西周의 반계磻溪에서 온종일 낚시질만 하면서 출사할 기회를 엿보았다. 보통 사람은 낚시할 때 끝이 구부러진 낚싯바늘을 사용하고 물고기를 유인할 미끼를 바늘 끝에 꿰어 낚시한다. 그런데 강태공이 사용한 낚싯바늘은 곧게 쭉 뻗어 바느질 바늘과 다르지 않았다. 미끼도 꿰지 않았으며 물속에 가라앉지도 않았다. 심지어 물에서 낚싯바늘까지의 거리가 3척이나 되었다. 강태공은 낚싯대를 높이 들며 혼잣말을 중얼거렸다.

"물고기야. 살고 싶지 않다면 직접 뛰어올라 낚싯바늘을 물도록 해라!"

강태공의 기이한 행동은 어느덧 서백西伯(서쪽 지방 제후들의 우두머리) 희창姬昌(주문왕의 이름)의 귀에도 전해졌다. 희창은 병사 한 명에게 반계에 가서 강태공을 데려오라고 시켰다. 그런데 강태공은 그 병사에게 눈길을 주지 않고 중얼거렸다.

"물려라. 물려라. 물리라는 물고기는 물리지 않고 새우가 와서 시끄럽게 구는구나!"

병사가 돌아와 이 말을 전하자 이번에는 관리 한 명을 보내 강태공을 모셔오게 했다. 그러나 강태공은 여전히 본 척하지 않으면서 낚시질에 여념이 없었다.

"물려라. 물려라. 물리라는 큰 고기는 물리지 않고 작은 고기가 와서 시끄럽게 구는구나!"

희창은 그제야 강태공이 현자라는 사실을 깨닫고 직접 찾아가기로 마음먹었다. 그로부터 사흘 동안 희창은 채식만 하고 목욕재계한 뒤 깨끗한 옷으로 갈아입고 많은 예물을 준비해 반계에 있는 강태공을 만나러 갔다. 그런데 이번에도 강태공은 희창은 거들떠보지도 않고 낚시질에만 빠져 있었다. 희창은 해가 뉘엿뉘엿 서산으로 기울 때까지 강태공 뒤에서 공손하게 기다렸다. 그렇게 한참의 시간을 기다리게 한 뒤에야 강태공은 희창과 대화를 나눴다. 주나라의 역사는 이렇게 시작되었다.

주문왕이 강태공을 데려가기 위해 겪은 어려움의 정도와 훗날 강태공이 주문왕을 도와 주나라의 기틀을 다진 일 사이에는 필연적인 관계가 없다. 그러나 사람들은 전자와 후자를 인과관계로 해석한다. 이는 우리가 곧잘 저지르는 착각이다. 유비는 자신을 주문왕에 비유하며 큰일을 이루려면 반드시 능력이 출중한 인재를 얻어야 한다고 생각했다. '출중한 인재'를 얻기란 당연히 쉬운 일이 아니라는 것도 알았다.

그래서 유비는 눈보라가 몰아치는 악천후로 인해 제갈량을 데려가

기가 더 어려워졌다는 사실을 '원인'으로 보았다. 그리고 자신의 정성에 감동한 제갈량이 틀림없이 은거 생활을 접고 천하를 평정할 자신을 도와주는 '결과'를 낳을 것이라고 착각했다. 게다가 눈보라를 동반한 추위는 유비 자신이 통제할 기회를 주었다. 다시 말해 자신이 이 추위를 이겨내기만 한다면 모든 일이 자기가 바라는 대로 이루어지도록 통제할 수 있다고 생각했다.

유비의 이 같은 속셈은 혼자만의 비밀이었다. 그는 경솔하게 천기(유비는 자신이 천기의 흐름을 파악했다고 생각했다. 이것이 바로 그가 통제 착각에 빠졌다는 명백한 증거다)를 누설하고 싶지 않았다. 아무리 장비가 친형제나 다름없더라도 자기 생각을 말해주고 싶지 않았다. 물론 훗날 세 번째로 제갈량을 찾아가는 길에서는 달랐다. 장비가 막말을 쏟아냈을 때 장비의 불경스러운 태도가 천기를 모독해 천재일우의 기회를 망칠까 봐 강태공의 예를 들어가며 장비를 엄하게 꾸짖었다.

악천후에 몸은 고달팠지만 유비의 마음은 즐겁기만 했다.

혹자는 이 같은 유비의 혼자만의 착각을 비웃을지도 모른다. 그러나 유비가 저지른 '착각상관'은 누구나 저지르는 실수다. 스포츠계의 유명인사들에게서 '착각상관'의 예를 찾아보자.

NBA 농구스타 마이클 조던Michael Jordan은 언제나 똑같은 반바지를 입고 경기에 나섰다. 이 바지는 그가 노스캐롤라이나대학에 다닐 때부터 입은 것으로 그 옷만 입으면 자신감이 급상승했다. 축구 스타 데이비드 베컴David Beckham은 매번 새 축구화를 신고 경기에 나섰다. 스페인의 축구 스타 산티아고 카소를라Santiago Cazorla는 경기장에 들어설 때 항상 오른발을 먼저 내딛는다. 루벤 데 라 레드Ruben de la red는 이와 반대로 항상 왼발을 먼저 그라운드에 올려놓았으며 절대로 사이드라인을 밟지 않았다. 그들은 그렇게 해야만 운이 자신에게 따른다고 생각했다.

이러한 이상한 습관은 모두 착각상관의 전형적인 결과물이다. 시합에서 승리하는 것과는 아무런 필연 관계가 없고 과학적인 근거도 없다. 그저 마음을 안정시키는 효과만 있을 뿐이다.

착각상관은 인간이라면 누구나 가지고 있는 약점인데 유비라고 별수 있겠는가.

◆ **심리학으로 들여다보기**

인간은 종종 우연을 필연이라고 믿음으로써 마음의 안녕을 찾는다. 자신이 원하는 부분에서 우연이 발생할 때 더욱 그것에 집착하게 된다. 우연이 필연을 부른다고 믿는 것이다. 그로 인해 안정감이 든다면 굳이 거부할 필요가 없다.

함정에 빠진 사람은
더 깊은 함정을 원한다

　제갈량의 초가로 향하던 유비 일행은 주막에서 술을 마시는 두 사람을 발견했다. 그들은 노래를 부르며 너털웃음을 터뜨렸다. 노래에는 속세를 벗어나 은거하고자 하는 뜻이 담겨 있었다. 유비는 두 사람 중한 명이 제갈량이라 생각하고 서둘러 말에서 내려 물었다.

　"두 분 가운데 어느 분이 와룡선생이십니까?"

　수염을 길게 드리운 사람이 되물었다.

　"무슨 일로 와룡을 찾으시는 겁니까?"

　"저는 한좌장군, 영예주목 유비로 현재 신야성에 머무르고 있습니다. 와룡선생을 찾아온 까닭은 세상을 구하고 백성을 편안하게 할 방책을 듣기 위해서입니다."

　두 사람의 기품에 눌리지 않기 위해 또 '아무 쓸 데도 없는 감투'를 내세우며 설득력을 더했다. 이전에 유비는 '지각의 선택성'으로 세 번씩이나 다른 사람을 제갈량으로 오인한 적이 있다. 그런데 이번에도 유비의 예상은 보기 좋게 빗나갔다.

"우리는 와룡이 아니라 그의 친구들입니다. 저는 영천穎川의 석광원이고, 이 사람은 여남汝南의 맹공위로 이곳에서 은거하고 있지요."

이에 유비는 두 사람에게 제갈량의 초가에 함께 가 담소나 나누자고 청했다. 두 사람은 유비의 청을 완곡하게 거절했다.

"우리는 산야에 묻혀 사는 게으른 무리로 나라를 다스리는 법이나 백성을 편안하게 하는 방법 같은 건 모릅니다."

유비는 어쩔 수 없이 두 사람과 작별하고 와룡강으로 내달렸다. 초가 앞에 이른 유비가 말에서 내려 문을 두드리자 동자가 맞이하러 나왔다. 유비가 물었다.

"선생께서는 안에 계시느냐?"

"지금 안에서 책을 읽고 계십니다."

유비는 크게 기뻐하며 얼른 동자를 뒤따라 들어갔다. 초당에 들어서니 어떤 사람이 화로를 끼고 앉아 큰소리로 시를 읊조리고 있었다.

"봉황은 천 길을 날되 오동나무가 아니면 깃들지 아니하고 선비는 외딴 곳에 숨어 살아도 주인이 아니면 섬기지 아니한다. 내 스스로 밭갈기를 즐기니 나는 내 초가를 사랑한다. 잠시 거문고와 서책으로 내지략을 대신하며 천시가 오기만을 기다린다."

제갈량의 시를 들은 유비는 기쁨을 감추지 못했다. 시구를 곱씹어보면 '하늘의 때와 현명한 군주'를 기다린다는 뜻이니 자신의 목적을 이룰 가능성이 컸다. 유비는 곧장 예를 취하며 말했다.

"이 유비는 오랫동안 선생을 경앙해왔으나 찾아뵐 기회가 없었습니다. 지난번에 서원직이 선생을 천거하여 찾아왔었으나 뵙지 못하고 차마 떨어지지 않는 발걸음을 돌려야 했습니다. 오늘 눈보라를 헤치고 온 덕에 드디어 존안을 뵙게 되었으니 실로 천만다행입니다."

그러나 이번에도 유비는 실수하고 말았다. 그 사람은 와룡선생이 아니라 제갈량의 동생 제갈균諸葛均이었다. 제갈균이 말했다.

"장군은 유예주가 아니신지요? 제 형님을 만나러 오셨습니까?"

유비가 깜짝 놀라 말했다.

"그렇다면 선생도 와룡선생이 아닙니까?"

"와룡은 제 둘째 형님이십니다. 저는 아우인 제갈균이라고 합니다."

"형님 되시는 분은 지금 어디에 계십니까?"

"이틀 전에 최주평과 언약한 대로 함께 놀러 나가셨습니다."

유비가 제갈량의 행방을 자세히 캐묻자 제갈균이 말했다.

"어떤 때는 강이나 호수에 작은 배를 띄워 유람을 하고 또 어떤 때는 스님이나 도사를 찾아 산봉우리에 오르기도 합니다. 그도 아니면 벗을 만나러 어느 마을에 가시도 하고 선경 속에서 거문고를 타고 바둑을 두기도 하지요. 오고 가심을 예측할 수 없으니 지금 어디에 계신지 알 수가 없습니다."

유비는 망연자실해 한숨을 길게 내쉬었다.

'최주평이라는 자가 내 일을 망치는구나. 지난번에는 내게 쓸데없는 일로 기운 빼지 말라더니 이번에는 와룡을 데리고 나갔군. 와룡의 출사를 막으려고 작심했구나! 유비의 명이 어찌 이리 박하단 말인가! 두 번씩이나 찾아왔는데도 대현大賢을 뵙지 못하는구나!'

그러나 유비의 실망감은 그리 오래가지 않았다. 주문왕이 강태공을 만나기까지 겪은 어려움을 자신의 처지와 연관시킨 착각상관은 유비의 투지에 더욱 불을 질렀다. 유비는 제갈균과 이야기를 나누고 싶었으나 장비가 볼멘소리를 냈다.

"형님. 와룡선생도 안 계시고 눈보라도 거세지니 어서 돌아갑시다."

제갈균도 유비에게 말했다.

"형님께서 계시지 않으니 감히 장군에게 오래 머무르시라 청하지도 못하겠습니다."

결국 유비도 돌아가기로 결정했다. 다만 지난번에 왔을 때는 전언을 남겼지만 이번에는 서신을 남겼다.

이 유비는 오래전부터 선생의 높은 이름을 사모해왔습니다. 두 차례나 초가를 찾아왔는데도 선생을 뵙지 못하고 돌아가게 되니 쓸쓸한 마음을 달랠 길이 없습니다. 부끄럽지만 이 유비는 한실漢室의 후손으로 분에 넘치는 이름과 벼슬을 얻었으나 돌아보면 조정은 아래로부터 업신여김을 당하고 있고 기강은 꺾이고 무너졌습니다. 군웅이 나라를 어지럽히고 악한 무리가 군주를 속이니 이 유비는 마음이 찢어지는 것 같습니다. 비록 나라를 구하고자 하는 정성이 있으되 실제로 경륜의 방책이 부족합니다.

바라건대 선생께서 너그러움과 충의의 마음으로 강태공의 큰 지혜와 장자방의 큰 책략을 펼치신다면 천하를 위해서는 물론이거니와 사직에 있어 이보다 큰 다행은 없을 것입니다. 먼저 글로 이렇게 제 뜻을 펼쳐 보이고 다음에 목욕재계하고 찾아와 존안을 뵙고 제 진심을 말씀드리고자 합니다. 간절히 바라건대 부디 이 뜻을 살펴주십시오.

유비는 글을 쓰면서 다시 한번 주문왕을 떠올렸다. 주문왕도 세 번째는 직접 강태공이 있는 곳으로 찾아갔다. 더 중요한 것은 주문왕도 강태공을 만나러 가기 전에 목욕재계를 함으로써 그에 대한 존경과 성의를 나타냈다는 점이다. 유비도 자신 앞에 당도한 게 '분명한' 하늘의 때를 확실히 잡기 위한(통제 착각) 방법으로 주문왕의 경우를 대입했다.

물론 유비는 이 편지가 하늘의 때를 누설해 제갈량에게 '심드렁한 판매자' 책략을 펼칠 기회를 주었다는 사실을 까맣게 모를 것이다.

유비는 제갈균에서 작별을 고하고 신야로 돌아가기 위해 말에 올랐다. 그런데 유비가 말에 오르자마자 동자의 외침이 들렸다.

"돌아오셨습니까?"

유비가 고개를 들어 바라보니 따뜻한 모자를 눌러쓰고 여우가죽옷을 걸친 채 나귀를 탄 사람이 보였다. 푸른 옷을 입고 호로병을 든 채 뒤따르는 동자와 함께 눈보라를 헤치며 나아오고 있었다. 그는 작은 다리를 지나며 시를 읊조렸다.

"한밤 북풍이 서늘키도 하더니 만 리에 먹장구름 짙게도 드리웠네. 가없는 하늘에 눈보라 어지러이 흩날리니 강산의 옛 모습을 모조리 바꿔놓는구나. 거대한 허공을 우러러 바라보니 옥룡이 싸우는 듯하다. 용 비늘이 분분히 날아 순식간에 우주를 두루 덮는구나. 나귀 타고 작은 다리 건너면서 매화가 시드는 것을 홀로 탄식하누나!"

유비는 그 자리에서 외쳤다.

"이 분이 와룡선생이 틀림없다!"

그러나 그 역시 와룡이 아니었다. 그는 와룡의 장인 황승언이었다.

이로써 유비는 벌써 다섯 번이나 다른 사람을 제갈량으로 오인했다. 황승언이 말했다.

"평소에 제갈량은 천하 구경을 즐기는 터라, 나 또한 딸과 사위를 만나려고 일부러 눈보라가 몰아치는 날을 골라 찾아온 것이라오."

제갈량을 만나기가 이토록 어려운 일이었다니! 그의 장인조차도 악천후인 날을 골라 찾아와야만 만날 수 있다 하니 이런 사람이 어디 보통 사람이겠는가. 유비는 더욱 제갈량을 공경하게 되었다. 그리하여 유비는 성심성의를 다해 가장 겸허한 태도, 가장 숭고한 이해 그리고 가장 후한 대우로 다시 제갈량을 찾아오기로 결심했다.

유비가 신야로 돌아간 뒤 시간은 쏜살같이 흘러 어느덧 봄이 되었다. 유비는 점쟁이를 불러 정성껏 길일을 택하고 사흘 동안 목욕재계하고 새 옷으로 갈아입은 뒤 와룡강으로 향했다.

유비의 이 같은 행동에 관우는 그동안 참았던 분을 터뜨렸다. 지난 두 번의 방문에서 소란을 피운 사람은 성격이 거칠고 경솔한 장비였다. 그러나 백번 양보한다 해도 너무 지나친 유비의 태도에 관우도 더 두고 볼 수 없었다.

"형님께서는 이미 두 번이나 제갈량을 만나기 위해 그의 초가를 찾아갔습니다. 제 생각에 제갈량은 밖으로만 명성이 자자할 뿐 실제로는 학식이 없는 사람이라 형님을 만나지 않으려고 일부러 피하는 게 틀림 없습니다. 그런데도 형님이 이토록 그에게 집착하시는 이유가 대체 무엇입니까? 형님! 그 농사꾼에게 속아서는 안 됩니다."

"아우야. 《춘추春秋》를 섭렵한 네가 어찌 그 이유를 모르느냐? 제齊나라 환공桓公이 동곽東郭에 사는 농부를 만나러 간 고사를 듣지 못했느냐?

제환공은 한 나라의 제후였는데도 이 농부를 만나기 위해 다섯 번이나 찾아갔다고 한다. 하물며 나는 제갈량이라는 세상에 보기 드문 현인을 만나러 가는 것인데 어찌 두 번이 많다 하겠느냐?"

관우는 살짝 뒤틀린 심보를 드러냈다.

"보아하니 형님께서는 정말로 제갈량이라는 자를 주문왕을 도운 강태공으로 여기시는 것 같습니다."

장비는 마음에 담긴 말을 거침없이 내뱉었다.

"이번에는 형님이 틀렸습니다. 우리 삼형제는 세상을 떠돌면서 어지간한 사람은 다 만나봤습니다. 그런데 하필이면 그 농사꾼을 보기 드문 현인으로 여길 필요가 있습니까? 이번에는 형님이 가실 필요 없습니다. 제가 가서 끈으로 꽁꽁 묶어 형님 앞에 대령하겠습니다!"

관우와 장비가 '천기의 비밀'을 언급하자 유비는 두 사람이 천기를 모독할까 두려워 큰 소리로 꾸짖었다.

"너희 두 사람 다 헛소리 말거라! 주문왕은 서백西伯의 몸으로 천하의 3분의 2를 차지했는데도 강태공을 만나러 몸소 위수 강변으로 찾아가지 않았더냐? 강태공은 낚시에 빠져 주문왕에게 눈길조차 주지 않았지만 문왕은 강태공의 뒤에 서서 해가 질 때까지 기다렸다. 문왕이 이처럼 정성을 다했기에 강태공이 마침내 마음을 움직여 그를 도와 주나라 800년 강산의 기틀을 세운 것이다. 주문왕도 이처럼 현인을 공경했는데 하물며 나 같은 사람이 어찌 현인을 공경하지 않을 수 있겠느냐? 너희 두 사람 다 더는 무례를 범하지 말거라!"

유비의 추상같은 꾸지람에 관우와 장비는 더 따지지 못하고 융중으로 향했다. 이로써 유비는 세 번째로 제갈량을 찾아가게 된다. 관우와 장비가 못마땅하게 여기는 제갈량의 '심드렁한 판매자' 책략에 유비가 빠져든 까닭은 무엇일까?

제갈량이 쳐놓은 덫에 걸린 유비는 자기도 모르는 사이에 '행동함정'에 빠졌기 때문이다. 즉, 개인 또는 집단이 일어날 가능성이 높은 행동을 택했는데 결국 바람직하지 못한 상태가 되어 진퇴양난의 상황에 빠지는 것이다. 이 행동함정은 '투자의 함정'이다.

1971년, 마틴 슈빅Martin Shubik은 '1달러 경매'라는 게임을 실시했다. 이 게임에서 경매로 내놓은 1달러는 가장 높은 경매가를 제시한 사람에게 돌아갔다. 이 게임에는 네 가지 규칙이 있었다.

첫째, 경매가 진행되기 전, 경매 참가자들은 서로 의견을 교환할 수 없다.

둘째, 경매시작가는 5센트이며 매번 5센트만 올릴 수 있다.

셋째, 경매최고가는 50달러를 넘지 않는다.

넷째, 참가자 중 최고가를 써낸 두 사람은 반드시 그만큼의 돈을 지불해야 한다. 그러나 이 1달러는 두 사람 중 더 높은 경매가를 제시한 사람에게 지급한다.

그렇다면 게임에 참여한 사람은 이 1달러를 얻기 위해 얼마나 높은 가격을 제시할까?

실험 결과, 언제나 '승자'는 판매자였다. 그가 내놓은 돈은 겨우 1달러지만 항상 그보다 몇 배나 많은 돈을 벌게 된다. 경매에 참여한 사람이 1달러를 얻기 위해 1달러보다 훨씬 많은 경매가를 써내기 때문이다.

마틴 슈빅은 처음 이 게임을 실시한 때로부터 수십 년이 지나도록 한 번도 돈을 잃은 적이 없다. 일단 투자 의지를 보인 사람은 절대로 포기하지 않았다. 더 많은 것을 투자할수록 포기하기가 어렵다. 사람은 언제나 이 1달러를 얻기 위해 1달러보다 많은 돈을 투자한다. 이것이 바로 '투자의 함정'이다.

투자의 함정은 실생활에서 쉽게 찾아볼 수 있다. 만약 투자한 회사에서 손실이 나면 사람들은 이 손실을 메우고 수익을 내기 위해 추가로 투자한다. 마찬가지로 자신이 산 주식이 원가손실을 입게 되면 과감하게 팔아치우지 않고 오히려 손실을 메우기 위해 주식을 더 매입한다.

유비도 마찬가지였다. 그는 제갈량을 만나기 위해 두 번이나 초가를 찾았지만 제갈량의 그림자도 보지 못했다. 다섯 번이나 다른 사람을 제갈량으로 오인했다. 이때까지 유비가 얼마나 많은 마음을 썼겠는가! 이런 상황에서 유비가 할 수 있는 일이라고는 끝장을 보기 위해 '추가로 투자하는 것'뿐이었다. 그러지 않고 관우와 장비가 말한 대로 할 만큼 했다고 생각해 물러났다면 본전을 다 잃고 재기할 기회마저 잃는 셈이 되고 만다.

◈ **심리학으로 들여다보기**

사람은 무언가를 얻기 위해 잃는 잘못을 저지른다. 심지어 자신이 쏟아부은 본전을 고려하지 않기도 한다. 시간이든 노력이든 원하는 것을 쟁취하기 위해 너무도 무모한 투자를 감행한다. 현명한 판단력이 떨어질수록 그 정도는 심해진다.

자신이 어떤 사람인지는
옷차림에서 드러난다

제갈량은 자원을 배치하는 데 있어서 가히 절대 고수였다. 출사를 성사시키기 위해 몇 안 되는 친구들을 알게 모르게 이용했다. 사마휘, 서서, 최주평, 석광원, 맹공위, 장인 황승언, 아우 제갈균, 집 지키는 동자, 심지어 근처에 사는 농부들까지 모두 제갈량의 출사 계획을 성사시키기 위한 장기말이 되었다. 제갈량을 고결한 인품과 출중한 능력을 갖춘 은자隱者 이미지로 만드는 데 일조한 것이다.

유비가 세 번째 찾아왔을 때 제갈량은 마지막 비장의 카드를 썼다. 바로 유비가 도착하기 전에 느긋하게 낮잠을 자기로 한 것이다. 이는 제갈량이 은자로서 자는 마지막 낮잠이기도 했다. 일단 출사하면 이후로는 유비를 위해 몸과 마음을 바쳐야 한다. 다시 말해 다시는 지금처럼 느긋한 자유를 즐길 수 없게 된다는 뜻이다.

그렇다면 제갈량은 이날 유비가 온다는 것을 어떻게 알았을까? 이는 제갈량이 머리를 굴려 계산해낸 날이 아니라 유비 스스로 비밀을 누설했기 때문이다.

유비가 두 번째 제갈량을 찾아왔던 날 남긴 서신에서 다음에 올 때는 점쟁이를 불러 길일을 택해 목욕재계하고 찾아오겠다고 했다. 그런데 황도黃道의 모든 길일은 책력에 나와 있으므로, 이 분야의 전문가인 제갈량이 이날을 모를 리 없었다.

유비 일행은 제갈량의 초가를 얼마 앞두고 말에서 내려 걸었다. 제갈량에 대한 존중의 표시였다. 관우와 장비는 어쩔 수 없이 유비의 뜻에 따랐지만 못마땅하기만 했다. 유비는 맞은편에서 기품 있게 걸어오는 제갈균을 보고 예를 올리며 안부를 물었다. 제갈균이 말했다.

"마침 둘째 형님이 어제 돌아오셨으니 이번에는 형님을 만나 뵐 수 있을 겁니다."

유비는 크게 기뻐했다.

"이번에는 정말 운이 좋구나. 드디어 와룡선생을 뵐 수 있게 되었어!"

초가 문을 두드리자 동자가 나왔다. 유비가 말했다.

"와룡선생에게 유비가 찾아와 뵙기를 청한다고 전해주려무나."

"선생께서 집에 계시기는 하나 지금 초당에서 주무시고 계십니다."

"그렇다면 선생을 깨우지 말 거라. 내가 기다리마."

유비는 관우와 장비가 쓸데없는 일을 벌일까 봐 문밖에서 기다리라 분부하고 홀로 천천히 초당으로 들어섰다.

초당에 누워 자는 제갈량을 보고 유비는 두 손을 맞잡은 채 댓돌 아래에 서서 기다렸다. 이때 유비의 마음은 주문왕이 강태공의 뒤에서 기다릴 때와 똑같은 마음이었다. 여기서 유비는 또 한 번 '착각상관'을 일으킨다. 이 또한 하늘의 계시이며 자신의 정성에 감동한 현인이 결국 출사를 결심하고 자신을 도와 천하를 얻게 해줄 거라고 믿는 것이다. 그래서 유비는 오래 기다릴수록 기분이 좋아졌고 흥분을 가라앉힐 수 없었다.

그러나 문밖의 관우와 장비는 결코 그렇지 않았다. 장비는 유비가 공손하게 시립해 있는데 제갈량이 일어날 기미를 보이지 않자 벌컥 성을 내며 관우에게 말했다.

"저놈이 어찌 이리 방자하단 말이오! 감히 우리 형님을 저렇게 푸대접하다니, 어디 내가 이 집에 불을 질러도 계속 잠이나 자고 있나 봅시다!"

장비가 경솔하기는 하지만 사실 이것이야말로 제갈량에게 가장 효율적으로 대처하는 방법이다. 이는 '심드렁한 구매자' 책략의 하나로 제갈량이 쓴 '심드렁한 판매자' 책략과는 '천적' 사이나 다름없었다. 즉, '당신이 고의로 이런 짓을 벌이니 나도 당신을 상대하지 않고 그냥 비장의 카드를 까버리겠다'라는 태도이다. 만약 장비가 정말로 그렇게 했다면 제갈량이 심혈을 기울여 짠 계획은 모두 물거품이 되었을 것이다. 몸값을 올리기는커녕 밑지고도 못 파는 난감한 지경에 빠지고 말았을 제갈량이었다. 관우도 제갈량의 태도가 못마땅하기는 마찬가지였지만 그래도 장비보다는 참을성이 있었다. 그는 유비의 심기를 건드리지 말라며 장비를 막아섰다.

나이 쉰이 넘은 유비가 한참을 서 있으려니 다리가 후들거리고 허리가 시큰거려 왔다. 그때 마침 제갈량이 몸을 뒤척이며 잠에서 깨어나려 하자 가슴이 세차게 뛰기 시작했다. 그러나 제갈량은 몸을 뒤척이는가 싶더니 벽을 향해 돌아누워 계속 잠을 잤다. 동자는 유비가 힘들어하는 모습을 보고 제갈량을 깨우려고 했다. 그러자 유비가 작은 목소리로 동자를 제지했다. 제갈량이 깨기를 기다리는 일분일초가 그에게는 곧 행복이었기 때문이다.

다시 한참의 시간이 흘렀다. 유비는 온몸이 시큰거려 더 버틸 수가 없었다. 바로 그때 제갈량이 자리에서 일어났다. 잠에서 깬 제갈량은 '은자답게' 시 한 수를 읊었다.

"큰 꿈을 누가 먼저 깨닫는가, 평생 나만 스스로 알 뿐이네. 초당의 봄잠 족히 잤건만 창밖의 해는 더디기만 하구나!"

시를 다 읊은 제갈량이 동자에게 물었다.

"속세의 손님이 찾아왔느냐?"

제갈량은 자신이 지난 몇 년 동안 정성껏 만들어온 은자의 이미지를 지키기 위해 사소한 부분도 놓치지 않았다.

"유황숙께서 오셔서 한참 동안 선 채로 기다리고 계십니다."

제갈량이 서둘러 몸을 일으키며 말했다.

"어째서 나를 깨우지 않았느냐?"

이 말로 보아 제갈량은 동자에게 상황에 따라 자신을 깨우라고 했던 모양이다. 그러나 기다림을 즐거움으로 여기며 깨우지 말라고 단호히 제지한 유비 때문에 동자는 제갈량을 깨우지 않았다.

제갈량은 동자가 깨우지 않았는데 스스로 자리에서 일어나기가 여간 겸연쩍지 않았다. 그래서 이리저리 머리를 굴리던 제갈량은 짐짓 시를 읊는 척하며 자연스럽게 일어난 것이다. 이 또한 제갈량의 뛰어난 지력을 짐작할 수 있는 예로 조식曹植의 '칠보시七步詩'에 견줄 수 있다.

수많은 우여곡절 끝에 드디어 유비는 꿈에도 그리던 위대한 현자 제갈량을 만나게 되었다. 유비가 보니 제갈량은 키가 8척에 이르렀다. 얼굴은 관옥冠玉처럼 희고 윤건을 쓴 채 학창의를 걸치고 있는데 표연한 풍채가 신선을 연상케 했다. 그 모습에 마음 깊이 감탄한 유비는 허리를 굽혀 예를 올렸다.

제갈량의 탁월한 용모와 지력에 대해서는 앞에서 설명한 바 있다. 이처럼 타고난 조건 외에도 제갈량은 자신의 이미지를 만드는 데 많은 공을 들였다. 그는 선비의 차림새가 아니라 도를 닦는 도사의 차림새를 하고 있었는데 왜 그랬을까?

이 물음의 답은 의사가 흰색 가운을 입는 이유와 같다. '의사'라는 말을 들으면 흰색 가운을 입은 모습을 떠올린다. 또 간호사를 '백의의 천사'라고 부르기도 한다. 그러나 의사가 처음부터 흰색 가운을 입었던 것은 아니다. 의사가 하얀색 가운을 입기 시작한 것은 1900년대 초기부터다.

옛날 의학계에는 사기꾼과 돌팔이가 판쳤다. 당시 의술은 과학적인 발전 단계에 들어서지 못했고 의사들의 복장도 가지각색이었다. 그러나 의학이 실용과학의 하나로 발전하기 시작하면서 의사들은 과학적이고 권위적이며 신뢰할 수 있는 이미지로 하얀 실험복을 선택했다. 그러다가 1915년 무렵 흰색 가운이 공식적인 의사복이 되었다.

환자 중 56%가 의사복으로 흰색 가운을 선호한다는 조사 결과도 있다. 흰색 가운을 입은 의사가 더 잘 치료해줄 것 같다는 생각 때문이다. 맞는 말이다. 병마와 싸우는 환자에게 흰색 가운을 걸친 의사가 풍기는 권위, 전문가 같은 분위기는 믿음과 위안을 주기에 충분하다. 다시 말해 흰색 가운은 의사가 환자의 마음을 안정시키는 효과를 낳는다는 것이다.

제갈량이 '도사 복장'을 한 이유도 비슷하다. 유비는 '정치 환자'였고 제갈량은 그가 꿈에도 그리던 '정치 의사'였다.

옷차림새의 힘을 무시해서는 안 된다. 앞섶을 풀어헤쳐 속을 다 드러낸 채 팬티 바람으로 슬리퍼를 질질 끄는 의사가 진료를 본다면 그의 처방전을 믿을 수 있겠는가? 사마휘가 허름한 농사꾼의 차림새로 입가에 밥알을 몇 개쯤 붙인 채 유비에게 '와룡과 봉추 중 하나만 얻어도 능히 천하를 편안케 할 수 있다'라고 했다면 유비가 그의 말을 믿었을까?

유비가 어째서 다섯 번이나 다른 사람을 제갈량으로 오인했는지를 생각해보라. 물론 유비가 '지각의 선택성' 탓에 실수를 저지르기도 했지만 사마휘, 최주평이 '도가'의 복장을 하고 있었던 탓도 크다. 그들은 이미 도를 깨우쳐 속세에 발길을 끊은 도인으로 자처하기 위해 하나같이 도포를 걸치고 다녔다.

고위층 인사들이 모이는 장소에서 옷차림새로 사람을 평가하고 격에 맞지 않은 차림새를 한 사람은 입장을 불허하는 이유를 알아야 한다. 어떤 사람의 내적인 가치를 판단할 방법이 없는 상황에서 그의 신분, 지위, 능력까지 판단할 유일한 수단이 용모와 복장이기 때문이다.

제갈량은 타고난 신체조건도 우월했지만 후천적인 조건까지 완벽하게 갖추고 있었다. 그래서 온갖 풍파를 다 겪어 웬만한 일에는 눈 하나 끔쩍 않는 유비조차 그의 모습에 경도돼 '신선'을 떠올린 것이다. 이처럼 '신선'으로 완벽하게 거듭났는데 제갈량의 몸값이 천정부지로 뛰지 않을 수 있겠는가? 유비 또한 이 최고의 상품을 '사지 않고 배길' 수 있었겠는가?

제갈량에게 진심으로 탄복한 유비는 매우 공손하게 말했다.

"이 유비는 한실의 보잘것없는 후손이요, 탁군涿郡의 어리석은 촌부이나 선생의 높으신 이름은 오래전부터 우레처럼 익히 들어왔습니다. 지난번에 두 번이나 선생을 뵈러 찾아왔었으나 뵙지 못하고 천한 이름만 글에 적어 남겨두고 갔는데 혹시 보셨는지요?"

모든 계획이 착착 들어맞은 상황에서 '심드렁한' 모습을 보일 필요가 없었던 제갈량은 겸손하게 대답했다.

"남양南陽의 야인野人으로 살다보니 게으르고 소홀한 것이 성정으로 굳어졌는데 여러 차례 장군을 오시게 해 부끄럽습니다."

이때 유비는 '성공'의 기쁨을 만끽하고 있었다. 하지만 김칫국을 마시기에는 너무 일렀다. 유비가 출사를 권하자 제갈량은 뜻밖에도 거절했다.

◈ 심리학으로 들여다보기

당신이 입은 옷이 당신을 보여준다. 값비싼 명품으로 휘감으라는 말이 아니다. 때와 장소에 맞는 옷차림은 당신을 돋보이게 만든다. 옷도 사회활동의 도구이므로 이를 잘 활용하여 스스로 빛나는 사람이 되자.

훗날을 기약하려거든
고집부리지 마라

제갈량이 어떻게 순순히 유비를 따라나설 수 있겠는가?

오랜 세월 심혈을 기울여 계획하고 '후광효과'를 활용해 자신의 이미지를 '얻기만 하면 천하를 평안하게 할' 현자이자 강태공, 장량에 버금가는 '절세기재'로 만든 것은 바로 이 순간에 거절하기 위해서였다.

제갈량이 유비의 청을 거절한 까닭은 신비함을 부풀리려는 의도가 아니다. 바로 허락해버리면 유비가 삼고초려 끝에 그를 데려갔다 하더라도 자신의 위신이 충분히 서지 않을 것이고, 그러면 자기 포부를 마음껏 펼칠 수 없었기 때문이다.

제갈량은 나이도 많지 않고 경험도 일천했지만 포부는 원대했다. 훗날 사람들이 제갈량에게 회의적인 눈초리를 보낼 때 유비는 지금의 태도와 판단에 변함이 없어야 했다. 그러기 위해선 유비가 자신을 얻는

데 얼마나 힘들고 어려웠는지 더욱 뼈저리게 느껴야만 했다. 그렇지 않으면 어떻게 머리에 피도 안 마른 젊은이가 일인지하 만인지상의 자리에 올라 맹수처럼 사납고 세상 풍파를 다 겪은 영웅호걸들을 호령할 수 있겠는가?

제갈량이 자신의 청을 거절하자 유비는 다급해졌다. 사실 유비의 마음은 자기도 모르는 사이에 변해 있었다. 유비의 한결같은 목적은 한실을 위해 천하를 안정시키는 것이었다. 제갈량을 데려가려는 이유도 빠른 시일에 목표를 실현하기 위함이었다. 그러나 이 과정이 점차 어려워지고 좌절을 겪으면서 유비는 제갈량을 '수단'이 아닌 '목적'으로만 여기게 되었다. 게다가 '후광효과'와 '투자의 함정'이 시너지 효과를 발휘하면서 유비는 '목적을 달성하기 전에는 절대로 포기하지 않겠다'라고 결심하기에 이르렀다.

물론 수단과 목적이 자리를 바꾸는 경우는 매우 흔하다. 수단이 어느 단계에서는 목적이 될 수 있고 목적도 어느 단계에서는 수단이 되며 상호작용을 한다. 지금 단계에서 제갈량의 출사는 유비가 반드시 이루고자 하는 목적이 되었다. 그러나 원숭이도 나무에서 떨어진다더니 천하의 제갈량도 이 사실은 알지 못했다.

만약 제갈량이 유비가 지금 바라는 유일한 것이 자신의 출사라는 사실을 알았다면 그저 고개만 끄덕이면 될 일이었다. 굳이 유비에게 천하를 평정할 계책 운운하며 장광설을 늘어놓을 필요가 없었다. 다시 말해 제갈량이 무슨 말을 늘어놓든 유비의 굳은 결심은 변하지 않았을 거라는 뜻이다. 설령 제갈량이 헛소리를 지껄이더라도 유비는 제갈량에게 러브콜을 보냈을 것이다.

그러나 사람은 누구나 자신이 심혈을 기울여 마련한 것이나 자신의 독보적인 견해에 대해 인정과 호평을 받고 싶어 한다. 제갈량은 유비가 오기 전 이미 천하의 대세를 분석해 유비 진영에 딱 맞는 전략을 짜놓은 상태였다. 그러니 간질거리는 입을 참지 못하고 한바탕 연설을 늘어놓는 게 당연했다. 그러나 여기에는 한 가지 문제가 있었다. 사장이 아무리 훌륭한 전략을 세웠더라도 이 전략을 실현하려면 이사장이 찬성하고 지지해야만 한다. 그래서 제갈량은 유비에게 미끼를 던졌다.

"제 견해를 듣고자 하시는데 저는 그보다 먼저 장군의 뜻을 알고 싶습니다."

유비는 이제까지 자신의 원대한 뜻을 감추었지만 이제는 자기 진심을 말할 때가 왔다고 생각했다. 유비는 주문왕, 한고조와 같은 사람이 되고 싶었다. 그래서 제갈량을 강태공, 장량과 같은 인물로 여긴 것이다. 그러나 황제가 아직 멀쩡히 살아있는 상황에서 이 같은 생각은 대역죄였다. 만약 유비가 자기 본심을 털어놓는다면 호시탐탐 왕위를 노리는 무리와 똑같아진다. 유비가 가진 것이라고는 '인의'를 중시한다는 세간의 호평뿐인데 그것마저 잃게 되면 자신의 포부는 한낱 백일몽으로 사라질 게 분명했다. 그래서 여태까지 진심을 감춰왔지만 제갈량에게까지 그런 척할 수는 없었다. 만약 자기 뜻이 충분히 크지 않고 제갈량을 일인지하 만인지상의 자리에 오르게 할 만큼 대단하지 않다면 불세출의 기재 제갈량을 세상에 나오게 할 수 없었기 때문이다. 유비는 주위를 물리고(주위를 물렸다는 점에 주목하자) 제갈량에게 말했다.

"지금 한실은 쇠락했고 천하는 혼란에 빠졌습니다. 이에 저는 천하에 대의를 펼치고자 했으나 재주가 얕고 지략이 모자라 오늘날까지 아무엇도 이루지 못했습니다. 그러나 저는 여전히 제 뜻을 이루고자 하는 마음을 접지 않았으니 선생께서 가르침을 내려주시기 바랍니다."

유비는 함축적으로 진심을 내비쳤다. 제갈량은 유비의 뜻을 충분히 이해하고 곧바로 자신의 '천하삼분지계'를 설명했다.

동탁이 반역을 꾀한 이후 각지에서 영웅호걸이 잇달아 군사를 일으켰습니다. 조조는 그 명성과 병력이 원소에 못 미쳤으나 결국에는 약한 병사로 원소를 이겼습니다. 그 연유를 살펴보면 결코 하늘의 때가 조조에게 기울어서만은 아니었습니다. 그보다 더 중요한 것이 있으니 바로 조조가 적절한 계책을 잘 활용했다는 것입니다. 지금 조조는 이미 100만 대군을 거느린 데다 천자를 끼고 제후를 호령하므로 누구도 감히 그에게 맞서지 못하고 있습니다. 강동의 손권은 부친과 형까지 삼대가 노력한 덕분에 험한 요지를 차지한 데다가 백성이 믿고 따르며 유능한 신하들이 잘 보필하고 있습니다. 그러므로 동오와는 동맹을 맺어야지 절대로 도모의 대상으로 여겨서는 안 됩니다. 형주荊州는 북쪽으로 한수漢水와 면수沔水가 흘러 멀리 남해의 물자까지 운반할 수 있고 동쪽으로 오군吳郡, 회계군會稽郡과 맞닿아 있으며 서쪽으로 파군巴郡, 촉군蜀郡과 통해 예로부터 반드시 차지해야 하는 땅이었습니다. 그러나 주인이 아니면 지킬 수가 없으니 아무래도 이 땅은 하늘이 장군에게 주려고 마련한 땅이라 생각합니다. 장군은 이 땅을 차지하실 뜻이 없으십니까? 익주益州는 그 땅이 광활하고 비옥하며 자연조건이 탁월하고 물자가 풍부하며 천혜의 요새라서 한고조도 이 지역을 기반으로 패업을 이뤘습니다. 그러나 익주목 유장劉璋은 우매하고 나약한 사람입니다. 지금 장로張魯가 북쪽에서 한중漢中을 차지하니 그곳 백성들은 날이 갈

수록 늘어나고 부유해지고 있습니다. 그런데도 유장은 백성을 긍휼히 여기지 않고 있습니다. 이에 지모와 능력을 갖춘 이들은 모두 어질고 현명한 군주가 나타나길 바라는 실정입니다. 장군은 한실의 후손으로 온 천하에 신의로 이름 높은 분이십니다. 게다가 지금 사방에서 영웅을 모으고 목마른 물고기가 물을 구하듯 현자를 구하고 계십니다. 만약 장군께서 형주와 익주를 차지한다면 이 두 지역의 지세를 기반으로 서쪽으로는 뭇 오랑캐와 화친하고 남쪽으로 이夷, 월越을 어루만지고 밖으로는 손권과 동맹을 맺고 안으로는 정사에 힘쓰십시오. 그러고 있다가 일단 천하에 변고가 일어나면 한 상장上將에게 명하여 형주의 군대를 이끌고 완성宛城과 낙양洛陽으로 진군하게 하십시오. 장군은 친히 익주의 병력을 이끌고 진천秦川으로 출병하십시오. 그곳 백성은 그토록 그리던 군주가 온 것을 보고 틀림없이 모두 나와 성대히 맞이할 것입니다. 만약 이렇게만 된다면 대업은 이루어질 것이요, 한실도 일어설 수 있습니다.

사람들은 이를 두고 제갈량의 '천하통일론'이라고 부른다. 하지만 이와는 거리가 멀다. 제갈량이 한 말은 두 부분으로 나눌 수 있다. 첫 번째 부분은 '천하삼분'이고 두 번째 부분이 바로 '천하통일'이다. 제갈량이 생각하는 '천하삼분'은 제갈량이 출사하게 되면 반드시 실현하고자 하고 또한 실현할 자신이 있는 전략적 목표로 '실實'에 해당한다. 그러나 '천하통일'은 그저 전략적 청사진에 불과하다. 사람의 노력만으로 이룰 수 있는 것이 아니기에 '허虛'라고 할 수 있다. 제갈량도 천하통일에 대해서는 확신하지 못했다.

그렇다면 제갈량이 이렇게 말한 이유는 무엇일까? 제갈량은 당대

인물 중 전략적 안목이 가장 탁월했던 사람이었다. '시기상의 적절함과 지리상의 이로움, 사람들의 화합'에 대해 그보다 잘 아는 사람은 드물었다. 그의 친구인 사마휘, 최주평도 태평성대가 지나면 반드시 큰 혼란이 찾아온다고 말한 바 있다. 한나라가 천하를 통일한 지 400년이 넘었으니 이제 군웅이 할거하는 난세가 오리란 것은 삼척동자도 예측할 수 있었다. 당연히 제갈량도 이 사실을 잘 알았다.

그러나 제갈량은 유비가 '천하삼분'에 만족할 사람이 아니라는 사실도 알고 있었다. 그렇기에 유비의 욕망을 충족시키기 위해 반드시 '천하에 변고가 일어나면'이라는 대목을 넣어야 했다. 그러나 이 말은 유비의 희망을 만족시키기 위한 '가정'에 불과했다. 제갈량이 생각할 때 실현 가능성이 높은 것은 '천하삼분'이었다. 유비가 이 목표만 완성하더라도 시대의 흐름에 부합하는 최대의 전략적 성공이었다.

제갈량이 열변을 토할 때, 유비는 정신을 딴 데 팔고 있었다. 제갈량이 말하는 내용은 언제든지 이야기할 수 있는 것이었다. 유비는 제갈량의 출사 약속을 받아내는 것 외에는 아무 관심이 없었다. 그래서 '과시욕'을 만족시켜주기 위해 경청하는 척하며 제갈량을 데리고 신야로 돌아갈 생각만 했다. 사람은 대부분 눈앞에 닥친 중요한 일에 정신이 팔리면 전체적인 상황과 장기적인 상황을 고려하지 못한다. 유비도 예외가 아니었다. 제갈량의 분석을 듣고 난 유비가 말했다.

"말씀을 듣고 나니 막힌 가슴이 트이는 것이 마치 운무를 걷어내고 맑은 하늘을 보는 듯합니다. 그러나 형주의 유표와 익주의 유장은 모두 한실의 종친인데 내 어찌 그들의 영토를 빼앗을 수 있겠습니까?"

제갈량은 유비가 '핑계'를 댄다고 생각했다. 정치가는 절대로 인자해서는 안 되며 손을 써야 할 때 망설여서는 안 된다는 게 그의 생각이었다. 그래서 제갈량은 더 따지지 않고 담담히 말했다.

"제가 밤에 천문을 살펴보니 유표는 그리 오래 살지 못할 것 같았습니다. 유장 또한 큰일을 이룰 사람이 못되니 형주와 익주는 훗날 장군에게 돌아갈 것입니다."

제갈량과 유비의 인지 경향은 서로가 자기 뜻을 이해했다고 여기도록 만들었다. 하지만 사실 두 사람은 서로의 뜻을 완전히 오해했다.

제갈량은 유비가 유표를 제거하고 형주를 차지하는 일에 동의했다고 생각했다. 그렇게만 된다면 순조롭게 정치적 기반을 마련하고 손권과 대등하게 연합해 공동으로 조조에 맞설 수 있게 된다. 유비가 '차마 유표를 제거할 수 없다'라고 한 것이 진심이라는 사실을 꿈에도 생각하지 못한 것이다. 훗날 제갈량이 정말로 유표를 제거하자고 했을 때 유비는 단호하게 반대했다. 유비의 반대는 제갈량을 막다른 골목으로 몰아넣는 것이나 다름없었다. 기반이 될 만한 땅 한 평 없다면 무슨 수로 손권과 연합해 조조에 맞설 수 있겠는가?

만약 제갈량이 유비의 이런 생각을 진즉에 알았다면 융중을 떠나지 않았을 것이다. 당시 조조와 손권은 이미 천하를 다툴 만큼 강력한 세력을 형성했기 때문에 아무것도 없는 유비가 그들에게 덤빌 수는 없는 노릇이었다. 그렇다면 가장 약한 세력을 먹잇감으로 삼아야 했는데 유표는 그런 유비 앞에 떨어진 탐스러운 먹잇감이었다. 만약 유표를 제거하고 그 땅을 차지하지 않는다면 대업을 시작할 수조차 없었다. 제갈량이 제시한 '융중대책隆中對策'은 대단한 전략기획이었다. 그러나 당시 지도를 자세히 살펴보면 누구라도 '그럴 수밖에 없다', '어쩔 수 없이 그래야만 한다'라는 결론을 얻게 된다.

세간의 평가에 지나치게 집착하는 유비에게 제갈량은 손발이 묶이게 되었다. 유비가 유일한 방책을 거부한 탓에 제갈량은 이러지도 저러지도 못하는 상황에 빠지고 말았다. 그러나 어쩌겠는가? 이미 유비와 같은 배를 탔으니 제갈량에게는 선택의 여지가 없었다.

만사에 신중하고 보수적인 제갈량이었지만 다른 방도가 없었으므로 위험한 도박을 할 수밖에 없었다. 홀로 동오를 찾아가 뭇 선비들과 설전을 벌이고 손권을 설득해 유비와 힘을 합쳐 조조에 대항하도록 만들었다. 나중에는 사기를 쳐서 '형주를 빌리'는 형식으로 유비에게 정치적 기반을 마련해주었다. 그 과정은 출사 전 제갈량의 예상보다 훨씬 험난했으며 이로 인해 훗날 촉한과 동오는 척을 지게 되었다. 이 모든 문제는 유비와 제갈량이 '융중대책'에서 서로를 제대로 이해하지 못한 탓에 발생했다.

훗일이야 어찌됐든 유비와 제갈량은 마침내 '공감대'를 형성했다. 제갈량은 출사를 결심하고 후환을 남기지 않기 위해 가족의 거처를 안전한 곳으로 옮겼다. 어머니가 조조에게 잡히는 바람에 어쩔 수 없이 유비 곁을 떠난 서서의 예를 거울로 삼은 것이다.

◈ 심리학으로 들여다보기

단계에 따른 목표와 수단의 올바름이 필요하다. 조급해져서는 안 된다. 남들보다 빠른 지름길은 없다. 바늘을 허리에 매어 못 쓰는 이치는 우리 삶에 그대로 적용된다. 목표가 정해지면 그에 맞는 단계를 밟아가야 한다.

2부

제갈량, 때를 알고 나서다

누구든 자신이 등판할 때를 알아야 한다.
소소한 일상에서도 사회적 요구나 대의를 위한
일에서도 자신이 나서야 할 시점을 명확히 알아야 한다.
가장 적절한 때 등장하면 자신의 진가가 발휘되고 이름을 알릴 수 있다.

상대가 눈치챌 수 없는
수완을 발휘하라

제갈량을 얻은 유비는 물 만난 고기와 다름없었다. 유비는 친밀한 관계를 맺는 데 도가 튼 사람이었다. 과거 관우, 장비와 의형제 결의를 맺을 때 '한 식탁에서 밥 먹고 한 침상에서 잠을 자는' 수법을 썼던 것처럼 제갈량에게도 똑같은 수법을 썼다. 신야에 주둔하던 이때는 유비에게 다시 오지 않을 여유로운 시간이었다. 유비는 온종일 제갈량과 천하의 대사를 논의하며 깊은 정을 쌓아갔다. 그 모습을 지켜보는 관우와 장비는 섭섭한 마음을 감추지 못했다.

제갈량은 뿌리 깊은 나무처럼 안정적인 사람이었다. 비록 천하가 태평해 재주를 펼칠 기회가 없었지만 조급해하지 않았다. 머지않아 핏빛 난세가 펼쳐질 것을 잘 알고 있었기 때문이다. 그러나 제갈량이 생각지 못한 일이 일어났다. 천부적인 지력으로 이름이 높았던 그가 출사

이후 제대로 된 계책 한 번 써보기도 전에 유비의 '계략'에 말려든 것이다.

때는 유표와 동오의 손권이 서로 다툴 때였다. 동오는 강하江夏를 공격해 강하 태수 황조黃祖가 이끄는 전군을 몰살시켰다. 유표는 자신의 두 아들이 큰일을 맡기기에는 부족하다고 생각해 유비를 불러 형주를 맡길 뜻을 비쳤다. 곁에서 두 사람의 대화를 듣고 있던 제갈량은 기쁨을 감추지 못하고 유비가 유표의 부탁을 받아들이기를 기다렸다. 제갈량이 그토록 기뻐한 까닭은 유표가 먼저 나서서 형주를 양보하겠다고 했기 때문이다. 그렇게 되면 자기가 나서서 형주를 차지할 계략을 세울 필요도 없었다. 일단 유비가 형주를 차지하면 손권과 연합하는 것은 일도 아니었다. 그다음 함께 조조를 공격하면 제갈량이 바라는 대로 일이 착착 진행될 터였다. 다시 말해, 제갈량이 융중에서 심혈을 기울여 세운 천하삼분 계획이 성공하는 것이다.

제갈량은 힘쓰지 않고 뜻을 이뤘다는 생각에 쾌재를 불렀지만 유비는 유표의 부탁을 단칼에 거절했다. 굴러들어온 복을 차도 유분수지, 쉬운 길을 놔두고 굳이 어려운 길로 돌아가려는 유비 때문에 제갈량은 답답했다. 유표를 뒤로 하고 나오면서 제갈량은 유비에게 거절의 이유를 물었다.

"유표는 내가 어려울 때 거둬준 은인이오. 그 큰 은혜를 아직 다 갚지도 못했는데 그가 위급한 틈을 타서 땅을 빼앗을 수는 없습니다."

제갈량은 한숨을 내쉬며 말했다.

"주군은 참으로 인의를 아는 분이십니다."

제갈량이 이렇게 말한 까닭은 자신이 올바른 주군을 선택했다는 점을 애써 강조하기 위해서였다. 그러나 마음은 편치 않았다. 유비가 하는 행동이 융중에서 천하삼분지계를 논할 때와 달랐기 때문이다. 이 일은 제갈량이 실전경험에서 부족하고 미숙하다는 사실을 드러낸다. 동시에 산전수전 다 겪은 유비의 노련함을 보여준다.

유비는 이와 비슷한 일을 겪은 적이 있다. 도겸陶謙이 유비에게 서주徐州를 세 번이나 넘겨주려고 했을 때 두 번이나 거절한 바 있다. 그러다가 죽음을 앞둔 도겸이 마지막으로 간곡히 부탁하자 유비는 더 거절하지 못하고 마지못해 받아들였다. 하지만 끝까지 그 땅을 지키지 못했다. 그때 유비는 땅은 다른 사람이 양보해도 덥석 받아서는 안 된다는 사실을 깨달았다. 마찬가지로 지금 형주의 권력은 채蔡씨 일족이 장악하고 있었기 때문에 유비가 유표의 뜻을 받아들여 형주를 넘겨받는다고 해도 지켜내기가 쉽지 않았다.

한참 이야기를 나누던 유비와 제갈량은 유표의 큰아들 유기劉琦가 왔다는 보고를 받았다. 안으로 들어선 유기는 유비를 보더니 흐느끼며 말했다.

"아버지는 얼마 못 사실 것 같고 계모는 절 눈엣가시로 여기니 목숨을 부지하기가 어려울 것 같습니다. 숙부께서 이런 저를 가엾게 여기시어 구해주십시오."

"조카. 이는 자네의 집안일이니 나도 방법이 없네. 차라리 제갈선생에게 가르침을 구하는 것이 어떤가?"

유기가 제갈량에게 예를 올리며 가르침을 청했다. 그러나 제갈량의 대답도 마찬가지였다.

"이는 집안일이라 저 또한 나서기가 어렵습니다."

유기는 체념한 듯 인사를 하고 물러갔다. 이때 유기를 배웅하러 나간 유비가 유기의 귓가에 몇 마디 소곤거렸다. 유기는 감사의 인사를 하고 돌아갔다. 그날 밤 유비는 배가 아프다는 핑계로 제갈량에게 다음날 유기를 찾아가 감사를 표하고 오라고 했다.

유기는 제갈량을 반갑게 맞이했다. 차를 마신 뒤, 유기는 어제 했던 말을 다시 꺼냈다.

"계모가 나를 죽이려고 하니 선생께서 제발 화를 피할 방법을 알려주십시오."

"저는 이곳에 손님으로 와있는 탓에 말씀을 드리기가 매우 곤란합니다. 만약 제가 방법을 가르쳐줬다는 사실이 탄로 나면 제 입장이 몹시 난처해집니다."

제갈량은 잠시 앉아 있다가 작별인사를 하고 돌아가려고 했다. 그때 유기가 말했다.

"이왕 오셨으니 서둘러 돌아가시지 말고 밀실에 가서 술이나 몇 잔 드시고 가시지요."

술을 마시면서 유기가 다시 부탁했다.

"계모가 나를 죽이려고 하니 제발 화를 피할 계책을 알려주십시오."

거듭되는 부탁에도 제갈량은 꿈쩍하지 않았다.

"이는 제가 알려드릴 수 있는 계책이 아닙니다. 공자께서는 저를 난처하게 하지 마십시오."

말을 마친 제갈량은 자리를 털고 일어나려고 했다. 유기가 서둘러 제갈량을 잡았다.

"알려주실 수 없다면 제가 포기하지요. 굳이 서둘러 돌아가실 이유가 뭐 있습니까? 술이나 몇 잔 더 하시고 가시지요."

유기가 제갈량을 움직이기 위해 택한 방법은 '문전박대' 수법이다. 제갈량의 단호한 거절에 그가 절대로 방법을 알려주지 않을 것이라는 사실을 유기는 일찌감치 깨달았다. 그런데도 왜 유기는 틈이 있을 때마다 사정한 것일까?

이유는 간단하다. 유기는 제갈량을 속일 계책을 실행하기에 앞서 그가 자신의 부탁을 거듭 거절하면서 미안한 마음이 들도록 할 생각이었다. 생각해보라. 제갈량이 얼마나 지혜롭고 유능한 사람인가. 제갈량은 언제나 계략을 꾸며 남이 걸려들게 하는 사람이지 자신이 남의 계략에 걸려든 적은 없었다. 그런 제갈량을 속이려면 이 정도 사전작업은 필수였다.

아니나 다를까, 세 번이나 유기의 부탁을 거절한 제갈량은 미안한 마음이 들어 유기의 만류를 뿌리치지 못했다. 다시 술 몇 잔을 마신 뒤 유기가 말을 꺼냈다.

"제게 귀한 고서가 한 권 있는데 아무리 봐도 무슨 뜻인지 모르겠습니다. 선생께서 살펴보시고 몇 마디 가르침을 주시지요."

제갈량은 속으로 생각했다.

'그 정도야 뭐 대수겠는가? 그의 부탁을 여러 번 거절했는데 이번에도 거절한다면 너무 야박하지 않은가?'

제갈량은 흔쾌히 승낙하자 유기가 말했다.

"그 책은 매우 귀한 책이라 특별히 다락에 보관해두었습니다. 귀찮으시겠지만 선생께서 다락으로 걸음을 옮겨주시지 않겠습니까?"

두 사람은 사다리를 타고 다락으로 올라갔다. 그런데 웬걸 다락은

텅 비어 있었다. 순간 의심이 든 제갈량이 물었다.

"책은 어디에 있습니까?"

그때 유기가 다시 눈물을 흘리며 바닥에 엎드려 빌었다.

"계모가 나를 죽이려 하니 제발 선생께서 살 방도를 알려주십시오."

제갈량은 속았다는 사실에 크게 화를 내고 내려가려고 했다. 그런데 금방 전까지만 해도 있었던 사다리가 어느 틈에 사라지고 없었다. 사다리가 없으니 내려갈 방도가 없었다. 유기는 울며 다시 사정했다.

"이미 여러 번 선생께 살 방도를 알려달라고 사정했지만 선생께서는 비밀이 누설될까 두려워 가르침을 주시지 않았습니다. 오늘 이 자리는 위로는 하늘에 닿지 않고 아래로는 땅에 닿지 않으며 선생이 하신 말씀은 오로지 제 귀에만 들어올 것입니다. 그러니 선생께서는 가르침을 주시지요."

유기가 이렇게 애걸복걸하는데도 제갈량은 왜 그를 돕지 않은 것일까? 이 문제는 '사람이 남을 도와주는 까닭이 무엇인지'를 알아야 풀린다. '호혜'를 다시 떠올려보자. 사람이 자발적으로 남을 도와주는 까닭은 잠재의식 속에서 그에 대한 대가를 바라기 때문이다. 고대 로마의 시인 오비디우스^{Ovidius}는 '사람은 선행을 대단하게 여기지 않는다. 선행이 자신에게 이득을 가져다주지 않는 한 말이다'라고 했다. 다른 사람을 도와주고도 이득을 얻기는커녕 도리어 손해를 보게 된다면 이타적인 행위를 할 사람은 없다.

제갈량의 말에서도 이 점을 알 수 있다. 유표가 죽음을 목전에 두고 있는 상황에서 큰아들 유기는 나약하고 둘째 아들 유종은 나이가 어리며 군권과 정권은 계모(유종의 모친)와 그 동생인 채모^{蔡瑁}가 쥐고 있었다. 이 상황에서 약자인 유기를 도와줘 채씨 일족의 심기를 건드리면 병력이 약한 유비는 신야에서 쫓겨날 게 뻔했다. 이타利他는 보답을 바라거나 처벌을 피하기 위해 하는 행동이다. 유기를 도와주는 행위는 이 두 가지 중 어느 쪽에도 해당하지 않는다. 따라서 제갈량의 정치적 두뇌는 결코 유기를 위해 계책을 내놓을 리가 없었다.

게다가 중요한 이유가 하나 더 있었다. 제갈량은 형주를 빼앗아 유비의 근거지로 삼을 생각이었기에 형주가 혼란에 빠지면 쾌재를 부를 일이었다. 유표의 두 아들이 계승권을 차지하기 위해 서로 다투면 혼란을 틈타 일을 도모할 수 있었다. 둘 중 어느 쪽을 도와 형주의 정세가 안정되면 제갈량의 계획은 틀어질 수밖에 없었다. 그래서 제갈량으로서는 더욱 유기를 도와줄 수 없었다.

더 나아가 유기는 제갈량을 막다른 골목에 몰아넣었다.

"선생께서 끝내 제 부탁을 거절하신다면 저는 이 자리에서 죽을 수밖에 없습니다."

말을 마친 유기는 칼을 꺼냈다. 제갈량은 황급히 유기를 말렸다. 만약 유기가 이 자리에서 죽는다면 제갈량은 그 책임을 면할 수 없었다. 채씨 일족은 당당하게 제갈량에게 그 죄를 물을 것이다. 그러면 유비 일행을 형주에서 내쫓을 명분이 마련된다.

이제 제갈량은 피할 곳이 없었다. 계책을 내놓지 않으면 결국 화가 자신에게 미치게 된다. 제갈량이 마음만 먹으면 계책을 내는 일이야 식은 죽 먹기였다. 제갈량이 미간을 찌푸리는 사이, 유기를 구할 묘책은 떠올랐다.

"공자는 춘추春秋시대 진헌공晉獻公의 고사를 모르십니까?"

진헌공의 정실부인은 아들 둘을 낳았다. 큰아들이 신생申生, 둘째 아들이 중이重耳였다. 정실부인이 죽자 헌공은 여희驪姬를 총애했고 아들을 얻었다. 여희는 자기 아들을 후계자로 만들기 위해 태자인 신생과 둘째인 중이를 모함했다. 결국 신생은 여희의 음모로 죽었고 중이는 화를 입기 전에 다른 나라로 도망쳤다. 제갈량이 말했다.

"신생은 안에 있었기 때문에 죽었고 중이는 밖에 있었기 때문에 산 것입니다. 공자는 어째서 중이의 사례를 따르지 않으십니까? 강하의 황조가 얼마 전 죽어 마침 그곳을 지킬 사람이 필요합니다. 부친에게 강하를 지키러 가겠다고 말씀드려 보시지요?"

유기는 제갈량의 가르침에 거듭 감사의 인사를 올렸다. 사람을 불러 사다리를 가져오게 한 다음 제갈량을 돌려보냈다. 유기는 마음속 먹구름이 모두 걷힌 듯 기쁨을 감추지 못했다.

제갈량도 내심 결과에 만족했다. 유기에게 강하를 지키게 한 것은 일거양득의 효과를 거두기 위함이다. 과연 그 누가 제갈량을 속일 수 있겠는가? 제갈량은 그 짧은 시간에 위험에 빠진 유기를 구하는 동시에 훗날 유비를 위해 강하에 매우 중요한 바둑돌 하나를 숨겨놓는 계책을 마련한 것이다.

신야로 돌아온 제갈량은 유기의 꾐에 넘어가 다락에 갇힌 일로 마음이 불편했다. 아무리 생각해도 유기의 지혜로는 이런 묘책을 결코 생각해낼 수 없었다. 거듭 되돌려 본 뒤에야 유비가 이 모든 일을 꾸몄다는 사실을 알게 됐다.

이전까지 제갈량은 유비가 그저 인자하고 덕이 높은 군주라고만 생각했다. 그러나 이 일을 계기로 유비의 유능함에 탄복했다. 제갈량은 평생 세 차례 유비에게 탄복했는데 바로 이 일이 그 첫 번째이다.

제갈량은 막다른 골목에 몰려 다른 선택의 여지가 없는 상황에서 이타적인 행위를 했다. 이 점으로 미루어보면 이타적인 행동은 반드시 자신에게 이로울 때만 나온다. 물론 독실한 신앙심을 가진 사람은 중에는 그렇지 않은 사람도 있다. 신앙심이 깊은 사람은 종종 자신의 이해득실을 따지지 않고 보답도 바라지 않으면서 이타적 행동을 한다. 그러나 아무리 독실한 신앙인이라도 따지고 보면 결국 자신을 위해서 이타적인 행동을 한다. 그들은 자신의 마음에 평안이 깃들기를 바라거나 하루빨리 깨달음을 얻기 위해 끊임없이 남을 돕는다. 그러므로 그들의 행동도 자신을 위한 이기적인 행동일 뿐이다.

여기서 중국 여류작가 장아이링張愛玲이 한 말을 들어보자.

"나는 당신을 사랑한다. 그래서 당신을 위해 기꺼이 모든 것을 바칠 수 있다. 그러나 이것은 나 자신의 일일뿐 당신과는 아무런 상관도 없다!"

◈ **심리학으로 들여다보기**

이타적인 행위는 사실 이기주의에서 비롯된다. 남을 위한 배려나 남을 돕고 이롭게 하는 일 자체가 자신을 위한 행위이기도 하다는 의미이다. 오로지 남을 위한 이타적 행동은 불가능하다. 하늘에서 내려온 천사라 해도 이는 가능하지 않다.

열매를 따기 위해서는
나무에 올라야 한다

유비가 제갈량을 극진히 대하자 관우와 장비는 속이 부글부글 끓었다. 지혜롭고 예민한 제갈량은 매우 심각한 '신임의 위기'에 빠졌다는 사실을 알았다. 관우와 장비는 유비 진영에서 매우 중요한 인물이었으므로 이 둘의 평가를 무시할 수 없었다. 지금은 비록 유비가 제갈량을 전적으로 신뢰하고 있지만 자신의 뛰어난 능력을 증명해보이지 않는다면 위험해질 게 분명했다. 그러기 위해서는 하루빨리 누구도 의심할 수 없는 위신을 세워야 했다.

제갈량이 재능을 펼칠 방법을 고심하고 있을 때 그토록 바라던 기회를 제공할 '누군가'가 나타났다. 바로 조조였다.

조조는 유비를 너무 오래 내버려뒀다. 유비에게 숨 고를 시간을 줘서는 안 된다고 생각한 조조는 남쪽으로 출정을 결정했다. 하후돈夏侯惇

이 선봉을 자청하자 조조는 도독都督에 임명했다. 우금于禁과 이전李典을 부장으로 삼아 10만 대군을 주며 신야로 출병시켰다.

조조의 출병으로 제갈량은 능력을 증명할 절호의 기회를 잡았다. 조조가 제갈량을 도와준 셈이었다. 그러나 제갈량은 조조의 '도움'이 전혀 달갑지 않았다. 지금은 조조와 부딪칠 때가 아니라고 생각했기 때문이다.

제갈량이 생각하는 이상적인 전략은 '먼저 유표의 자리를 차지하고 그다음 손권과 연합한 뒤 마지막으로 조조에 대적한다'라는 세 단계로 이루어진다. 먼저 형주를 차지해야만 몸을 의탁할 근거지가 마련되고 손권과 대등하게 마주할 자격이 생겨 동오와 손을 잡을 수 있었다. 그리고 손권과 동맹을 맺으면 제아무리 막강한 조조라도 이길 자신이 있었던 것이다.

그런데 모든 일이 제갈량이 생각과 다른 방향으로 흘러갔다. 유비는 유표의 자리를 넘겨받기를 거부했다. 손권과 연합하는 일은 시도조차 하지 못했는데 조조가 맹장 하후돈을 보내 유비를 치러오고 있다. 제갈량은 순식간에 진퇴양난의 위기에 빠졌다. 만약 하후돈을 물리치지 못하면 관우와 장비는 그를 무능한 사람으로 낙인찍어 위신을 깎아내릴 것이다. 그렇다고 하후돈을 격퇴하면 조조가 사태의 심각성을 깨닫고 직접 대군을 이끌고 남하해 유비와 유표를 단번에 제거할 게 틀림없었다.

하후돈이 출정하기 전 조조의 진영에 머무르는 신세가 된 서서는 제갈량을 돕기로 결정했다. 아직 제갈량이 조조를 상대할 만큼 실력을 키우지 못했다는 사실을 알고 있었기 때문이다. 그러나 친구를 돕자고 한 행동이 결국 친구의 적을 돕는 행동이 되고 말았다.

자신의 말이 어느 정도 힘을 가지고 있다는 사실을 아는 서서는 하후돈에게 말했다.

"장군, 유비를 가볍게 보지 마십시오. 이제 제갈량을 얻었으니 호랑이가 날개를 단 격이나 다름없습니다."

서서는 제갈량의 뛰어난 능력을 강조해 함부로 공격하지 못하게 할 생각이었다. 이 말을 들은 조조가 서둘러 물었다.

"제갈량이 대체 누구인가?"

마음에 천하를 품고 사방에서 인재를 구한 조조지만 그때까지 '제갈량'이라는 이름은 들어본 적이 없었다. 앞서 제갈량은 교우 범위가 매우 좁아 양양 근처 몇몇 선비와만 교류했다고 언급했는데 조조의 말이 이를 증명한다. 서서가 말했다.

"제갈량은 와룡선생이라고 불립니다. 위로는 천문에 통달했고 아래로는 지리에 정통합니다. 육도삼략六韜三略을 꿰고 있으며 그 재주가 신출귀몰한 보통 인물이 아닙니다."

서서는 제갈량을 칭찬하는 말을 연거푸 쏟아냈다. 하지만 조조는 제갈량이 어떤 인물인지 갈피를 잡을 수가 없었다. 과한 칭찬이 '후광효과'를 내려면 사전에 충분히 '밑밥'을 뿌리고 세련된 기교를 써야 한다. 이 점에서 서서는 제갈량을 따라가려면 한참 멀었다. 조조가 단도직입적으로 물었다.

"그렇다면 제갈량과 선생을 비교하면 어떻습니까?"

조조의 판단은 매우 현명했다. 서서를 기준으로 제갈량의 능력을 평가한다면 그가 어느 정도의 인물인지 쉽게 판단할 수 있었다. 서서는 두 번이나 조인을 물리치고 손쉽게 번성을 차지했으므로 조조는 그의 능력을 매우 높이 사고 있었다. 서서가 말했다.

"제 능력은 겨우 반딧불이의 밝기에 불과한데 어찌 달처럼 밝은 제갈량의 능력에 비하겠습니까?"

서서는 제갈량의 능력을 과대 포장해 조조의 출정을 막을 생각이었다. 하지만 이는 오히려 하후돈의 호승심만 자극하는 꼴이 되고 말았다. 하후돈은 한시라도 빨리 그렇게 대단하다는 유비군을 치고 싶었다. 제삼자가 나서서 칭찬하는 사람이 적대 관계에 있는 사람일 경우 칭찬은 종종 적을 분개시키는 '자극제'가 된다.

아니나 다를까, 서서의 말을 들은 하후돈은 대번에 불쾌한 기색으로 호통쳤다.

"서원직! 당신의 말은 틀렸소. 내가 볼 때 제갈량은 그저 하찮은 인물에 불과한데 무엇이 두렵단 말이오. 만약 내가 그를 격파하지 못하고 유비를 사로잡지 못한다면 승상께 내 목을 바치리다!"

말을 마친 하후돈은 조조에게 인사를 고하고 전투준비를 해 남쪽으로 향했다.

서서는 자신의 말로 오히려 하후돈의 투지를 자극한 데 불안함을 느꼈다. 그러나 '자만하면 반드시 패한다'라는 병가의 이치를 떠올리며 안심했다.

조조군의 공격은 제갈량이 자신의 능력을 증명할 천재일우의 기회였다. 관우와 장비의 입장도 마찬가지였다. 제갈량은 자신의 능력을 증명하려 했고, 관우와 장비는 자신들의 안목을 증명하려 했다. 두 사람은 제갈량이 이번 전투에서 대패해 비참한 꼴로 유비 곁을 떠나기를 학수고대했다.

　관우와 장비는 제갈량을 돕기는커녕 전투에도 나가지 않을 결심까지 했다. 그러던 차에 유비가 두 사람에게 대책을 논의하자고 불렀다. 유비가 말했다.

　"조조가 하후돈에게 10만 대군을 내주어 우리를 치러온다고 한다. 너희들 생각은 어떻게 적과 싸웠으면 좋겠느냐?"

　장비가 이죽거렸다.

　"형님이 말한 그 '물'이란 자를 보내 적을 맞이하면 되지 않소?"

　"물이라니? 누구를 말하는 것이냐?"

　유비는 장비의 말뜻을 단번에 깨닫지 못했다. 이내 장비의 장난스러운 모습을 보고 나서 그것이 제갈량을 가리키는 말이라는 걸 깨닫고 정색을 했다.

　"공명은 계책을 세우는 사람이고 전투에 나서는 사람은 너희 두 사람이다. 너희 둘 다 잘못된 태도를 당장 고치도록 해라."

　유비는 관우와 장비의 태도에 문제가 있다고 생각했다. 내부의 불협화음은 그가 가장 우려하는 일이었다. 유비는 손을 휘저어 관우와 장비를 내보낸 뒤 제갈량을 불렀다. 제갈량과 먼저 상의할 생각이었다. 유비가 똑같은 질문을 던지자 제갈량은 가볍게 웃으며 말했다.

　"조조군이 두려울 게 뭐 있겠습니까?"

　유비는 속으로 생각했다.

　'과연 공명은 다르구나. 공명 같은 현자가 조조군을 두려워하겠는가? 서서도 조인의 대군을 가볍게 격파했는데 하물며 서서보다 훨씬 뛰어난 제갈량이 조조군을 두려워할 리 없지!'

그러나 기뻐하는 유비에게 제갈량이 곧 찬물을 끼얹었다.

"그러나 지금 저는 조조군을 상대할 수 없습니다."

유비가 그 이유를 묻자 제갈량이 대답했다.

"주군의 두 아우가 계속 저를 인정하지 않고 지휘에 따르지 않는데 어떻게 군사를 움직일 수 있겠습니까? 제가 군사를 지휘하게 하려면 주군의 칼과 인印을 주십시오."

제갈량이 권력을 요구한 것이었다. 유비가 제갈량을 군사軍師로 삼긴 했지만 사실 실권은 여전히 자신이 쥐고 있었다. 제갈량은 계책만 내놓는 참모로 삼을 생각이었다. 그러나 제갈량은 자신이 군사를 지휘하겠다는 뜻을 분명하고 단호하게 밝혔다. 이는 유비와 제갈량이 처음으로 힘겨루기를 한 것으로 그 의미가 매우 컸다. 기회는 오직 한 번뿐이다. 만약 제갈량이 이때 권력을 이양하라고 요구하지 않고 '참모'의 역할에 머물렀다면 이후 다시는 권력을 쥘 기회를 잡지 못했을 것이다. 그래서 '처음'이 중요하다. 이 '처음'은 유비가 절대로 거절할 수 없는 유일하면서도 가장 적절한 때였다.

유비는 자신이 거절하면 제갈량의 자존심이 상할 거라는 생각에 검과 인을 넘겨줬다. 이로써 제갈량은 일개 참모에서 삼군을 지휘하는 군통수권자로 변모했다. 일단 전군의 지휘권을 쥔 제갈량은 죽을 때까지 이 권력을 손에서 놓지 않았다.

제갈량은 즉시 전군에 명령을 내렸다. 이는 그가 태어나서 처음으로 명령을 내리는 것이었다. 제갈량은 단 한 번의 기회로 반드시 승리해야 한다는 사실을 잘 알고 있었다. 그러나 조조군은 10만 대군인데 반해 유비군은 기껏해야 5천 명이 채 되지 않았다. 그나마도 얼마 전에 모집해 훈련하기 시작한 군사가 3천 명에 달했다. 조조군과 유비군의 병력 차이는 너무나도 현저했다. 돌다리도 두들겨보고 건너는 제갈량이었지만 모두가 지켜보고 있다는 중압감과 좋은 평가를 받아야 한다는 걱정에 엄청난 모험을 감행했다. '화공火攻'을 쓰기로 한 것이다.

제갈량은 관우와 장비에게 각각 군사 천오백 명을 주며 박망파博望坡에 매복해 있다가 조조군이 오더라도 공격하지 말고, 불길이 치솟으면 그때 공격하라고 명령했다. 또 관평關平과 유봉劉封에게 인화물을 준비했다가 적군이 도착하면 바로 불을 지르도록 했다. 조운趙雲에게는 선봉을 맡기며 일부러 지는 척해서 적군을 유인하라고 지시했다. 마지막으로 유비에게도 군사를 내어주며 상황에 따라 지원하라고 했다.

제갈량이 모든 군사를 마음대로 배치하자 잔뜩 성이 난 장비가 제갈량에게 물었다.

"우리에게는 저마다 임무를 맡기고 군사는 뭘 할 생각입니까?"

제갈량이 미소를 지으며 말했다.

"나는 홀로 신야성을 지킬 것이오."

장비가 큰소리로 웃더니 말했다.

"참 똑똑하십니다. 우리는 모두 나가 목숨을 걸고 싸울 때 군사는 안전한 성안에 들어앉아 있겠다니요. 이게 말이나 됩니까?"

제갈량은 지금은 이치를 따질 때가 아님을 알고 있었다. 장비는 정공법으로 설득할 수 있는 인물이 아니니 다른 수단을 쓰는 수밖에 없었다. 제갈량은 칼과 인을 가리키며 말했다.

"칼과 인이 여기 있다. 명령을 따르지 않으면 참수할 것이다!"

유비도 제갈량의 편을 들었다.

"군사의 명을 거역해서는 안 된다!"

장비와 관우는 제갈량에게 불만을 가득 품은 채 물러났다. 관우와 장비의 이런 태도는 제갈량에 대한 보이지 않는 공격이나 다름없었다. 공격은 적대적인 공격과 도구적인 공격이 있다. 적대적인 공격은 직접 상대를 해치는 것이다. 도구적인 공격은 상대를 해치려는 목적을 이루기 위한 하나의 수단이다.

관우와 장비의 제갈량에 대한 공격은 도구적인 공격으로 그 목적은 제갈량을 쫓아내는 것이었다. 이러한 공격은 직장에서도 흔히 볼 수 있다. 만약 이런 공격을 잘 받아넘기지 못하면 직장에서 살아남을 수 없다.

제갈량은 과연 상대하기 쉽지 않은 인물이었다. 그는 관우와 장비의 공격에 효과적으로 반격했을 뿐만 아니라 공격을 역으로 이용해 군통수권까지 손에 쥐었다. 그러나 세상은 공평했다. 아무리 천하에 따라올 자가 없는 지혜를 자랑하는 제갈량이라도 아무런 대가를 치르지 않고 달콤한 과실만 차지할 수는 없었다. 제갈량이 치른 대가는 하마터면 그의 출사를 물거품으로 만들 만큼 가혹한 것이었다.

◈ **심리학으로 들여다보기**

호의로 한 행동이 일을 그르치고 악의로 한 행동이 일을 성사시키는 것은 이 세상의 법칙이다. 머피의 법칙도 비슷하다. 그로 인해 자신의 행동이 오해받고 잘못된 인식을 심어줄 수 있다. 매사에 진중하고 신뢰를 심어야 하는 이유가 여기에 있다.

성공은
시와 때를 맞추는 자가 거머쥔다

　태어나서 처음으로 군사를 부린 제갈량은 겉으로는 태연자약해 보였다. 그러나 마음에는 불안감이 가득했다. 겨우 5천여 명밖에 되지 않는 군사로 10만 대군을 상대한다는 건 아무리 대단한 군사전략가라도 승리를 호언장담하지 못한다. 전쟁터에서 잔뼈가 굵은 유비가 흔쾌히 제갈량에게 군사지휘권을 넘긴 것도 자신의 능력으로는 이 난국을 헤쳐나갈 수 없다는 사실을 잘 알고 있었기 때문이다. 병력이 부족하면 화공으로 메운다. 화공은 원래 제갈량이 나중에 쓰려고 감춰준 비밀병기여서 첫 출전부터 쓸 생각은 전혀 없었다. 그러나 지휘권을 넘겨받자마자 전력을 다해야 하는 상황에 부딪히자 이것저것 따질 처지가 아니었다.

　화공을 쓰더라도 대군을 이끌고 오는 하후돈이 신중하거나 경각심이 있는 자라면 성공할 가능성이 매우 낮았다. 그러니 제갈량이 얼마나 불안했겠는가? 그런데도 제갈량이 대단한 까닭은 내면의 불안을 조금도 내비치지 않고 여전히 자신만만하고 태연자약한 모습을 보였다는 것이다. 심지어 제갈량은 손건孫乾과 간옹에게 승전 축하 연회도 준비시켰다. 박망파 전투는 이론상으론 무조건 질 수밖에 없었지만, 제갈량은 심리적인 면에서 이길 수밖에 없는 전쟁으로 탈바꿈시켰다. 제갈량의 이러한 기백은 유비를 포함한 모든 사람에게 전염돼 군사들의 사기는 자신만만 용기백배해졌다.

전쟁의 승패는 자원의 양이 아니라 자원의 전략적 배치에 달려 있었다. 이런 측면에서 제갈량은 동서고금을 통틀어 가장 뛰어난 군사전략가였다.

한편 하후돈은 우금, 이전, 하후란夏候蘭, 한호韓浩 등 여러 부장을 데리고 박망파로 향했다. 서서가 무의식적으로 쓴 격장법激將法으로 하후돈은 반드시 유비와 제갈량을 사로잡아오겠다고 호언장담했다. 하지만 자신감이라기보다 순간의 분을 참지 못해 충동적으로 내뱉은 말에 불과했다. 하후돈은 아닌 척했지만 서서가 한 말에 마음이 흔들렸다. 하후돈은 박망파로 향하는 내내 불안감을 떨칠 수 없었다. 만약 제갈량의 재능이 서서보다 백 배나 뛰어나다면 나는 조인보다 수백 배나 비참한 지경에 빠질 수도 있다는 점을 너무도 잘 알았다.

드디어 양군이 창칼을 맞대게 되었을 때 하후돈은 장수 조운이 늙고 부상 당한 병사들을 이끌고 나온 것을 보고 파안대소했다. 그 순간 가슴 한구석을 짓누르던 큰 돌덩이가 순식간에 사라졌다. 장수들이 웃는 이유를 묻자 하후돈이 말했다.

"서원직이 승상 앞에서 제갈량을 너무 치켜세웠군. 지금 그가 군사를 쓰는 것을 보니 어찌 웃지 않을 수 있겠는가? 겨우 이까짓 군사로 나와 대적하려 하다니 이거야말로 개나 양을 호랑이나 표범과 싸우게 하는 것이 아니고 무엇이겠나! 하하하! 내가 승상 앞에서 분을 못 참고 유비와 제갈량을 사로잡겠다고 큰소리쳤는데 보아하니 그 둘을 사로잡을 순간이 머지않았구나!"

하후돈은 즉시 공격 명령을 내렸다. 그날 밤 안으로 반드시 신야성을 짓밟을 생각이었다.

조운은 원래 적을 유인하는 목적으로 나왔으므로 몇 합 겨루지도 않고 곧바로 퇴각했다. 하후돈이 느리게 추격해오면 조운은 말머리를 돌려 다시 싸우고 또 신속하게 퇴각했다. 그 모습을 지켜보던 한호가 하후돈에게 말했다.

"조운이 하는 짓은 보니 유인책을 쓰고 있습니다. 아무래도 매복이 있는 것 같습니다."

그때 포성이 울리면서 유비가 직접 복병을 이끌고 나타났다. 하지만 하후돈은 전혀 아랑곳하지 않고 전군에 공격 명령을 내렸다. 유비와 조운은 싸우다 퇴각하기를 반복했다.

날은 이미 어두워졌고 밤바람이 세차게 불었다. 하후돈이 유비군을 쫓는 데만 정신이 팔려 좁은 골짜기로 들어섰다는 사실을 몰랐다. 양쪽은 온통 갈대밭이었다. 제갈량의 화공이 드디어 펼쳐지려는 찰나 하후돈의 수하 중에 눈앞에 닥친 위험을 간파한 눈치 빠른 자가 있었다. 만약 그가 이 상황을 사전에 알렸다면 제갈량의 첫 전투는 패전으로 막을 내렸을 것이다.

그는 하후돈의 부장 이전이었다. 하후돈이 선봉에 서고 우금과 이전은 대군의 후미에서 따르고 있었다. 주변을 살펴본 이전은 불길한 느낌이 들어 서둘러 우금에게 말했다.

"이곳은 길이 매우 좁고 수목이 빽빽이 우거진 데다 갈대가 무성하니 자칫하다가는 적의 화공에 당할 수 있소!"

이전의 말에 깜짝 놀란 우금이 말했다.

"그대의 말이 맞소. 그렇다면 그대는 서둘러 뒤따라오는 군사들을 멈추게 하시오. 나는 앞으로 가서 도독^{都督}에게 이 사실을 알리겠소."

우금은 말을 재촉해 선봉 하후돈이 있는 곳까지 쉬지 않고 달려갔다. 하지만 둘 사이의 거리가 워낙 멀어 상당한 시간이 걸렸다. 마침내 선봉에 도착한 우금은 하후돈에게 이 사실을 일깨워주었다. 하후돈은 우금의 말을 듣자마자 상황을 깨닫고 그 즉시 전군에 후퇴명령을 내렸다. 그러나 이미 때는 늦었다. 제갈량의 화공이 시작된 것이다.

사방에서 거센 바람이 몰아치면서 어느새 박망파는 시뻘건 불길에 휩싸였다. 갑작스런 상황에 몹시 당황한 하후돈의 군사들은 불길을 피해 도망치다 서로 밟고 밟혀서 사상자가 속출했다. 하후돈은 불길을 뚫고 도망쳤다. 뒤에서는 조운이 쫓아오고 앞에서는 매복해 있던 관우와 장비의 군사들이 덮쳤다.

제갈량은 화공을 이용해 적은 군사로 대군을 물리치고 첫 번째 전투를 승전으로 마무리했다. 물론 이 전투에서 제갈량이 승리한 데는 어느 정도 운이 작용했다. 만약 이전이 하후돈의 곁에 있었다면, 그가 좀더 일찍 이 사실을 일깨워줬다면 제갈량의 화공은 결코 성공할 수 없었다.

사실 어떤 일은 심리학을 포함한 어떠한 과학으로도 완벽하게 설명할 수 없는 경우도 많다. 살다 보면 모든 일이 순풍에 돛 단 듯 순조로운 시기가 있다. 운이 따르는 시기에는 하늘과 땅, 사람까지 모든 요소가 성공을 돕는다. 당시 제갈량의 인생은 이렇듯 순풍에 돛 단 시기였기에 기적과도 같은 놀라운 전적을 잇달아 세울 수 있었다.

이 전투로 제갈량은 충분한 위신을 세웠다. 유비는 자신이 제갈량을 얻은 것을 두고 '물고기가 물을 얻은 것'에 비유했다. 이에 대해 누구도 이견을 제시하지 않았다. 관우와 장비도 마찬가지였다. 장비는 솔직한 성격이라 제갈량의 재주에 탄복한 뒤로 다시는 그의 능력을 의심하지 않았다. 하지만 신중한 관우는 제갈량의 능력에 반박하지는 않았으나 그의 태도에는 여전히 불만이 있었다.

모든 장수는 군사를 거둬 신야성으로 돌아갔다. 사전에 이 소식을 들은 제갈량은 곧바로 수하에게 명령해 창고에서 준비해놓은 물건을 꺼내라고 했다. 이것은 그가 자신의 '후광효과'를 제대로 발휘하기 위해 만든 중요한 도구 중의 하나였다.

장수들이 몇 리도 채 가지 않았을 때 길옆에 수레 하나가 보였다. 그 수레에는 깃털 부채를 들고 윤건을 쓴 신선 같은 제갈량이 앉아 있었다.

제갈량이 전장에서 수레에 탄 모습을 드러낸 것은 이번이 처음이었다. 이런 독특한 모습과 이동수단 덕분에 제갈량의 느긋하고 태연자약한 풍모가 더욱 두드러졌다. 제갈량의 모습은 상당한 운이 따랐던 이번 승리를 '의심할 여지없이 너무도 당연한 승리'로 만들었다. 장수들은 '하늘이 내린 사람' 제갈량의 재주에 진심으로 탄복했다. 이로써 제갈량의 첫 번째 이미지 구축 작전은 성공리에 마무리되었다.

제갈량은 말을 타지 못해 수레를 탄 것이 아니다. 그가 특별히 '수레'를 이동수단으로 선택한 데는 이유가 있다. 역사상 수레에 올라 전투를 지휘한 사람은 전국시대戰國時代의 위대한 군사가 손빈孫臏뿐이었다. 손빈은 경쟁자였던 방연龐涓의 모략으로 무릎뼈를 도려내는 형벌을 받아 불구가 되었다. 그로 인해 전투에 나설 때는 어쩔 수 없이 수레를 타야 했다. 제갈량이 탄 수레는 바로 손빈이 탔던 수레를 모방한 것이다. 제갈량이 이렇게 한 이유는 '후광효과'를 만드는 데 '이미지화'가 얼마나 중요한지 알고 있었기 때문이다. 이것은 단순한 '수레'가 아니라 '군사적 지혜'의 화신이자 '병법의 신' 손빈의 화신이었다.

물론 제갈량은 이러한 '이미지화 수단'을 활용할 때도 '정도'를 지킬 줄 알았다. 제갈량은 묘책을 즐겨 썼지만 이번에는 그러지 않았다. 평소에 즐겨 쓰는 격장법도 쓰지 않았다. 그저 아군의 승리가 확실할 때, 조금도 의심할 나위가 없을 때, 이 수레를 꺼냈을 뿐이다.

'수레는 탈 수 있다. 그러나 반드시 승리한 다음이어야 한다. 묘책과 격장법은 사용해서는 안 된다. 위신이 확립되기도 전에 사용해봤자 무익할 뿐만 아니라 오히려 장수들의 반감만 살 수 있다.'

제갈량이 얼마나 사람의 심리를 잘 파악하는지 알 수 있는 대목이다. 또한, 제갈량이 유비군 진영에서 흔들리지 않는 권위를 확립하면 그의 묘책과 격장법이 뒤따라 등장할 것이라는 점을 예상할 수 있다.

한편, 박망파 전투에서 대패하고 허도로 도망친 하후돈은 부하를 시켜 자신을 포박했다. 그 모습으로 조조를 찾아가 죄를 청했다. 하후돈은 박망파에서 화공에 당한 과정을 상세하게 설명했다. 조조가 물었다.

"그대는 어려서부터 군사를 지휘했는데 어째서 좁은 지형에서는 화공을 조심해야 한다는 상식을 몰랐는가?"

"우금이 일깨워줬으나 때는 이미 늦었습니다."

우금은 이전이 자신에게 했던 말을 조조에게 들려줬다. 물론 이전의 이름을 언급하지 않고 마치 자신의 견해처럼 말했다. 우금의 말에 조조는 감탄했다.

"문칙文則(우금의 자)의 지혜가 이토록 놀라우니 능히 대장군직을 맡을 만하다!"

조조는 우금에게 큰 상을 내렸다. 이때부터 우금은 승승장구했다.

우금의 행동은 분명히 잘못됐다. 후안무치하게 다른 사람의 공을 빼앗는 사람은 다른 사람이 공을 세우는 것을 시기한다. 아니나 다를까, 이후 우금은 방덕龐德을 데리고 관우를 공격할 때, 방덕이 관우를 죽이고 큰 공을 세울까 봐 두려워 암암리에 방해했다. 이런 우금의 시기심은 적인 관우를 돕는 결과를 낳았다. 우금 덕분에 군사를 재배치할 수 있게 된 관우는 칠군七軍을 수장시켰다. 우금 또한 관우에게 무릎을 꿇고 항복했다. 훗날 조조는 사람을 잘못 봤다고 후회했지만 조조가 사람을 잘못 본 것은 처음 우금과 마주한 순간부터였다.

대승을 거둔 유비군은 매우 기뻐했다. 그러나 제갈량은 깊은 근심에 빠졌다. 이번에 승리를 거둔 것은 운이 따라줬기 때문이지 결코 '필연'이 아니었다는 점을 잘 알고 있었다. 만약 패전으로 화가 난 조조가 100만 대군을 이끌고 공격해온다면 신야성쯤은 그날로 끝장이었다. 제갈량의 우려가 현실이 된다면 그의 출사는 의미를 잃게 된다. 그럴 바에야 차라리 융중에서 밭이나 갈면서 목숨을 보전하는 편이 나을 것이다.

제갈량은 조조의 대군이 오기 전에 반드시 유표의 형주를 빼앗기로 결심했다. 오직 형주 전체를 근거지로 삼고 몸과 마음을 다 바쳐 평생 배운 학문을 펼쳐야만 조조의 무시무시한 공격을 막아낼 수 있었다.

제갈량은 유비를 찾아가 지난번에 했던 말을 되풀이했다. 이로써 제갈량은 벌써 세 번째 유비에게 형주를 빼앗자고 설득하는 것이다. 첫 번째는 융중에서였다. 제갈량이 말한 '천하삼분지계'는 형주를 빼앗는다는 전제에서 출발했다. 당시 유비는 제갈량을 얻는 데 급급해 이 점을 깊이 고민하지 않았다. 그때는 제갈량이 무슨 말을 해도 연신 고개만 끄덕였다. 그 모습에 제갈량은 유비가 자기 생각에 동의했다고 오해했다. 그런데 정작 출사한 뒤 두 번째로 이 일을 언급하자 유비는 단호하게 거부했다. 그리고 세 번째 설득마저 거절당하고 말았다. 유비가 말했다.

"나는 유경승의 은혜에 깊이 감사하고 있소. 차라리 죽을지언정 의롭지 않은 일을 할 수는 없소!"

◈ **심리학으로 들여다보기**

행운이 따르는 시기는 누구에게나 찾아온다. 중요한 것은 그렇게 찾아온 행운의 이용 가치를 극대화하는 것이다. 기회는 빨리 눈치채고 잡으려는 사람에게 잡힌다. 준비된 자의 몫이기도 하다. 무작정 팔을 벌리고 서 있다고 기회가 저절로 품에 안기지 않는다.

자신이 내뱉은 말은
자기 행동의 족쇄이다

마침내 제갈량이 가장 우려하던 일이 벌어졌다. 하후돈이 박망파에서 대패해 돌아오자 조조는 100만 대군을 일으켜 유비와 유표 일당을 일거에 제거해 강남을 평정하고 천하를 통일할 결심을 한다.

제갈량은 이 난국을 타개할 방법이 도무지 떠오르지 않았다. 객관적이든 주관적이든 자신은 반드시 '필승신화'의 주인공이어야 했다. 유비가 고집을 부리는 바람에 제갈량이 심혈을 기울여 짜낸 전략이 실행에 옮기기도 전에 물거품이 될 처지였다.

보통 사람이라면 포기하고 물러나거나 불평불만을 쏟아낼 상황이었다. 하지만 이런 때야말로 사람의 진정한 능력을 시험할 수 있다. 성공은 손만 뻗으면 잡을 수 있는 것이 아니다. 위기와 역경 앞에서 물러서는 사람은 영웅이 될 수 없다. 진정한 영웅은 객관적인 조건이 절대적으로 불리한 상황에서도 의연함을 잃지 않고 조그만 가능성이라도 찾아내 성공한다. 하늘이 제갈량에게 다시 한번 기회를 주었다.

유표는 병세가 심각해지자 사람을 보내 유비를 불렀다. 유비는 관우와 장비를 데리고 유표를 만나러 갔다. 이 두 사람을 데려간 까닭은 혹시 목숨을 위협당하는 상황이 생길까 염려했기 때문이다. 유표가 말했다.

"나는 이미 목숨이 경각에 달렸으니 내 아들들을 아우에게 부탁하겠네. 내 두 아들은 모두 쓸 만한 그릇이 못 되니 내가 죽고 나면 아우가 형주를 맡아주게."

이제껏 유표는 '무능'의 대명사였다. 그러나 이런 시각은 매우 잘못된 것이다. 유표가 난세에서 형주와 같이 큰 땅을 다스리고 '용맹함'의 대명사였던 소패왕 손책^{係策}의 침공을 몇 번이나 격퇴시킨 것은 결코 쉬운 일이 아니었다. 사람은 누구나 늙는 법이다. 유표의 야심은 날로 쇠약해지는 몸과 함께 사그라져 결국 '아무것도 하지 못하는' 지경에 이른 것뿐이다.

유표는 영웅의 면모를 보였다. 그가 유비에게 '탁고^{託孤}(임종 시 어린 자식을 남에게 부탁하는 것)'한 것은 유비에게 단단히 주의를 준 것이나 다름없다. 생각해보라. 내뱉는 말마다 '남은 자식을 부탁한다'라고 하면서 형주를 맡아달라고 했다. '탁고'는 자기 아들을 보필하라는 뜻이고, 형주를 맡아달라는 것은 형주의 주인이 되라는 뜻인데 이 둘은 서로 모순된다. 그러니까 유표는 한마디로 유비를 옭아맨 것이다.

사람은 누구나 겉과 속이 같기를 바란다. 그래서 유비는 이렇게 대답할 수밖에 없었다.

"형님. 반드시 온 힘을 다해 조카를 돕겠습니다. 그런데 제가 어찌 형주를 다스릴 수 있겠습니까?"

유표가 쓴 이 한 수의 위력은 실로 대단했다. 이 일을 마음 깊이 새긴 유비는 많은 세월이 흐른 뒤 백제성白帝城에서 유표가 했던 대로 제갈공명에게 자기 아들을 부탁했다. 이런 유비의 고명한 수완에 혀를 내두르는 사람이 한둘이 아니다. 겨우 몇 마디 말로 제갈공명이 죽는 날까지 목숨을 다 바쳐 자기 아들을 보필하게 만들었으니 말이다. 이런 '탁고'의 원조는 유비가 아니라 유표였다.

이때 유표와 유비는 둘 다 조조의 대군이 이미 형주를 향해 움직였다는 사실을 모르고 있었다. 만약 두 사람이 사태의 심각성을 알았다면 방금 한 결의를 곧바로 실행에 옮겼을 것이다. 유표는 장자 유기를 계승자로 삼아 형주를 맡겼을 테고 유비에게 전력을 다해 보필하도록 했을 것이다. 유표는 이미 사전작업을 마친 상태였다. 그는 교묘하게 유비를 '몰아붙여' 약속을 받아냈고 유비는 자신이 한 약속을 실천하기 위해 최선을 다해 유기를 도울 터였다. 정말로 그렇게만 됐다면 '몸을 굽혀 모든 힘을 다하며 죽은 후에야 그만둔다(제갈량의 출사표에 나오는 말)'는 각오를 보여 청사靑史에 이름을 남긴 사람은 제갈량이 아니라 유비였을 것이다.

그러나 안타깝게도 유표의 우유부단한 성격 탓에 이 유일한 기회를 놓치고 말았다. 유비는 신야성으로 돌아가 제갈량에게 이 일을 말했다. 제갈량은 몹시 아쉬워하며 탄식만 내뱉었다.

"주군, 어째서 유표의 부탁을 받아들이지 않으셨습니까? 이번에 형주를 받지 않으면 곧 큰 화가 닥칠 것입니다."

유비는 자기 내면의 '인지부조화'를 조정하기 위해 변명할 수밖에 없었다.

"유경승은 내게 큰 은혜를 베풀었소. 만약 내가 형주를 물려받는다면 모두가 나를 배은망덕하다고 비난할 것입니다. 도저히 그럴 수는 없소."

제갈량은 유비가 느끼는 심적 부담을 이해할 수 없었다. 만약 그가 이때 유비의 심정을 이해했다면 훗날 백제성에서 유비가 비슷한 말을 꺼냈을 때 눈물을 쏟으며 충심을 표현하지 못했을 것이다. 제갈량이 훗날 유비의 병석 앞에서 느꼈을 마음과 유비가 유표의 병석 앞에서 느낀 마음은 조금도 다르지 않았다. 제갈량은 이때 유비의 경험에서 교훈을 얻지 못한 탓에 훗날 똑같은 일을 다시 겪어야만 했다.

유비는 얼굴이 두껍지 못했다. 만약 유비의 얼굴이 조금이라도 두꺼웠다면 유표의 분부대로 유기를 불러와 뒤를 잇도록 도왔을 것이다. 또한, 유표가 아직 죽지 않았으므로 채모 무리를 제압하고 제갈량의 지혜와 관우, 장비, 조운의 용맹으로 형주를 손에 넣을 수도 있었다. 훗날 제갈량이 촉나라 전체를 제 손안에서 주무른 것처럼 말이다. 그렇게 되었으면 조조의 대군이 쳐들어와도 형주의 힘을 그러모아 맞설 수 있었다. 물론 승패는 미지수지만 말이다.

유표와 유비의 우유부단함으로 결국 이 유일한 기회를 놓쳐버렸다. 이때 유기는 아버지의 병이 위중하다는 소식을 듣고 서둘러 형주로 달려왔으나 채모에게 문전박대를 당하고 괴로워하며 강하로 돌아갔다. 유표가 이내 병으로 죽자 후처인 채씨가 유표의 유언을 고쳐 동생 채모와 짜고 친아들인 유종을 유표의 자리에 앉혔다.

조조의 대군이 밀려오자 유종은 속수무책이었다. 결국, 수하의 계책에 따라 조조에게 투항서를 바쳤다. 유표는 시대를 풍미한 영웅이었는데 불효자 유종은 아버지의 시신이 채 식기도 전에 반평생을 바쳐 일군 형주를 조조에게 한순간에 바치고 말았다.

이때는 유비가 정정당당하게 형주를 빼앗을 절호의 기회였다. 유종은 형의 자리를 빼앗았고 조조에게 투항서까지 보냈다. 이런 의롭지 못한 행위는 유비가 형주를 빼앗는 불의를 상쇄하고도 남았다. 게다가 유기는 자신의 정예병을 모두 모아 부친이 일군 형주를 되찾고 싶다고 유비에게 말하기도 했다. 그러나 모든 것이 너무 늦어버렸다. 조조의 선두부대가 이미 성 밑에 이른 상황에서 내부의 갈등은 그저 멸망만 앞당길 뿐이었다.

제갈량은 불평과 아쉬움을 떨쳐버리고 서둘러 군사를 배치했다. 그러나 유비의 병력이 하루아침에 강해졌을 리 없다. 겨우 사오천에 불과한 병사로 조조의 대군을 상대할 수 없어 승전을 위해 외부의 자원을 빌려야 했다.

똑같은 돌멩이에 두 번이나 걸려 넘어질 바보는 없다. 하후돈과 조조도 같은 생각이었다. 그러나 병가에서는 상식이 통하지 않는 법이다. 모두가 생각하는 바와 제갈량의 생각은 달랐다. 제갈량은 다시 화공을 쓸 생각이었다. 단순히 '화공'만 쓰는 것이 아니라 '수공'까지 더해 말 그대로 '물불 가리지 않고' 공격할 작정이었다.

제갈량이 출사하자마자 최악의 상황에 직면해 비장의 카드를 모두 쓰게 될 줄 누가 알았겠는가? 제갈량은 작은 신야성은 적의 공격을 버틸 수 없으므로 차라리 불태우는 편이 낫다고 판단했다. 백성들에게 모두 신야성을 버리고 번성으로 떠나라고 했다. 조운에게 병마 3천기를 내주며 조조의 군대가 주둔하면 곧바로 신야성을 불태우라고 지시한 뒤, 관우에게 백하白河 상류로 가 포대자루로 둑을 막았다가 때가 되면 물길을 터뜨리라고 명령했다. 그리고 장비에게 백하 나루터에서 매복하고 있다가 화공과 수공을 피해 도망치는 조조군을 섬멸하라고 일렀다.

이번 전투의 가장 큰 수혜자는 관우였다. 그는 제갈량에게 둑을 무너뜨리는 법을 배웠다. 몇 년 후, 똑같은 장소에서 관우는 제갈량이 가르쳐준 방법으로 우금의 칠군을 수몰시켜 천하에 위명을 떨쳤다.

조조군의 선봉장인 조인, 조홍, 허저는 신야성을 향해 진격하다가 멀리 산꼭대기에서 북소리와 피리소리가 요란한 가운데 마주 앉아 술을 마시는 유비와 제갈량을 발견했다. 조조군은 곧바로 공격을 펼쳤으나 위에서 굴러떨어지는 통나무와 바위 때문에 산 위에 오를 수 없었다.

어둠이 깔리기 시작하자 조인은 신야성을 빼앗아 군사를 쉬게 하라고 명령했다. 그런데 조조군이 들이닥쳤을 때 신야성은 이미 텅 비어 있었다. 조홍이 말했다.

"유비와 제갈량이 계책도 궁하고 병력도 모자라니 백성을 데리고 도망친 것이 틀림없습니다."

조조군은 신야성에서 휴식을 취했다.

그날 밤, 한밤중에 갑자기 불길이 치솟았다. 모두 혼비백산해 도망치는 통에 수많은 군사가 밟혀 죽었다. 불길에서 용케 빠져나온 군사들은 모두 줄행랑쳤다. 백하 강변까지 도망쳐온 군사들도 강물로 뛰어들어 물을 마셨다. 바로 그때 관우가 둑을 무너뜨리자 성난 물살이 군사들을 덮쳤다. 조인과 조홍은 남은 군사를 수습해 죽을힘을 다해 도망쳤지만 뒤쫓아 온 장비에게 또 많은 군사를 잃었다.

이번 전투에서 대승을 거둔 덕분에 제갈량은 군사지휘에 있어서 확고부동한 권위를 세우게 되었다. 그러나 제갈량은 전혀 기쁘지 않았다. 조조의 군사들만 불타 죽은 것이 아니라 신야성까지 불타버렸기 때문이다. 이제 유일한 근거지마저 없어졌으니 어디로 가야 한단 말인가?

번성으로 가는 수밖에 없었다. 그러나 번성은 또 얼마나 버틸 수 있을지 막막했다.

한편, 조조는 수하들이 또 제갈량의 화공과 수공에 당해 수많은 군사를 잃었다는 사실에 몹시 화가 났다. 그는 곧바로 대군을 여덟 갈래 길로 나눠 번성을 공격하게 했다. 조조의 수하 유엽劉曄은 유비가 스스로 세력이 약함에 승복해 투항을 잘한다는 사실을 알고 조조에게 권유했다.

"승상은 처음으로 형주에 오셨으니 마땅히 먼저 백성의 마음을 사야 할 것입니다. 지금 유비는 신야의 백성을 모두 데리고 번성으로 옮겨갔습니다. 이때 우리 군이 번성을 공격한다면 번성을 잿더미로 만들 수는 있을 것이나 승상의 명성에 해가 될 것입니다. 차라리 사람을 보내 유비에게 투항을 권고하시지요. 그렇게 하면 손쉽게 번성을 얻으면서도 백성을 아끼는 승상의 마음을 보일 수도 있으니 이 어찌 좋은 일이 아니겠습니까?"

조조는 유엽의 말이 매우 옳다고 여겼다.

"누구를 보내 설득하는 게 좋겠는가?"

"우리 군에서는 서서가 유비와 친분이 두터우니 그를 보내는 것이 가장 합당하다고 생각됩니다."

그 말에 조조는 깜짝 놀랐다.

'나는 유비에게서 서서를 빼앗아오기 위해 많은 공을 들였지만 서서는 나에게 온 뒤로 쓸 만한 계책 하나 내놓지 않았다. 그런데 내가 서서를 유비에게 보낸다면 호랑이를 산에 풀어주는 꼴이 아니겠는가? 이제 서서의 노모도 죽었으니 그를 붙잡을 만한 것이 아무것도 없다. 처음에는 서서가 우리 군을 농락하더니 이번에는 제갈량이 나를 비참하게 만드는구나. 이 두 사람이 힘을 합쳐 내게 대적한다면 내 어찌 천하를 얻을 수 있겠는가? 안 된다. 그렇게는 안 돼. 절대로 안 돼!'

조조는 절대 서서를 보낼 수 없다고 했다. 그러나 유엽은 약속의 속박성을 잘 알고 있었다. 그것이 암묵적이든 명시적이든 일단 약속한 사람은 쉽게 어기지 못한다. 유엽이 말했다.

"승상이 떳떳하고 정당하게 서서를 사자로 보냈는데 만약 돌아오지 않는다면 세상의 비웃음을 사게 될 것입니다. 그러니 안심하고 서서를 보내십시오. 그는 틀림없이 돌아올 겁니다."

조조는 유엽의 의견에 동의해 서서를 보내 유비를 설득하기로 했다.

이렇게 '꺼림칙한' 신분의 사자를 보내 투항을 받아낼 수 있을까?

'사자使者'라는 신분이 정말로 서서의 손발을 묶을 수 있을까? 여기까지 읽은 독자라면 이미 여러 번 '약속'의 위력을 느꼈을 테니 그 답을 알 수 있을 것이다.

제삼자에게 천하에 어려운 일은 없다. 남이 일군 성공은 쉬워 보인다. 피아니스트의 연주에 흠을 지적하기는 쉽다. 그렇게 지적질하는 사람들은 '도미솔'도 칠 줄 모르는 사람이다. 아무것도 모르기 때문에 지적하고 평가한다.

은혜는
인생을 멀리 내다보는 자가 베푼다

역사상 가장 이상한 투항 권유였다. 서서는 원래 유비의 사람이었다. 어쩔 수 없이 유비를 떠났는데 이제 유비에게 투항을 권유하러 가게 된 것이다. 유엽은 약속으로 서서의 손발을 묶을 수 있다고 확신했다. 사자의 신분으로 투항을 권유하러 간 사람이 명령을 어기고 돌아오지 않는다면 모두 그를 비웃을 것이다. 그러나 심리학 법칙에는 '약속의 속박'만 있지 않다. 바로 '호혜의 원칙'이 있다.

서서는 유비를 떠나기 전, 자신을 대신할 사람으로 제갈량을 추천할 정도로 유비의 깊은 정에 감동했다. 그런데도 서서는 유비에게서 받은 은혜를 다 갚지 못했다고 생각했다. 그리하여 투항을 권유하는 사자로가 다시 유비 곁에 머무를 일은 없겠지만 투항을 권고할 리도 만무했다. 오히려 유비의 투항으로 백성의 마음을 사려는 조조의 의도를 알려줬다. 여기에 더해 조조가 군사를 여덟 갈래 길로 나눠 백하를 메우고 번성을 짓밟으려 한다는 군사 정보까지 알려 주었다. 이에 유비와 제갈량이 미리 준비하도록 도왔다.

투항을 권유하라고 보냈는데 결국 오랜 친구들이 회포를 푸는 만남의 장을 마련해준 꼴이 되고 말았다. 조조와 유엽은 일이 이렇게 되리라고는 전혀 생각지 못했다. 그렇게 한바탕 회포를 푼 뒤 서서는 작별 인사를 하고 떠났다.

왜 유비는 조조에게 투항할 생각을 하지 않았을까?

유비는 자신이 처한 상황에서 고무줄처럼 유연하게 적응하는 인물이었다. 서주를 다스리고 있을 때 여포가 찾아와 의탁하자 하비下邳로 보내 지키게 했다. 훗날 여포가 서주를 빼앗았을 때도 아무런 원망 없이 그가 시키는 대로 거처를 옮겼다. 심지어 조조에게 의탁한 적도 있었다.

그러나 지금의 유비는 이전의 그가 아니었다. 제갈량이라는 천하의 기재를 얻고 난 뒤부터 유비는 전에 없이 기분이 좋았다. 특히 제갈량이 박망파와 신야성 전투에서 화공으로 적을 물리치자 유비의 신임과 야심은 불길처럼 타올랐다. 유비는 아무리 상황이 여의치 않더라도 제갈량만 있으면 약한 병력으로 대군을 물리칠 수 있다고 확신했다. 유표가 여러 차례 형주를 양보하겠다는데도 끝내 거절한 이유 중 하나도 제갈량에 대한 확고한 믿음 때문이었다. 유비는 제갈량이 자신을 도와주기만 하면 비겁하고 배은망덕한 수단을 쓰지 않고 떳떳하고 당당하게 천하를 도모할 수 있다고 믿었다.

그래서 유비는 투항할 생각이 조금도 없었다. 그러나 제갈량도 사람일 뿐 결코 신이 아니었다. 박망파 전투와 신야성 전투에서 승리를 거둔 것은 운이 따랐기 때문이다. 조조의 100만 대군이 총공세를 펼친다면 그 기세는 능히 지축을 흔들고도 남았다. 그때는 화공과 수공을 총동원해도 별 소용이 없을 터였다.

이렇게 위급한 상황인데도 유비는 낙천적이기만 했다. 조조군의 내부사정을 속속들이 꿰고 있는 서서는 작별인사를 하기 전 유비에게 더 지체하면 돌이킬 수 없으니 도망치라고 했다. 그제야 유비는 제갈량에게 조조군을 막을 방법을 물었다. 제갈량도 언뜻 좋은 방책이 떠오르지 않았다. 지금 상황에서는 '도망'치는 것밖에 길이 없었다.

"되도록 빨리 번성을 버리고 양양을 빼앗아 그곳에서 한숨 돌리는 게 좋을 듯합니다."

유비가 도망친다고 하자 신야성과 번성의 백성들은 모두 그를 따랐다. 유비에 대한 백성들의 신망이 얼마나 두터운지를 여실히 보여주는 장면이지만 도망치는 마당에 긴 꼬리를 달고 가자니 속도가 날 리 없었다. 유비는 양양에 도착해 성문을 향해 소리쳤다.

"유종 조카는 어서 문을 열게. 나는 신야성과 번성의 백성을 구하려는 것뿐 다른 뜻은 전혀 없다네. 그러니 어서 문을 열어주게."

그러나 채모와 장윤은 원래부터 유비를 경계해왔던 터라 그에게 성문을 열어줄 리 없었다. 오히려 빗발치는 화살 때문에 유비는 뒤로 물러날 수밖에 없었다.

오래전부터 유비를 흠모해 온 양양성의 장수 위연魏延은 채모가 성문을 열어주지 않자 크게 노했다.

"유사군은 어질고 덕망이 높은 분이거늘 너희들은 어째서 도적 조조에게 투항하고 유황숙에게 성문을 열어주지 않는 것이냐!"

위연은 칼을 휘둘러 수문장을 죽인 다음 성문을 열어 유비를 들게 했다. 이때 형주의 명장 문빙文聘이 달려 나와 위연과 겨뤘다. 유비는 두 사람의 싸우는 모습을 보고 무고한 백성이 다칠 것을 염려해 양양성에 들어가지 않았다. 그리고 제갈량에게 다음 행보를 어찌해야 할지 물었다.

"강릉으로 가는 것이 좋겠습니다. 강릉은 형주의 요지입니다. 그러니 강릉을 얻으면 양양에 머무르는 것보다 훨씬 나을 것입니다."

유비는 군사와 백성을 이끌고 강릉으로 향했다.

위연은 유비가 떠나는 것을 보고 양양에는 머무를 수 없다고 생각해 장사長沙태수 한현韓玄에게 가 몸을 의탁했다. 위연의 행동은 유비가 양양성에 드는 데 도움을 주지는 못했어도 유비에게 큰 은혜를 베푼 셈이 되었다. 이 은혜에 대한 보답으로 훗날 위연은 목숨을 구한다.

한편 유비는 수많은 백성을 이끌고 느릿느릿 강릉으로 향했다. 마음이 급한 제갈량은 유비에게 백성을 버리고 도망칠 것을 권유했다. 이기적인 생각이었지만 큰 틀에서 보았을 때는 옳은 결정이었다. 만일 강릉에 도착하기 전 조조의 추격병에게 잡히면 훗날을 도모하기는커녕 그날로 이승에 하직 인사를 할 터였다. 그러나 유비는 한사코 반대했다.

최선이 안 된다면 차선이라도 택해야 했다. 제갈량은 유기의 도움을 구하기 위해 관우를 강하로 보내자고 했다. 유기에게 서둘러 군사를 일으켜 강릉에서 만나자고 하면 눈앞의 위기는 모면할 수 있다는 계산이었다. 제갈량은 장비에게 후미를 맡기고 조운을 시켜 노인과 어린이를 보호하게 한 다음 서둘러 떠났다.

조조군이 밀어닥치자 유종은 형주를 바쳤다. 조조는 형주의 문무대신에게 벼슬을 내리면서 유종은 청주자사로 임명해 길을 떠나게 했다. 그리고 청주로 가는 길목에서 죽여버렸다.

형주의 일을 다 처리한 조조는 문득 제갈량의 화공에 두 번이나 당한 일이 떠올랐다. 이에 조조는 융중에 가서 제갈량의 식솔을 잡아 오라고 명령했다. 그러나 서서의 어머니가 조조의 간계에 속아 목숨을 잃은 일에서 교훈을 얻은 제갈량은 출사하기 전, 이미 가족들을 안전한 곳으로 옮긴 뒤였다. 당연히 아무런 수확도 거두지 못한 조조는 이만 부득부득 갈아야 했다.

조조는 유비가 겨우 300리 정도밖에 도망가지 못했다는 사실을 알고 철갑기병에게 하루 안에 유비군을 따라잡으라고 명령했다.

제갈량은 한 차례 '대패'를 피할 수 없다는 사실을 알았다. 그러나 이번 패배는 두 차례 화공으로 승리를 거둔 끝에 세운 위신을 무너뜨리고도 남을 만큼 엄청난 패배가 될 것이었다. 제갈량은 유비가 죽어도 백성을 버리지 못하는 것을 보고 자신이 먼저 떠나기로 결심했다.

이는 죽음이 두려워 도망친 것이 아니라 '힘'을 지키기 위해서였다. 제갈량의 셈은 빈틈이 없었다. 조조군이 쫓아오면 유비가 아무리 백성을 지키고 싶어 해도 온전히 지킬 수 없을 것이다. 하지만 장비와 조운이 유비를 지키고 있고 유비 또한 무장이라 생명은 보전할 수 있을 것이다. 문제는 제갈량 자신이었다. 그가 비록 병법에 정통하나 문인이었다. 그런 그의 목숨이 경각에 달렸을 때, 과연 누가 목숨을 보장해줄 수 있겠는가?

그래서 제갈량은 자신이 먼저 빠져나가기로 결심했다. 문제는 어떻게 몸을 빼느냐가 관건이었다. 제갈량이 사태가 심상치 않음을 느끼고 먼저 빠져나갔다는 사실이 알려져서는 안 된다. 만에 하나 이 사실이 탄로 난다면 제갈량의 위신은 땅에 떨어질 것이다. 또한 군사軍師가 홀로 내뺐다고 믿는 병사들을 통솔하기란 쉽지 않을 것이었다. 제갈량은 유비 앞에 이르러 가볍게 한숨을 내쉬었다.

  "운장을 유기 공자에게 보내 군사를 빌려오라고 한 지가 언젠데 왜 아직까지 소식이 없는지 모르겠습니다."

  이 말을 들은 유비도 갑자기 마음이 조급해졌다. 유기가 데리고 있는 정예병 2천 명은 현재 유비가 기댈 수 있는 유일한 힘이었다. 유기가 자신의 마지막 밑천을 탈탈 털어 유비를 구할 까닭이 있는가? 관우와 유기는 왕래가 없었는데 관우를 보내 도움을 요청한들 유기가 흔쾌히 승낙할지 의문이었다. 유비는 유기를 설득할 인물을 떠올렸다. 바로 제갈량이다.

  '호혜의 원칙'을 기억하는가? 제갈량은 유기의 목숨을 구한 바 있다. 만약 제갈량이 유기에게 강하를 지키러 가라고 충고하지 않았다면 유기는 이미 계모 채씨의 손에 죽었을지도 모를 일이다. 그러니 제갈량이야말로 적임자였다. 유기를 설득하려면 제갈량을 강하로 보내는 수밖에 없었다. 유비가 말했다.

  "아무래도 군사께서 발걸음하셔야겠습니다. 유기는 군사께서 지난번에 베푼 은혜에 감사하고 있으니 틀림없이 은혜를 갚기 위해 속히 군사를 내어줄 것입니다."

  제갈량은 가볍게 웃으며 말했다.

"주공이 그렇게 말씀하시는데 제가 어찌 거절할 수 있겠습니까?"

제갈량은 그 즉시 유봉과 군사 500을 데리고 강하로 향했다. 이때 유비가 가진 병력으로 보았을 때, 군사 500은 유비가 내어줄 수 있는 최대 병력이었다. 제갈량의 생명은 그 무엇에도 비할 수 없을 만큼 소중했다. 유비는 물론이고 제갈량 자신도 그렇게 생각했다.

제갈량이 떠난 뒤, 조조의 군사들이 유비군을 따라잡았다. 유비는 끊임없이 패퇴했고 수많은 백성이 조조군의 창칼에 목숨을 잃었다. 유비의 아내인 미부인^{麋夫人}도 혼란한 가운데 목숨을 잃었다. 유비의 외아들 아두^{阿斗}는 조운이 일곱 번이나 장판파^{長板坡}에 뛰어든 끝에 겨우 구할 수 있었다.

조조의 대군이 쫓아오자 장비는 당양교^{當陽橋}에서 적들을 향해 호통을 쳤다. 장비의 위세에 눌린 조조의 100만 대군이 물러나면서 유비는 한숨 돌릴 시간을 벌었다. 그러나 조조군이 완전히 물러난 것은 아니었다. 조조는 다시 정신을 차리고 계속해서 유비군의 뒤를 쫓았다. 한시라도 빨리 유비를 죽여 후환을 없애고 싶었기 때문이다.

한편 제갈량이 강하에 도착하자 유기는 지난날의 은혜에 보답하고자 자신의 정예병을 모두 내어주기로 했다. 유기는 정예병을 둘로 나눠 육로와 수로 두 길로 진격하기로 하고 절반의 정예병은 관우에게 맡겨 육로로 가게 했다. 나머지 정예병은 자신과 제갈량이 이끌고 수로를 따라 진격해 유비를 구하고자 했다.

유기의 지원병이 육로와 수로에서 속속 모여들자 조조도 잠시 공격을 멈추고 형주 내부의 일을 처리하는 데 집중했다. 이는 조조 평생최대의 전략적 실수였다. 조조는 단숨에 유비와 유기를 섬멸했어야 했다. 그러나 조조는 형주를 얻은 뒤 잠시 유비에게서 관심을 거두고 강 건너 동오의 손권을 떠올렸다. 이에 순유荀攸가 조조에게 계책을 올렸다.

"승상께서는 강동江東에 사자를 보내 손권에게 강하에서 함께 사냥하자고 청하십시오. 그리고 손권에게 함께 유비를 잡고 형주 땅을 나눠 가진 다음 영원한 동맹을 맺자고 하십시오. 손권은 승상의 군사력을 잘 알고 있으므로 틀림없이 놀랍고 두려워 승상께 투항하러 올 것입니다. 이렇게 되면 싸우지 않고도 손권을 굴복시킬 수 있을 테니 얼마나 좋은 일입니까!"

순유가 내놓은 계책의 앞부분은 더할 나위 없이 좋았다. 만약 조조가 손권과 먼저 동맹을 맺는다면 유비와 제갈량은 죽어서도 묻힐 곳이 없을 것이다. 유비를 제거한 다음에 시간을 두고 마지막 경쟁자인 손권을 제거하는 것도 어려운 일이 아니었다. 그렇게 되면 천하를 통일할 수 있다. 그러나 순유가 내놓은 계책의 뒷부분에는 크나큰 결함이 있었다. 이 결함 덕분에 제갈량은 막다른 골목에서 빠져나올 수 있었다.

◆ **심리학으로 들여다보기**

은혜를 베푸는 일은 얼마만큼 긴 안목을 가졌는지 시험할 좋은 길이다. 발밑에 시선을 둔 자는 타인에게 너그럽지 못하다. 하나만 아는 사람도 더불어 나아갈 길과 방향을 모른다. 그로 인해 손안의 것만 움켜잡으려 한다. 인생을 멀리 보면 매사에 관대해질 수 있다.

3부

제갈량, 진가를 선보이다

자신을 드러내야 할 시점에서 얼마나 용감할 수 있는가,
얼마나 당당하게 나설 수 있는가, 어떤 통솔력을 발휘해
사람을 이끌 수 있는가, 과감하게 맞설 수 있는가 하는 문제가
삶의 성패를 쥐고 있다. 진퇴양난의 상황일수록 주저앉지 마라.

하늘이 편들어줄 때를
놓치지 마라

제갈량의 계획은 먼저 형주를 빼앗은 다음 동오와 연합하는 것이었다. 그러나 형주가 조조의 손아귀에 넘어간 마당에 동오와 연합할 길은 요원했다. 상황은 제갈량이 예상했던 것보다 훨씬 좋지 않은 방향으로 흘러갔다. 그 지경에 이르자 아무리 신출귀몰한 계략으로 이름 높은 제갈량일지라도 속수무책일 수밖에 없었다.

일을 꾸미는 것은 사람이지만 그 일이 이루는 것은 하늘이라고 했다. 유비와 제갈량이 벼랑 끝으로 내몰린 그때 한 줄기 서광이 비쳤다. 동오의 손권이 유표의 조문을 핑계로 노숙을 보내 상황을 살피게 한 것이다. '물에 빠져 허우적대던' 제갈량은 이때를 놓치지 않고 노숙이라는 '지푸라기'를 단단히 움켜잡았다. 그럼 노숙은 왜 제갈량을 먼저 찾아온 것일까?

노숙은 삼국의 모사 중 가장 야심에 찬 사람 중 하나였다. 제갈량과 주유는 줄곧 '한황실을 부흥시킨다'라는 포부를 가지고 있었다. 하지만 노숙은 손권에게 한황실을 부흥시키기보다는 새로운 나라를 세우고 황제가 되라고 했다.

　노숙이 볼 때 형양의 9개 군은 동오와 잇닿아 있고, 지세는 험준해도 비옥한 평야가 천 리에 달해 백성이 풍요롭게 살 수 있는 땅이었다. 노숙은 형양이 황제의 터로 삼기에 적합하다고 판단했다. 그런데 형양을 조조가 차지하는 바람에, 노숙은 하루빨리 유비와 힘을 합쳐 조조를 물리쳐야 한다고 생각했다. 그렇게 해야 조조가 강동을 넘보는 일도 없을 것이고 형주를 차지할 수도 있었다. 조조를 없애면 유비쯤은 걱정할 필요가 없었다. 병력이 약한 유비가 동오의 상대가 될 리 없었기 때문이다.

　노숙은 모든 계산을 마쳤다. 유비를 만나러 강하에 온 노숙이 제갈량에게 기회를 줄 까닭이 없었다. 그는 오로지 유비의 힘을 빌려 동오가 천하를 통일하는 꿈을 이루고자 했다. 한마디로 제갈량이 손권의 힘을 빌려 일을 도모하려고 할 때, 노숙은 유비의 힘을 빌려 천하를 꿈꾼 것이다. 그런데 불행하게도 노숙의 상대는 제갈량이었다.

　제갈량은 노숙이 온다는 소식에 크게 기뻐했다. 제갈량은 곧바로 셈을 시작했다. 그는 노숙을 설득해 자신을 강동으로 데리고 가게 한 다음, 자신의 뛰어난 말재주로 조조와 손권을 움직여 서로 싸우게 할 생각이었다. 손권이 이기면 조조를 북쪽으로 내쫓고 형주를 차지할 수 있었고, 조조가 이기면 기회를 틈타 강남땅을 취할 수 있었다.

　매사에 신중한 제갈량이 위험을 무릅쓰고 홀로 동오로 향하는 까닭은 무엇일까? 제갈량은 출사 이후 가장 큰 위기에 직면해 있었다. 위험을 무릅쓰지 않고는 결코 이 난국을 극복할 수 없을 뿐만 아니라 명성도 지킬 수 없었다. 그러니 일단 이 위기를 넘겨야 했다.

앞서 말했듯 제갈량은 제삼자의 힘으로 자신을 포장하고 떠받들게 만드는 데 일가견이 있었다. 노숙이 왔을 때도 마찬가지였다. 제갈량이 유비에게 말했다.

"노숙이 찾아와 조조의 허실을 캐려고 하거든 주공께서는 모르는 척하십시오. 그러다가 그가 재차 물어보면 모든 것을 저에게 맡기시면 됩니다."

제갈량 이렇게 당부한 데에는 두 가지 목적이 있었다.

첫째, 자신의 지위를 높여 천하에서 조조를 대적할 수 있는 유일한 사람으로 여겨지게 하기기 위해서였다(권위 확립).

둘째, 노숙에게 유비가 자신을 매우 존중한다는 인상을 주기 위해서였다.

이 두 가지를 이뤄야만 노숙이 마음 깊이 제갈량을 인정할 것이기 때문이다. 그러면 제갈량이 동오에 머무는 동안 신변의 안전을 보장받을 수 있고, 힘을 합쳐 조조에 대항하자고 손권을 설득할 수 있었다. 실제로 노숙 덕분에 제갈량은 위험한 고비를 여러 번 넘겼다. 제갈량은 위험을 무릅쓰면서도 가능한 모든 부분에서 극도로 신중하게 행동했다. 이것이야말로 제갈량의 위대함과 총명함을 알 수 있는 부분이다.

노숙이 유비를 만나는 자리에 제갈량은 나타나지 않았다. 이 또한 제갈량이 자신을 포장하기 위해 고의로 자리를 피한 것이었다. 노숙이 말했다.

"황숙께선 이미 수차례에 걸쳐 조조군과 전투를 치렀다고 들었습니다. 그렇다면 조조군의 규모는 대략 얼마나 됩니까? 조조군의 맹장은 누가 있습니까? 천하를 삼킬 생각이 엿보였습니까?"

제갈량에게 사전 가르침을 받은 유비는 노숙의 이 질문에 그저 모르쇠로 일관했다. 노숙은 의아해서 다시 물었다.

"황숙은 신야에서 바로 얼마 전에 조조와 창칼을 맞댔는데 어찌 모를 수 있습니까?"

유비가 신중하게 대답했다.

"나는 군사가 적고 장수도 모자라 조조가 온다는 말을 듣고 즉시 하구夏口로 도망쳤소. 언제 조조군의 상황을 살필 겨를이 있었겠소?"

노숙은 유비가 아는 바를 감추고 말해주지 않는 것을 알았다.

"저는 강을 건너 동오로 오는 사람들이 하는 말을 종종 들었습니다. 황숙께선 신야에서 두 번이나 화공으로 조조군의 간담을 서늘하게 했다고 하더군요. 이는 근래 들어 조조가 겪은 가장 큰 패배였을 겁니다. 황숙, 겸손하게 말씀하실 필요 없습니다. 저에게 상세한 사정을 말씀해주시지요."

"상세한 사정을 알고 싶다면 나의 군사인 제갈량에게 물어보시오. 모든 것은 그가 계획한 일이니 말이오."

노숙은 어서 제갈량을 만나게 해달라고 부탁했다. 유비는 노숙이 안달이 날 때까지 기다렸다가 제갈량을 불러오라고 명했다. 노숙은 제갈량을 만나자마자 단도직입적으로 말했다.

"나는 제갈자유諸葛子瑜(제갈량의 형 제갈근의 자)의 오랜 벗이오. 오래전부터 선생의 재주에 대해 들어왔으나 인연이 없어 만나지 못하다가 오늘 운 좋게 뵙게 되었습니다. 지금의 위태로운 형세에 대해 선생께서 가르침을 주시기 바랍니다."

이렇게 말하는 노숙을 고지식하고 융통성 없는 사람으로 치부한다면 사람 볼 줄 모르고 하는 말이다. 모두 세 가지 의미를 담고 있는 노숙의 말은 더함도 부족함도 없는 교과서적인 인사말이다.

먼저 제갈량과 일면식도 없는 사이인데 그에게 가르침을 구하고 있다. 보통 이런 경우 만나자마자 자신이 알고 싶은 이야기를 듣기란 쉽지 않다. 그러나 노숙은 분초를 다투는 사명을 띠고 왔으므로 잠시도 지체할 시간이 없었다. 그래서 첫마디부터 '나는 당신 형의 오랜 친구'라고 운을 뗐다. 두 사람이 모두 잘 알고 있고 관계가 밀접한 제삼자를 끌어들여 원래는 일면식도 없는 사이를 순식간에 가까운 사이로 변모시키기 위해서였다. 그런 다음 제갈량을 치켜세웠다. 이러나저러나 띄워주는 말은 언제나 효과적이다. 이는 심리학적 근거가 있다. 사람은 누군가에 의해 공개적으로 '매우 대단한 사람'으로 치켜세워지면 그 말과 '일치'해야 한다는 심리적 압박을 받는다. 그 이미지를 지키기 위해 부단히 노력한다. 그리하여 어떠한 것을 공개적으로 선언해 자신이 '대단한 사람'이라는 사실을 증명한다. 마지막으로 노숙은 단도직입적으로 자신이 찾아온 목적을 밝혀 제갈량에게 거절할 기회를 주지 않았다.

제갈량은 이미 노숙이 찾아온 동기를 알고 있었다. 자신도 절박한 상황에 처해 있어 머뭇거릴 시간이 없었기에 에둘러 말하지 않았다.

"조조의 내부사정이라면 훤하게 알고 있습니다. 다만 힘이 부족해 잠시 그의 창칼을 피한 것뿐입니다."

노숙이 물었다.

"그렇다면 이제 유황숙은 어찌하실 심산이십니까?"

"황숙과 창오태수蒼梧太守 오거吳巨는 오래전부터 알고 지내던 사이라서 그에게 의탁하러 갈 생각입니다."

'천하에 유황숙이 갈 데는 널리고 널렸다. 그러니 굳이 너희 동오와 손을 잡을 필요가 없다'라는 '심드렁한 판매자' 책략이 여기서 또 나왔다. 이 말에 다급해진 노숙은 자신이 먼저 나서서 힘을 합쳐 조조에 맞서자고 요청할 수밖에 없게 되었다. 제갈량의 꾀에 넘어간 노숙이 말했다.

"오거는 식량이 적고 병력이 약해 제 한 몸도 지킬 수 없습니다. 황숙이 그에게 의탁하더라도 오래 버티지 못할 것입니다."

제갈량은 다 알고 있다는 듯이 말했다.

"괜찮습니다. 이 또한 임시방편에 불과하니까요. 때가 되면 또 다른 생각이 있습니다."

"강동의 손 장군은 총명하고 인자하며 지혜롭지요. 현명하고 어진 선비를 예로써 대하십니다. 강동 6군을 다스리고 계시며 군사는 날래고 양식은 풍족하며 문무를 겸비하셨습니다. 유황숙께서는 어째서 손 장군과 손을 잡지 않으십니까?"

제갈량은 담담하게 말했다.

"황숙은 손 장군과 일면식도 없는 사이이니 가더라도 헛걸음한 셈이 될까 염려됩니다."

노숙이 말했다.

"선생의 형님이 강동에서 중용을 받고 있습니다. 제가 비록 재주는 없으나 선생을 모시고 동오로 가 손 장군을 뵐 자리를 주선하고자 하는데 선생의 뜻은 어떠십니까?"

노숙은 왜 제갈량이 오랫동안 꿈꾸던 동오 방문을 먼저 나서서 주선한 것일까?

노숙은 제갈량 대신 코를 풀어줄 생각으로 먼저 나선 것이 아니었다. 조조가 천하를 품겠다는 야망으로 전투마다 파죽지세로 몰아붙이고 있었기 때문에 형주를 손에 넣었다고 만족할 리 없다는 사실을 잘 알고 있었다. 그렇다면 조조가 노릴 다음 목표는 강동이 분명했다. 그러나 손권은 아직 큰일을 겪어본 적이 없었다. 여러 모사도 오랫동안 태평성대를 누린 탓에 전쟁을 피하고 '투항'을 선택하자는 의견이 주류가 될 확률이 높았다. 노숙은 손권이 천하를 통일하고 황제가 되기를 바랐다. 그러나 자신의 힘만으로는 조조에게 전쟁을 선포하자고 손권과 여러 모사를 설득하기 힘들었다.

그런 상황에서 제갈량은 가장 이상적이고 설득력 있는 '적임자'였다. 제갈량은 연속해서 두 번이나 소수의 병력으로 조조의 대군을 격파했지 않은가. 제갈량은 조조의 '천적'이었다. 그런 제갈량이 나서서 손권을 설득한다면 노숙의 바람대로 일이 술술 풀릴 것이었다. 노숙의 이런 생각도 '제삼자의 설득' 책략으로 볼 수 있다.

그러나 노숙의 제안은 유비에게는 청천벽력이었다. 제갈량은 유비가 가장 믿고 의지하는 모사였다. 더군다나 위태로운 상황이 잇달아 벌어지는 지금 같은 때에 제갈량을 보낼 수는 없었다. 유비가 더욱 마음을 놓지 못한 까닭은 제갈량의 형이 강동에 있기 때문이었다. 만약 제갈량이 동오에 갔다가 그곳이 유비 곁보다 훨씬 낫다고 생각하거나 제갈근이 형제의 정으로 제갈량의 발길을 붙잡는다면 동오에 눌러앉을지도 모를 일이었다. 생각이 여기에 이르자 유비는 얼른 노숙을 막아섰다.

"공명은 나의 스승이라 잠시도 떨어질 수 없소. 그런데 어찌 그대를 따라 동오로 갈 수 있겠소? 안 됩니다, 절대로 그럴 수 없소!"

유비가 진심을 여지없이 내보이면서 제갈량의 '심드렁한 판매자' 책략은 성공을 향해 성큼 다가섰다. 노숙은 갖은 방법을 동원해 설득하는 수밖에 없었다. 제갈량은 자기 권위도 세우면서 신변의 안전도 보장받으려던 목적이 달성되자 유비에게 말했다.

"일이 이미 급하게 되었습니다. 아무래도 강동에 다녀오는 것이 좋겠습니다."

제갈량은 위험을 무릅쓰지 않으면 안 된다는 사실을 잘 알고 있었다. 자신의 평생 숙원과 자신에 대한 세인의 경앙敬仰도 모두 이번 모험에 달려 있었다. 만약 위험을 무릅쓰지 않는다면 목숨도 위태롭고 명성도 땅에 떨어질 게 너무도 자명했다. 물론 위험을 무릅쓰고 강동에 간다고 반드시 성공하리라는 보장도 없었다. 하지만 그래도 한 가닥 희망은 있었다.

위기 앞에서 선택을 내리는 심리는 현대 심리학 실험으로 증명되었다. 흥미로운 점은 제갈량의 이러한 심리는 강 건너 손권과 거의 같다는 점이다.

조조의 대군이 물밀 듯이 밀어닥치는 상황에서 손권은 어떤 선택을 내려야 하는가?

만약 손권이 투항을 선택한다면 제갈량의 모험도 참담한 실패로 끝난다. 그러나 손권이 전쟁을 선택하더라도 유비군처럼 보잘것없는 병력이 무슨 도움이 되겠는가? 제갈량은 정말로 빼어난 말솜씨만으로 손권과의 연합을 성공시킬 수 있을까?

제갈량이 웅대한 포부를 품고 강동으로 향했지만 그 결과는 조금도 낙관할 수 없었다.

◈ **심리학으로 들여다보기**

시운은 모든 것을 뛰어넘는 힘이다. 주위 사람도 하늘도 당신 편일 때가 있다. 전지전능한 신이 이끄는 것처럼 목표가 주어지고 계획한 대로 순조롭게 진행된다. 이는 그만큼 당신이 그것을 위해 노력했다는 의미이다. 하늘은 스스로 돕는 자를 돕는다.

경험은
용기와 지혜의 영양제이다

노숙과 제갈량은 함께 배에 올라 동오로 향했다.

노숙은 배에 오르고 난 후 '제갈량은 언변에 능한 사람인데 그를 강동에 데리고 갔다가 사단이 벌어지면 어떡하지? 그렇게 되면 모든 것이 내 탓이 되지 않겠는가?'라고 생각했다. 그리고 자신의 행동이 몹시 후회됐다. 이를 거꾸로 보면 제갈량이 유비에게 '연기'를 시켜 자신의 필요성과 중요성을 극대화했다는 것이다. 만약 제갈량이 앞서서 '심드렁한 판매자' 책략으로 바닥을 충분히 다지지 않았다면 동오로 가자는 말을 꺼내지도 않았을 것이다. 노숙은 한참 생각하다가 용기를 내 제갈량에게 말했다.

"선생께서는 오후吳侯(손권을 이름)를 뵙더라도 절대 조조의 군사가 많고 장수가 흔하다는 말씀을 하지 마십시오. 만약 오후께서 조조가 남하할 것으로 보이더냐고 물으시면 모른다고만 하십시오."

노숙의 속셈이 무엇인지 훤했던 제갈량은 미소를 지었다. 부르기는 쉽지만 보내기는 쉽지 않은 법이다. 제갈량은 '그대가 나를 강동으로 청해놓고 이제 되돌아가라고 한다면 내 어찌 그냥 돌아가겠는가? 내 목적을 달성하기 전에는 절대로 돌아가지 않을 것이오'라고 속으로 생각하며 노숙에게 애매한 대답을 했다.

"자경은 그런 부탁을 하지 않으셔도 됩니다. 제 마음에 이미 생각해 둔 바가 있으므로 때가 되면 자연히 대답할 말이 있을 겁니다."

마음을 놓지 못한 노숙은 재차 당부했다. 이에 제갈량은 미소만 지을 뿐 확실하게 대답하지 않았다. 노숙은 제갈량을 손권과 만나지 못하게 해야겠다고 마음을 먹었다.

강동에 도착하자 노숙은 제갈량을 역관에 머무르게 하고 자신은 의관을 단정히 하고 손권을 만나러 갔다. 마침 손권은 문무대신들과 대청에서 의논 중이었다. 그는 노숙이 돌아왔다는 소식을 듣고 즉시 들게 했다. 노숙이 돌아오기 전날 조조는 손권 앞으로 격문 한 통을 보냈다.

나는 천자의 명을 받들어 조칙을 앞세우고 죄인을 토벌하러 왔소. 우리 군의 깃발이 남쪽에 나부끼니 유종은 스스로 손을 묶어 항복했고 형양의 백성들도 바람에 쏠리듯 모두 귀순했소. 이제 내게는 강력한 군사가 100만에 장수만 해도 천을 헤아리오. 바라건대 장군과 강하에서 만나 사냥을 하며 함께 유비를 친 뒤 그 땅을 똑같이 나누고 영원히 동맹을 맺고 싶소. 다음 기회에 만나기로 하고 속히 화답을 주시기 바라오.

조조의 격문은 협박이나 다름없었다. 이에 손권을 비롯해 강동의 인사들은 끓어오르는 분을 참지 못했다. 노숙이 급히 손권의 의향을 물었다.

"아직 결정을 내리지 못했소."

노숙은 마음을 짓누르던 무거운 돌덩이가 내려진 듯했다. 그때 장소張昭가 갑자기 나서며 말했다.

"조조는 호랑이와 표범 같은 자입니다. 지금 100만 대군을 거느린데다 천자의 이름까지 빌려 사방을 평정해오고 있습니다. 지금 우리가 기댈 것이라고는 장강의 험난한 지세뿐입니다. 조조가 형주를 빼앗은 뒤로 형주 수군의 정예병이 모두 그의 수하로 들어갔습니다. 이리하여 천혜의 요새인 장강마저 이용할 수 있게 되었으니 우리가 무슨 힘으로 그에 맞선단 말입니까? 제 어리석은 생각으로는 차라리 조조에게 투항하는 것이 나을 듯합니다."

장소는 여러 모사 중의 우두머리 격이었다. 그가 이렇게 말하자 다른 모사들도 그의 생각에 찬성했다. 그렇다고 장소가 패기도 없는 투항파는 아니었다. 그는 양쪽의 실력을 객관적으로 분석한 끝에 이와 같은 결론을 내렸을 뿐이다. 지금의 상황을 냉정하게 평가한 뒤, 동오와 손권의 이익을 최대한 지킬 방법을 제시한 것이다.

손권 역시 장소가 말한 것이 현실임을 잘 알고 있었다. 하지만 쉽사리 결정을 내리지 못했다. 어째서 조직 내부에서 절대다수가 찬성하는 의견이 나왔는데도 손권은 쉽게 찬성하지 못한 것일까?

손권은 내심 모험을 해보고 싶었다. 손권의 마음과 제갈량의 심리와 일맥상통한다.

트베르스키Amos Tversky와 카너먼Daniel Kahneman은 1981년 다음과 같은 실험을 했다. 이 실험의 첫 번째 부분에서 피실험자는 보기 A와 B 중에서 한 가지를 골라야 했다.

A : 틀림없이 240달러를 얻을 수 있다.

B : 1,000달러를 얻을 확률이 25%이고, 아무것도 얻지 못할 확률이 75%이다.

마찬가지로 실험의 두 번째 부분에서 피실험자는 보기 C와 D 중에서 한 가지를 골라야 했다.

C : 틀림없이 750달러를 잃을 것이다.

D : 1,000달러를 잃을 확률이 75%이고, 아무것도 잃지 않을 확률이 25%이다.

트베르스키와 카너먼은 첫 번째 부분에서 사람들이 보기 A를 더 선호한다는 사실을 발견했다. 84%의 피실험자가 A를 선택했다. 두 번째 부분에서는 D를 선호했다. 전체 피실험자 중의 73%가 D를 골랐다. 다시 말해 사람들은 이익을 보게 될 때는 위험을 피하고 비교적 고정적인 수익을 원한다. 그러나 손실을 보게 될 때는 위험을 무릅쓰고 운에 맡긴다.

제갈량과 손권은 모두 손실을 볼 위기에 처해 있었다. 제갈량이 입을 손실은 그가 평생 심혈을 기울여 만든 '후광효과'였다. 만약 유비를 도와 조조를 막을 계책을 생각해내지 못하면 그의 명성은 바닥에 떨어질 것이다. 그래서 제갈량은 모험을 선택해 단신으로 동오를 찾아왔다. 손권이 군사를 내도록 설득해 어부지리 이익을 취하려고 한 것이다. 손권이 입을 손실은 그의 부친과 형이 고생 끝에 마련한 강동 땅이었다. 만약 이대로 조조에게 항복한다면 순식간에 모든 땅을 잃게 된다. 그러나 위험을 무릅쓰고 조조에게 대항한다면 그래도 땅을 지킬 한 줄기 희망이 있었다.

그래서 손권은 내심 조조에게 전쟁을 선포하는 도박을 해보고 싶었다. 그러나 조조는 강해도 너무 강했다. 더 중요한 사실은 오후의 자리를 물려받은 뒤 전쟁을 치러본 적이 없고 큰 전투를 지휘한 경험이 전무하다는 점이었다. 이 또한 손권이 '도박'을 해보려는 뜻을 내비치지 못하는 까닭이었다.

그런 상황에서 유비를 찾아갔던 노숙이 정보를 알아온 것이다. 앞서 말했듯 노숙은 다른 사람과 비교할 수도 없는 원대한 포부를 품고 있었다. '투항'이라는 두 글자는 그의 사전에 있을 수 없었다. 그러나 노숙도 장소의 세력이 크다는 사실을 잘 알고 있었다. 만약 자신이 공개적으로 장소의 의견에 반대한다면 그의 지지 세력이 결코 두고 보지 않을 것이다. 이보다 더 안 좋은 결과는 손권이 절대다수의 압력에 굴복해 자신의 의견을 귓등으로도 듣지 않는 것이었다.

그래서 노숙은 잠자코 기다리다가 손권이 잠시 자리를 뜨기 위해 일어나자 가만히 그 뒤를 따랐다. 손권은 노숙의 속셈을 눈치채고 처마 밑에서 그를 기다렸다. 노숙이 다가오자 손을 잡으며 급히 물었다.

"경은 어떻게 했으면 좋겠소?"

여린 싹이 자라 아름드리나무가 되듯 사람도 차츰차츰 성장한다. 훗날 천하에 맹위를 떨친 동오의 대제가 이때는 무력한 어린아이에 불과했고, 따뜻한 격려가 절실했다는 사실을 누가 상상이나 할 수 있겠는가!

노숙은 손권에게 그가 바라는 것을 주었다.

"저들은 주공을 그르칠 생각입니다. 다른 사람은 모두 조조에게 항복할 수 있지만 주공만은 결코 조조에게 항복하실 수 없습니다!"

손권이 깜짝 놀라 그 까닭을 물었다.

"이 노숙 같은 무리는 조조에게 투항하면 그래도 관직 한자리쯤 꿰찰 수 있습니다. 우마차를 타고 시종을 거느리며 사대부와 교류할 수 있을 것입니다. 세월이 흐른 다음에는 주州나 군郡을 다스리는 자리에까지 오를 수도 있겠지요. 그러나 주공께서 조조에게 투항하면 아무리 높은 작위를 받아도 후侯가 고작일 것입니다. 그런데 주공은 이미 후의 자리에 오르셨지 않습니까? 마차라고 해봐야 한 대일 것이고 말도 겨우 한 필에 불과할 것이며 따르는 시종도 열 사람이 다일 것입니다. 어디 강남 일대를 다스리며 소요자재逍遙自在하는 지금에 비할 수 있겠습니까?"

사실 노숙은 더 할 말이 있었지만 차마 밖으로 내뱉지 못했다. 그것은 '유종이 조조에게 투항한 뒤 비참하게 죽은 것을 떠올리십시오'라는 말이었다.

노숙은 '상반된 입장' 전략이라는 매우 효과적인 설득 전략을 쓴 것이다. 사람은 누구나 자신의 입장에서 생각하고 행동한다. 그러나 자기 입장만 고려하고 자신의 이익만 얻으려고 한다면 다른 사람을 설득하기 어렵다. 이와 반대로 상대방의 입장에서 이익을 고려한다면 비교적 쉽게 상대방을 설득할 수 있다.

노숙의 입장과 이익은 장소 무리와 큰 차이가 없다. 즉 조조에게 투항하더라도 그다지 큰 손실이 없다. 그러나 노숙은 자신의 이익은 고려하지 않고 손권의 입장에서 이해득실을 분석했으니 손권이 혹한 것은 당연한 이치였다. 손권은 마음에 담아뒀던 말을 꺼냈다.

"문무대신들의 생각은 매우 실망스러웠소. 오직 자경 그대만이 나와 같은 생각을 했구려. 하늘이 그대를 내게 보내주신 것 같소!"

노숙의 말이 손권의 뜻에 들어맞았지만 즉시 조조와의 결전을 결심하게 만들기에는 부족했다. 손권은 심각한 칼슘 부족을 겪는 아이와 같아 건강한 몸과 마음을 위해서는 서둘러 칼슘을 보충해줘야 했다. 그러나 안타깝게도 노숙도 큰 전쟁을 치룬 적이 없고 경험도 부족했다. 노숙이 할 수 있는 일이라고는 손권이 혼자 싸우고 있는 것이 아님을 알도록 그의 외로운 마음을 위로해주는 것뿐이다. 용기를 내 싸우도록 충분한 '마음의 칼슘'을 보충해줄 능력은 없었다.

다만, 자신이 최고급 '칼슘제'를 쥐고 있다는 사실은 잘 알고 있었다. 원래 노숙은 이 '칼슘제'를 쓰지 않을 생각이었다. 그러나 손권의 미묘한 마음을 확고히 하기 위해서는 다른 방도가 없었다. 자신의 힘만으로는 손권을 설득할 수 없었기 때문이다.

노숙이 가진 '칼슘제'란 두말할 것 없이 제갈량이었다. 제갈량은 연달아 두 번이나 소수의 병력으로 조조의 대군을 무찔러 수많은 조조군을 불귀의 객으로 만들었다. 두 번의 대승은 제갈량의 명성을 드높였다. 그뿐만 아니라 조조에게 맞설 무한한 용기를 주었다. 지금 손권에게 절실히 필요한 '칼슘제'가 바로 이 용기였다.

노숙은 제갈량을 손권 앞에 데려가 조조가 종이호랑이에 불과하며 단번에 쳐부술 수 있다고 말하게 할 작정이었다. 제갈량이 '얼마 전에 수천의 군사로 그의 10만 대군을 무찔렀는데 장군께서는 무엇을 걱정하십니까?'라고 말하기만 한다면 손권은 용기백배해서 전쟁에 나설 것이 분명했다. 이쯤 되자 노숙은 더는 숨길 수가 없었다.

"이번에 상황을 살피러 유비를 찾아갔다가 돌아오면서 한 사람을 데리고 왔습니다. 이 사람은 조조의 허실을 잘 알고 있으니 주공께서 그의 의견을 들어보심이 어떻겠습니까?"

"그가 누구입니까?"

"제갈근의 동생인 제갈량입니다."

제갈량 이름만으로도 강심제 역할을 톡톡히 했다. 손권의 얼굴이 금세 밝아졌다.

"좋습니다. 오늘은 날이 저물었으니 내일 문무대신이 모인 자리에서 그를 만나보겠소!"

노숙은 손권에게 하직 인사를 하고 제갈량이 머무는 역관으로 향했다. 제갈량에게 한 번 더 못 박을 말이 있었기 때문이다. '절대로 조조의 군사가 강하다고 말해서는 안 되며, 무슨 일이 있어도 손권에게 전쟁을 치룰 용기를 불어넣어주라'는 당부였다.

◈ **심리학으로 들여다보기**

경험은 인생의 칼슘제로 힘이자 보약이다. 승승장구한 경험만 이어지면 좋겠지만 이는 오만을 낳는다. 인생에서 약효를 발휘하지 못한다는 것이다. 실패와 좌절, 뒤처짐이나 낭패의 경험은 입에 쓴 보약이다. 이런 경험을 받아들었다면 기꺼이 수용하라.

원숭이를 나무에서 떨어뜨리려면
가지를 흔들어라

노숙은 제갈량을 만나 거듭 당부했다.

"선생, 내일 오후를 뵙게 되거든 절대로 조조의 군사가 많고 장수가 흔하다는 말씀은 마십시오!"

제갈량은 속으로 생각했다.

'내가 조조를 종이호랑이에 비유한다면 손권의 용기를 북돋울 수는 있다. 그러나 내가 동오에 온 것만으로는 당신 좋은 일만 시킬 뿐 우리 주공에게는 아무런 이득이 없지 않은가!'

제갈량은 손권을 만나면 조조의 군사력에 대해 오히려 더 부풀려야겠다고 생각했다. 그래야만 자신과 유비의 가치가 두드러져 보이고 손권도 유비와 손잡고 조조에 대항할 것이기 때문이다. 물론 노숙에게 솔직히 말할 수는 없어 에둘러 말했다.

"내가 알아서 상황을 보아가며 말하겠습니다. 그대의 일을 절대 그르치지는 않을 테니 걱정일랑 하지 마시오."

제갈량은 대신 동오 문무대신들의 입장을 물었다. 노숙은 장소를 비롯한 모사들이 하나같이 '투항'을 주장한다고 알려줬다. 이 말에 제갈량의 마음은 한층 더 무거워졌다. 그들을 설득하기가 생각보다 더 어려울 것 같았기 때문이다. 손권 한 명을 설득하는 일이라면 아무런 문제가 없었다. 그러나 강동의 모사 중에는 지혜롭고 계책이 뛰어난 사람이 적지 않았다. 그들 모두를 설득하기란 결코 쉬운 일이 아니었다.

신중하고 꼼꼼한 성격인 제갈량은 준비가 되지 않은 일은 절대로 하지 않았다. 제갈량은 밤새 동오의 모사들을 설득할 방법을 생각하고 또 생각했다. 한편 장소 무리는 노숙이 제갈량을 데리고 왔다는 소식을 듣고 권위 있는 제삼자의 힘을 빌려 손권을 설득할 심산임을 알아차렸다. 그들은 동오 내부의 일에 외부인이 끼어들어서는 안 된다고 생각했다. 장소 무리도 쉽게 상대할 수 있는 사람들이 아니었다. 그들은 제갈량이 손권을 만나기도 전에 그 기세를 꺾어 초상집에 온 개꼴로 돌아가게 만들 방법을 논의했다.

조직 내부의 충돌은 두 가지 유형으로 나뉜다. 첫 번째 유형은 C형 충돌Cognitive Type Conflict로 실질적인 문제 인식이 다른 것을 의미한다. 두 번째 유형은 A형 충돌Affective Type Conflict로 개인 견해가 다른 것을 뜻한다. C형 충돌은 건설적이고 이성적인 경우가 많지만 A형 충돌은 감정적인 요소가 많고 이성적인 부분은 매우 부족하다.

지금 동오가 처한 상황으로 보았을 때 노숙과 장소 무리의 충돌은 C형 충돌로 볼 수 있다. 그들은 같은 조직에 속하는 사람들로 상대방의 품행과 성격에는 반감이 없지만 조조 문제에 있어서는 인식이 다르다. 그러나 제갈량과 장소 무리의 충돌은 A형 충돌이다. 제갈량이 어떤 의견을 제시하더라도 장소 무리는 무조건 부정한다. 제갈량을 동오에서 쫓아낼 때까지 무슨 말을 하든 그를 공격하고 부정하는 것이다. 이로 볼 때 제갈량이 이번에 무릅써야 할 위험은 너무 컸다.

장소 등의 모사들은 이튿날 이른 아침 당청에 들어 제갈량이 들어서지 못하도록 막고, '뛰어난 말재주'로 제갈량의 기를 꺾어 손권을 볼 면목이 없게 만들 요량이었다.

노숙은 장소 무리가 일을 꾸밀 것이 염려됐다. 그래서 장소 무리와의 충돌을 피하기 위해 이른 아침에 제갈량을 데리러 갔다.

그런데 공교롭게도 양쪽 다 일찍부터 서두른 탓에 장소 무리와 제갈량은 이른 아침에 얼굴을 마주하게 되었다. 손권이 아직 침상에서 일어나지도 않은 시각, 제갈량은 자신의 세치 혀로 동오의 재사들을 굴복시켜야 했다.

동오의 모사 중 첫째가는 인물 장소가 서슴없이 포문을 열었다.

"나 장소는 강동의 보잘것없는 선비입니다. 오래전부터 선생이 융중에 은거하며 양부음梁父吟을 즐겨 부르고 관중과 악의에 비유하셨다고 들었습니다. 그 말이 사실입니까?"

과연 장소가 모사 중에서 첫손에 꼽히는 이유가 있었다. 이 두 마디 말로도 그가 얼마나 뛰어난 말솜씨를 가졌는지 짐작할 수 있다. 장소는 강동에서 내로라하는 인물인데도 일부러 자신을 낮춰 '보잘것없는 선비'라고 소개했다. 공격하기도 쉽고 물러서기도 쉬운 위치를 선점한 것이다. 말싸움에서 이기면 좋은 것이고 지더라도 물러날 곳이 있어 체면을 깎이는 일이 없었다. 다음으로 제갈량에게 스스로 관중과 악의에 비유했냐고 물어 제갈량을 슬쩍 떠보면서 공격했다.

일반적으로 생각하면 제갈량이 할 수 있는 대답은 '그렇다'와 '아니다'뿐이었다. 만약 제갈량이 부정한다면 기세 면에서 선수를 뺏기게 되고, 긍정한다면 장소 무리의 무시무시한 공격이 기다리고 있었다.

의도가 불순한 장소의 물음에 제갈량은 경계심을 높였다. 제갈량은 항상 상식에서 벗어난 패를 냈다. 상식적인 답은 두 가지뿐이지만 제갈량은 세 번째 답을 내놓아 위기를 벗어난다. 제갈량이 껄껄 웃으며 말했다.

"그 말은 내가 평소에 나 자신을 겸손하게 비유한 것에 불과합니다."

'내가 이러한 말을 즐겨 했다는 사실은 인정하지만 그것은 단지 겸손한 척한 것일 뿐 실제로 내 능력은 관중과 악의보다 훨씬 뛰어나다'라는 뜻이었다.

되로 받은 것을 말로 갚은 대단한 제갈량이었다. 장소 역시 제갈량의 반격이 만만치 않다는 것을 느꼈다. 그러나 제갈량이 의외의 답으로 위기를 넘긴 것은 맞지만 장소가 준비한 덫을 완전히 피하지는 못했다.

"듣자니 유예주劉豫州(유비)께서 세 번이나 선생의 초가를 찾아 겨우 선생을 얻고는 물고기가 물을 얻은 것처럼 기뻐하며 늘 형양 9군을 빼앗을 생각만 했다더군요. 그런데 형양이 조조의 손아귀에 들어가 버리다니 이게 어찌된 일입니까?"

장소의 속셈이 완전히 드러난 대목이다. 장소가 제갈량의 기를 꺾기 위해 쓴 수법은 '원숭이를 나무에서 떨어뜨리기'였다. 장소는 먼저 제갈량이 스스로 자신을 칭찬하는 말을 했다는 사실을 인정하게 한 다음, 잔인하게 그 말에 상반되는 객관적인 사실을 들어 제갈량을 공격해 둘러싼 광채를 일소시키려고 했다.

상황은 장소의 예상대로 흘러갔다. 제갈량은 스스로 자신을 관중과 악의에 비유했다는 사실을 시원하게 인정했다. 뿐만 아니라 사람들 앞에서 한 층 더 너스레를 떨며 '그 말은 내가 평소에 나 자신을 겸손하게 비유한 것에 불과하다'라고까지 했다.

'좋다, 네가 그렇게 대단한 인물이라면 도대체 어떤 빛나는 업적을 세웠단 말이냐?'

장소의 힐난은 이성적, 사실적 설득을 말하는 '설득의 중심 경로'를 활용했다. 제갈량이 자신에 대한 의혹을 풀려면 반드시 자신의 능력을 증명할 만한 증거를 내놓아야만 했다. 제갈량은 생각했다.

'오늘 이 난관을 넘으려면 반드시 장소를 꺾어야 한다. 비록 장소가 저자세를 취하고 있지만 강동 모사들의 우두머리라는 사실은 틀림없다. 그의 기세를 꺾지 않고 어떻게 다른 모사들을 굴복시킬 수 있겠는가?'

제갈량은 목소리를 가다듬으면서 큰 소리로 말했다.

"형양 9군을 취하는 일이야 손바닥 뒤집기보다 쉬운 일입니다. 다만 나의 주공 유예주께서는 인의를 몸소 행하는 분이시라 차마 같은 유씨의 땅을 빼앗지 못하신 것입니다. 그 결과 유종이 형주를 도적 조조에게 바친 것이지요. 그러나 이 또한 대수로운 일이 아닙니다."

제갈량이 자기 무능력을 인정하지 않고 대단한 척하자 장소는 더 강하게 공격했다.

"선생의 말대로라면 말과 행동이 다른 것이 아닙니까? 관중은 여러 제후와 동맹을 맺고 어지러운 천하를 바로잡아 제환공이 춘추의 첫 번째 패왕이 되도록 도왔습니다. 악의 또한 자신의 힘으로 힘없는 연나라를 떠받쳐 제나라의 70여 성을 떨어뜨린 인물입니다. 이 두 사람은 실로 세상을 구한 재사였다고 할 수 있지요. 지금 조조는 사방에서 전쟁을 일으켜 가는 곳마다 승전하고 이기지 못하는 적이 없습니다. 선생은 초가에 머물며 풍월이나 읊으면서 자신을 관중과 악의에 비유했습니다. 이제 세상에 나와 유예주를 돕게 된 마당에 마땅히 그를 도와 천하를 이롭게 하고 해로운 것을 없앴어야 하지 않겠습니까? 하물며 유예주는 선생이 돕기 전에도 천하를 누볐는데 말입니다. 이제 선생을 모시기까지 했으니 마땅히 한황실을 부흥시키고 도적 조조를 섬멸해야 하겠지요. 그런데 어째서 조조군이 밀어닥치기만 하면 현덕공은 병기를 모두 버리고 도망치기 바쁜 것입니까? 선생이 자랑하는 관중과 악의에 버금가는 능력은 다 어디로 간 것입니까? 듣자하니 유예주께서 최근 신야성을 버리고 번성으로 도망쳤다가 당양當陽에서 패해 하구로 도망쳐 이미 몸을 의지할 곳이 없어 발등에 불이 떨어진 꼴이 되었다고 하더군요. 선생을 얻고 난 뒤에 오히려 그 전보다 못한 처지가 된 것이 아닙니까? 선생의 공은 관중, 악의의 만분의 일도 되지 않을 듯합니다. 제갈선생, 저는 상스러운 사람이라 하고 싶은 말이 있으면 솔직하게 말하는 것을 좋아합니다. 혹 선생을 불쾌하게 해드렸더라도 너그럽게 이해해주십시오."

과연 장소의 공격은 매서웠다. 사실만을 말하면서도 제갈량의 마음

아픈 곳만 콕콕 집어 공격했다. 독하디 독한 제갈량의 자존심을 바닥까지 깎아내린 것이다. 그러면서 마지막에 '너그럽게 이해해주십시오'라는 말을 덧붙였다. 이런 공격에 대처하는 능력이 부족한 주유周瑜 같은 사람이라면 아마도 분에 못 이겨 벌써 혼절하고 말았을 것이다.

그러나 제갈량은 주유가 아니었다. 만약 그가 장소의 이런 말조차 받아내지 못한다면 손권을 설득할 자격이 없었다. 이런 말 공격에 대항하려면 '눈에는 눈 이에는 이' 전략이 최고였다. 상대보다 더 강한 맹공을 퍼부어 기세를 꺾어야 했다.

제갈량은 먼저 한바탕 크게 웃었다. 이런 상황에서 '웃음'은 가장 강력한 무기이다. 이렇게 자신감 넘치는 웃음은 일단 무서운 기세로 목을 죄어오는 장소의 기세가 더 커지는 것을 막는다. 또 다른 이점은 상황을 반전시킬 계기가 된다. 행위는 태도를 변화시킨다. 자신감 넘치는 웃음은 상대에게 반격을 가할 수 있도록 제갈량 자신에게 용기를 불어넣었다.

제갈량은 '허풍'을 떨었다. 그의 입에서 나온 첫마디는 '참새가 봉황의 큰 뜻을 어찌 알겠는가?'라는 말이었다. 이 한마디로 살기등등했던 장소의 일장연설을 우매한 무리의 헛소리로 만들어버렸다.

"중병을 고치려면 먼저 죽을 먹인 다음에 부드러운 약을 써야 할 것이오. 그렇게 오장육부를 다스리고 몸이 점차 회복된 다음 고기를 먹이고 강한 약을 써야 병의 근원을 치료하고 목숨을 건질 수 있소. 만약 기맥이 안정되지도 않았는데 강한 약을 쓰고 딱딱한 음식을 먹인다면 이 병자는 살기 어려울 것입니다. 나의 주공 유예주께서는 지난날 여남汝南에서 패하고 작은 신야성에 몸을 맡겼을 때만 하더라도 군사가 천명이 안 되었소. 장수라곤 관우, 장비, 조운뿐으로 병세가 매우 위중한 상태와 다를 바 없었지요. 이런 상황에서 나는 박망파와 신야성을 불태워 하후돈과 조인 무리의 간담을 서늘케 했습니다. 관중과 악의가 살아서 돌아오더라도 어찌 내가 이룬 공에 비할 수 있겠소. 나는 여러 차례나 유예주께 형주를 빼앗자고 말했으나 주공께서는 차마 그러지 못하셨습니다. 유종이 투항한 일도 예주께서는 사전에 모르셨습니다. 당양에서 대패하기는 했으나 이는 유예주께서 수십만 명이나 되는 백성들이 노인을 부축하고 어린아이를 데리고 따라오는 것을 차마 버리지 못하셨기 때문입니다. 이는 모두 유예주의 의로움을 보여준다 하겠습니다. 병법에 이르기를 '적은 군사로 많은 적을 대적할 수 없고 이기고 지는 것은 병가에 늘 있는 일'이라고 했습니다. 언제나 승리할 수는 없는 노릇이지요. 한신이 고조를 도와 한나라를 세울 때도 언제나 이긴 것은 아닙니다. 그러나 훗날 해하 전투에서 크게 승리해 공을 세웠지요. 내가 유예주를 보필하는 것도 이와 같습니다. 지금은 바로 부드러운 음식과 약을 쓰는 시기입니다. 이미 내 마음속에 모든 것이 명료하니 때가 무르익어 딱딱한 음식과 강한 약을 쓰기만 하면 큰 승리를 거둘 것입니다. 쓸데없이 말을 부풀릴 줄만 알고 명성만 탐하는 사람이 어찌 이 같은 이치를 알겠소? 나는 할 말은 솔직히 하는 사람이니 자포子布(장소의 자) 선생은 제 말에 너무 괘념치 마십시오."

장소가 정면에서 직접 공격하자 제갈량 또한 우회하지 않고 그대로 맞받아쳤다.

'물론 현재 유비는 더 나빠질 수 없는 상황에 처해 있다. 그러나 그것은 내 탓이 아니다. 게다가 내가 없었다면 유비는 더 비참한 신세가 되었을 것이다. 나보고 재주가 없다 했는가? 그렇다면 내가 박망파와 신야성 전투에서 소수의 병력으로 조조의 대군을 무찌른 것을 어찌 설명할 것인가? 이것만으로도 당신의 그 입을 막기에 충분하지 않는가? 물론이지, 이것만큼 확실한 증거가 또 어디 있는가!'

돌아보니 겨우 두 번뿐이었지만 이 얼마나 중요한 승리인가. 비록 이 두 번의 승리로 대세를 역전시키지는 못했지만 그 덕분에 조직 내부에서 제갈량은 확고부동한 위신을 세우기에 충분했다. 외부세력의 도전에도 여유롭게 맞설 기회를 준 것이다.

게다가 제갈량은 중병을 치료하는 법을 예로 들어 유비의 상황을 생생하게 비유했고 한신이 한고조를 도운 사례까지 인용해 유비가 당양에서 참패한 일을 위대한 승리를 거두는 과정에서 필연적으로 겪게 되는 작은 풍파에 빗댔다.

이리하여 장소가 심혈을 기울여 준비한 '제갈량 죽이기'는 완전히 실패하고 말았다. 그러나 지금까지 제갈량이 거둔 그럴싸한 전적은 박망파 전투와 신야성 전투뿐이라는 점을 잊어서는 안 된다. 동오에는 뛰어난 말솜씨를 자랑하는 재사가 한둘이 아닌데 그들 중 누군가가 나서서 공격의 포문을 연다면 이번에는 무슨 수로 막아낼 것인가?

◈ **심리학으로 들여다보기**

역경 속에서도 긍정적인 요소를 발견하고 포장할 줄 알아야 한다. 전화위복, 고진감래, 새옹지마란 말은 당신을 다독이기 위해 만들어진 사자성어가 아니다. 삶의 철학이며 선조의 지혜이다. 그러므로 힘든 가운데에서도 자신에게 득이 되는 점을 발견하자.

도덕을 방패삼은 사람에게
공격은 통하지 않는다

　장소는 동오를 대표하는 모사였다. 그의 의견에 따라 기본적인 논조가 정해졌다. 조조를 치켜세움으로써 제갈량을 깎아내려 위신을 땅바닥에 떨어지게 만드는 게 목표였다. 물론 동오의 모사들이 좋아서 조조를 치켜세워 준 것이 아니다. 단지 제갈량을 깎아내리기 위한 수단으로 그를 이용한 것뿐이다.

　이러한 수단은 막강한 살상력을 자랑한다. 특히 동오 측 사람은 넘쳐나는데 제갈량은 혼자인 상황에서 그 위력은 더욱 강해진다. 동오 측에서는 말만 살짝 바꿔 또 다른 사람이 나서서 공격하면 되지만 제갈량은 매번 장소에게 했던 말을 반복할 수는 없었다. 아니나 다를까, 제갈량이 '설득의 중심 경로'로 장소의 공격을 막아낸 뒤 동오의 모사 중 다른 사람이 나서서 큰 소리로 말했다.

"지금 조조의 군사가 100만에 날랜 장수가 천명이나 된다하오. 용이 날뛰고 호랑이가 노려보는 기세로 강하를 삼키려고 하는데 공이 볼 때는 어떻소?"

제갈량이 보니 그 사람은 여요余姚 사람 우번虞飜 우중상虞仲翔이었다. 제갈량은 강동에 와본 적이 없는데 어떻게 단번에 우번을 알아본 것일까?

이것이 바로 그가 사전준비 작업을 철저히 하는 까닭이다. 주도면밀하고 미래를 내다보는 제갈량은 일찌감치 지금의 상황을 예상했다. 언젠가는 자신이 동오에 와 뛰어난 재사들과 만나야 한다는 사실을 말이다. 만약 그들에 대해 아무것도 모른 채 준비 없이 마주한다면 난국을 타개하기 어렵다. 그래서 제갈량은 노숙과 함께 강을 건널 때부터 의식적이지만 티 나지 않게 동오의 주요 문무대신들의 이름과 생김새, 출신, 기호 및 경력 등을 알아봤다.

노숙은 그런 제갈량의 속내도 모른 채 자신도 모르는 사이에 아군의 상황을 제갈량에게 속속들이 알려줬다. 당연히 제갈량은 노숙이 했던 말을 하나도 빠짐없이 기억했다. 그래서 말하는 사람의 생김새와 태도를 보면 그가 누구인지 단번에 알 수 있었다.

우번의 수법도 장소와 다르지 않았다. 그는 조조의 공을 미화함으로써 언어의 덫을 쳤다. 제갈량은 우번의 속셈이 빤히 보였지만 그 말에 찬성할 수는 없는 노릇이었으므로 그저 반박할 따름이었다.

"조조는 원소의 패잔병과 유표의 오합지졸을 거두었기 때문에 군사들이 군율을 따르지 않고 장수들은 지략이 없습니다. 그러니 그 수가 100만을 헤아린다 한들 두려워할 일이 못 됩니다."

우번은 껄껄 웃으며 말했다.

"당양에서는 싸움에 지고 강하에서는 계책이 궁해 걸핏하면 다른 사람에게 도움을 구하면서도 두려워할 게 못 된다고 하시는군요. 이것이 '눈 가리고 아웅'이 아니고 무엇이겠습니까?"

제갈량은 상대의 공격 목적을 간파했다. 상대편은 다수고 자신은 혼자였다. 만약 자신이 매번 중심 경로로 대응한다면 입이 부르트도록 말해도 상대를 이길 수 없었다. 제갈량은 방법을 바꿔 반격하기로 했다.

동오의 재사들은 입만 열면 조조를 치켜세워 이미 조조를 굉장히 설득력 있는 무기로 '만들어'버렸다. 그러나 모든 일은 동전의 양면처럼 긍정적인 면이 있으면 부정적인 면이 있게 마련이다. 이 무기는 제갈량을 다치게 할 수도 있지만 중대한 허점을 남겼다. 제갈량의 예민한 촉각은 곧바로 이 허점을 감지했다. 제갈량은 '조조'를 이용해 동오의 재사들을 꼼짝 못 하게 만들 수 있었다.

제갈량은 조조가 그렇게 대단해서 쉽게 상대할 수 없는데도 유비는 분연히 떨치고 일어나 싸우려고 한다. 이 얼마나 대단한 용기와 기개인가! 반면, 동오는 군사들이 날래고 양식도 충분하며 험한 장강까지 끼고 있는데도 조조에게 무릎을 꿇으려고 한다. 얼마나 무능하고 나약한 무리란 말인가!

이는 동오의 재사들이 만들어낸 강력한 설득 무기로 그들을 공격하는 것이었다. 물론 사실상 제갈량은 변론의 개념을 살짝 바꿨다.

"나의 주공 유예주께서 겨우 수천의 의로운 군사로 조조의 거칠고 잔인한 100만 대군을 어떻게 막겠습니까? 그래도 하구로 물러나 지키고 계신 것은 때를 기다리기 위함입니다. 그런데 무엇이 우습단 말씀입니까? 이곳 강동은 군사가 날래고 인재가 넘쳐나는 데다가 험한 장강까지 끼고 있어 지키기는 쉽지만 공략하기는 어렵습니다. 그런데도 당신들은 주공을 설득해 조조에게 투항하라고 하는 까닭이 무엇입니까? 이것이야말로 우스운 일이 아니고 무엇입니까? 그렇게 보면 우리 유예주야말로 조조를 두려워하지 않는다고 할 수 있겠지요."

제갈량 또한 '원숭이를 나무에서 떨어뜨리기' 전법을 시도했다. 그는 먼저 강동의 실력을 치켜세운 다음에 반격을 가해 강동의 재사들이 이렇게 대단한 실력을 갖추고도 전쟁을 두려워한다고 비웃었다. 강렬한 대비는 강렬한 수치심을 불러일으켜 말주변 좋기로 이름난 우번도 꼬리를 말고 물러서게 만들었다. 그러나 이것만으로 완전히 고비를 넘긴 것은 아니었다. 아직도 제갈량을 인정하지 않는 사람이 한둘이 아니었다. 과연, 또 다른 사람이 나서며 말했다.

"공명, 그대는 소진蘇秦과 장의張儀를 흉내 내 세치 혀로 우리 동오를 설득하러 오셨소이까?"

제갈량이 보니 회음淮陰 사람 보즐步騭 보자산步子山이었다.

보즐은 괜히 조조를 들먹여 제 도끼로 제 발등을 찍은 꼴이 되자 '조조' 패를 버리고 '소진'과 '장의'를 예로 들어 제갈량을 말재주만 있는 사람으로 깎아 내릴 작정이었다. 방법은 맞았는데 '도구'를 잘못 선택했다. 보즐은 소진과 장의를 선택하지 말았어야 했다. 이 두 사람은 전국시대에 놀라운 공을 세웠는데 그들을 예로 들어 제갈량을 깎아내리겠다니, 깎아내리기는커녕 오히려 제갈량을 드높인 꼴이 되어버렸다. 보즐의 말에서 약점을 찾아낸 제갈량은 즉시 반격을 펼쳤다.

"그대는 소진과 장의를 그저 말 잘하는 사람으로만 알뿐 그들이 호걸임을 모르는군요. 소진은 여섯 나라의 승상을 지냈으며 장의도 두 번이나 진나라의 승상이 되어 사직을 바로 잡는 데 도움을 주었소. 어디 융통성 없이 기다리기만 하고 전쟁을 두려워하는 무리에 비할까요. 그대들은 조조가 부풀려서 꾸며낸 거짓 소문만 듣고도 두려워서 어쩔 줄 모르고 망설이는데 어찌 감히 소진과 장의를 비웃을 수 있소?"

보즐은 '조조'라는 패를 버리고 대신 '소진'과 '장의'라는 새 패를 꺼내들었지만 제갈량은 이 둘을 동시에 써서 강렬한 대비를 통해 단번에 동오의 재사들을 죽음을 겁내는 쓸모없는 무리로 만들어버렸다. 보즐도 제갈량을 대적할 수 없었다.

그러나 아직도 제갈량을 인정하지 않는 사람이 있었다. 패군沛郡 사람 설종薛綜 설경문薛敬文이었다. 앞서 보즐이 조조를 치켜세우는 것이 통하지 않는다는 사실을 깨닫고 다른 방법을 썼는데도 설종은 아직 옛 패를 버리지 못했다. 그는 단순히 조조를 '미화'하는 정도로는 제갈량을 꺾을 수 없으므로 한발 더 나아가 조조를 '신격화'시켜야겠다고 생각했다. 설종이 물었다.

"공명, 그대가 볼 때 조조는 어떤 사람이오?"

제갈량은 속으로 냉소를 지었다.

'천지분간도 못 하는 녀석이로군! 이미 내가 여러 번 말했는데도 아직도 조조를 들먹이며 나를 공격하다니. 제 도끼에 제 발등 찍힐 줄 모르는군!'

제갈량은 이렇게 된 바에야 차라리 조조를 철저하게 깎아내려야겠다고 결심했다.

"한나라의 역적입니다!"

설종이 즉시 반격했다.

"선생의 말은 틀렸습니다. 옛사람이 이르기를 '천하는 한 사람의 천하가 아니라 천하인의 천하'라고 했습니다. 그래서 요堯임금은 천하를 순舜임금에게 선양했고 순임금은 천하를 우禹임금에게 선양한 것입니다. 탕왕湯王이 걸왕桀王을 내쫓고 무왕武王이 주왕紂王을 토벌하였으며 열국이 서로 합병하고 한나라는 진나라의 천하를 계승해서 지금에 이르렀습니다. 조조가 천하의 삼분의 이를 차지하고 민심도 그에게 기울었는데 오직 유예주만이 상황을 파악하지 못하고 기어이 그에 대적하려 하고 있습니다. 이는 계란으로 바위를 치는 격인데 어찌 패하지 않을 수 있겠습니까?"

조조를 신격화하기 위해 설종은 '요순우탕'까지 거론했다. 역대 왕조의 교체를 통해 하늘의 뜻이 이미 조조에게 기울었음을 설명했다. 이런 상황에서 조조에 대항하는 사람은 모두 천명을 모르고 시대의 흐름을 읽지 못하는 자였다. 그러나 설종의 말이 끝나기가 무섭게 동오의 재사들은 설종이 조조를 지나치게 신격화시켰다고 느꼈다. 그들은 '설종이 조조가 보낸 첩자 아닌가?'리는 의심을 품을 정도였다.

설종은 속으로 득의양양했다. 제갈량이 아무런 반박도 하지 못할 것으로 알았기 때문이다. 생각해보라. 그 누가 천명을 거스를 수 있겠는가? 그러나 여기에서 설종이 한 가지 깜빡한 것이 있었다. 그것은 바로 '도덕'이다. 도덕은 양면성을 지니고 있었다. 입장이 서로 다른 사람들은 모두 '도덕'을 자신의 무기로 삼을 수 있다. 그런데 사용하는 사람의 수준에 따라 도덕 공격의 위력은 하늘과 땅 차이가 되었다.

설종에게는 안 된 일이지만 제갈량은 도덕 공격에 도가 튼 달인이었다. 설종은 그 첫 번째 희생양이었을 뿐 훗날 제갈량의 도덕 공격에 제대로 당하는 사람이 등장한다. 그때 제갈량은 '도덕 공격'으로 이 언변의 고수를 분에 못 이겨 죽게 만든다.

제갈량은 큰 소리로 꾸짖었다.

"그대는 주군도 없고 아비도 없는가? 무릇 사람이 하늘과 땅 사이에 났으면 충성과 효도를 근본으로 삼아야 하거늘! 나는 그대가 대대손손 한실의 녹을 먹었으니 틀림없이 그 은혜를 갚고자 할 것이라 생각했소이다. 간사한 도적이 나타나 나라를 해하려 하면 그 즉시 힘을 합쳐 죽일 것을 맹세해야 할 것이오. 조조는 조상 대대로 400년이 넘는 세월 동안 한실의 녹을 먹었으면서 그 은혜에 보답할 생각은 하지 않고 오히려 역적질할 마음을 품었소. 천하가 모두 그를 미워하고 있는데 그대는 오히려 하늘의 뜻이 그에게 돌아갔다고 생각하다니 참으로 주군도 아비도 없는 자가 아닙니까? 그대와 말을 섞는 것조차 부끄럽소! 더는 그대와 더불어 말을 나누지 않겠소!"

대단한 살상력을 가진 말이었다. 제갈량은 설종의 도덕적 결함을 끝까지 물고 늘어져 강력한 한 방을 먹였다. 설종은 너무 부끄러운 나머지 대꾸조차 못하고 물러났다.

냉정하게 말하면 설종의 말에도 일리가 있었다. 천하의 주인이 어디 있는가? 왕조 교체는 전혀 이상할 것이 없는 일이다. 그러나 이 말은 설종의 입을 통해 나와서는 안 되는 말이었다. 설종은 한나라의 신하다. 가는 정이 있으면 오는 정이 있게 마련이고 다른 사람의 신세를 지게 되면 심한 말을 할 수 없는 법이다. 설종은 조상 대대로 한실의 녹을 먹었으므로 호혜의 원칙에서 보자면 마땅히 보답해야 할 책임과 의무가 있는 셈이다. 마찬가지로 조조의 가문도 조상 대대로 한실의 녹을 먹었고 명문 가문으로 남들보다 더 많은 혜택을 받은 만큼 갚아야 할 것도 훨씬 많았다. 그런데 은혜에 보답하기는커녕 은혜를 베푼 사람의 집을 빼앗으려고 하니 이는 감정적으로 보나 이성적(도덕)으로 보나 모두 잘못된 행동이었다. 그런데도 설종은 오히려 그런 조조의 정당함을 주장하니 자신의 도덕적 결함을 스스로 밝히는 셈이 아닌가? 그러고도 무탈할 줄 알았다면 꿈이 야무졌던 것이다.

역사상 신하가 왕위를 찬탈한 예가 적지 않다. 이들은 모두 엄청난 도덕적 부담을 안아야 했다. 그래서 도덕적 부담을 덜고 자신에 대한 평가를 긍정적으로 바꾸기 위해 신비한 '이야기'를 꾸며냈다. 하늘이든 신이든 신비한 힘을 내세워 왕위찬탈의 정당성을 보이려는 것이다. 그렇지 않으면 적어도 전 임금이 '도덕적으로 결함이 있었다'라는 식의 부정적인 소문을 낸다. 그런데 설종처럼 아무런 근거도 없이 왕위찬탈의 합법성을 주장하는 사람은 없다. 그러니 그가 받은 모욕은 다 자업자득이었다. 제갈량을 탓할 일이 아니다.

◈ 심리학으로 들여다보기

도덕은 가장 설득력이 강한 무기다. 양심에 호소하는 이유도 여기에 있다. 인간이 지켜야 할 도리나 규범 앞에서 자기 욕심을 먼저 채우는 사람에게는 사회적 지탄이 따른다. 누구나 그 손가락질에서 자유로울 사람은 없다.

자신의 방식으로
자신이 가진 패를 내놓다

동오의 재사들조차 설종의 말이 가당치 않다고 여겼다. 그럼에도 불구하고 외부인에 대한 편견은 사라지지 않았다. 어쨌든 제갈량과 동오의 재사들은 서로 다른 집단에 속했다. 그렇기에 제갈량 한 사람에게 자기 집단 전체가 농락당하는 꼴은 결코 두고 볼 수 없었다. 이어서 또 한 사람이 나서서 공격을 이어갔다.

"조조가 천자를 끼고 제후를 호령하고 있기는 하나 상국相國 조참曹參의 후예입니다. 그대의 주공 유예주는 스스로 중산정왕中山靖王의 후예라고 자칭하지만 밝힐 근거가 없고 지금 알 수 있는 것은 그저 돗자리나 짜고 짚신이나 팔던 촌부에 불과했다는 사실입니다. 그런 사람이 어찌 조조에 대항할 수 있단 말입니까?"

그가 가지고 나온 패는 '혈통론'이었다. 그러나 궁극적으로 보면 여전히 조조를 치켜세우고 유비를 폄하하는 것에 지나지 않았다. 물론 간접적으로 제갈량까지 폄하하는 것이었다.

제갈량이 보니 오군^{吳郡} 사람 육적^{陸績} 육공기^{陸公紀}였다. 그가 누구인지 몰랐다면 제갈량은 그를 제압하기 위해 고생을 좀 했을 터였다. 그러나 제갈량이 그를 알아본 이상 제압하기란 식은 죽 먹기나 마찬가지였다.

육적은 여섯 살 때 이미 천하에 이름을 알렸다. 당시 이 신동은 구강^{九江}의 원술^{袁術}에게 알현하러 갔다. 원술이 귤을 내주자 육적은 몇 개를 몰래 품에 숨겼다. 그런데 작별인사를 하려고 읍하다가 그만 품 안에 넣어둔 귤을 떨어뜨리고 말았다. 그 모습을 본 원술이 육적을 놀렸다.

"너는 나의 손님인데 어째서 귤을 훔치려고 했느냐?"

육적이 부끄러운 기색으로 대답했다.

"어머니께 신선한 귤을 가져다드리려 훔쳤습니다."

이 이야기는 널리 퍼져 훗날 《이십사효^{二十四孝}》에 '육적회귤^{陸績懷橘}(육적이 귤을 가슴에 품다)'이라는 제목으로 실렸다.

제갈량은 크게 한바탕 웃더니 품에서 귤을 꺼내는 동작을 취하면서 말했다.

"그대는 일찍이 원술의 연회에서 귤을 훔쳐 품에 넣었던 그 육랑^{陸郎}이 아닙니까? 하하하! 여기 앉아 제 말을 천천히 들어보십시오."

제갈량의 말에 육적은 얼굴이 붉게 달아올랐다. 그 행위는 '좀도둑질'이었다. 그러나 나이가 겨우 여섯 살이었고 어머니에 대한 효심에서 우러나온 행동이었기에 비난받지 않은 것이다. 그의 일화를 《이십사효)에 실을 때, 이를 미화하기 위해 일부러 '훔치다'라는 글자 대신 '품다'라는 표현을 썼다. 그러나 어찌 됐든 도둑질은 도덕적으로 비난받아 마땅한 행동이었다.

제갈량이 이 일을 꺼낸 것은 육적을 동오의 재사가 아니라 한낱 '어린아이'로 만들려는 속셈이었다. 제갈량의 한 마디로 두 사람은 평등하게 대화할 관계가 아니라 제갈량(어른)이 육적(어린아이)보다 훨씬 높은 관계가 되어버렸다. 게다가 제갈량의 말에는 뼈가 있었다. '귤을 훔친 어린아이조차 동오의 유명한 재사가 될 수 있는데 어째서 출신과 혈통을 운운하며 다른 사람을 모욕하는가?'라는 뜻을 담고 있었다. 그 한 마디로 제갈량은 육적 스스로 부끄러움에 말을 잇지 못하게 만들었기 때문에 변론할 필요가 없었다.

네 명을 잇달아 꿀 먹은 벙어리로 만들면서 입이 풀린 제갈량은 포문을 닫을 줄 몰랐다.

"한고조께서는 비록 사수정장泗水亭長(정은 진나라 때 교통의 요지에 세운 행정기관으로 역참, 공문 전달, 치안 유지 기능을 수행한 곳으로 이곳의 관리를 정장이라 함. 사수는 패현에 있음) 출신이었으나 마침내 천하를 얻어 400년 한황실의 기반을 다지셨소. 나의 주공께서 한실의 종친이 아니라고 할지라도 인자하고 충효를 중히 여기심을 천하가 다 알고 있습니다. 그런데 과거에 돗자리를 짜고 짚신을 팔았다는 것이 부끄러울 까닭이 뭐 있습니까? 그대의 소견은 아직 어린아이(이 단어의 무게를 잘 생각해야 한다)와 다를 바 없으니 학식 높은 선비와 더불어 말하기 어렵겠습니다. 스스로 부끄럽지 않습니까?"

육적은 말문이 막혔다. 그러나 동오에는 재사가 넘쳐났으니 육적의 뒤를 이어 또 한 사람이 나섰다.

"비록 우리 강동의 재사들이 그대의 억지에 대꾸하지 못했으나 제가 한 가지 묻고자 합니다. 공명 선생께서는 대체 어떤 경전을 공부하셨습니까?"

말을 한 사람은 팽성彭城 사람 엄준嚴畯이었다. 그는 동오 측의 고정된 논쟁 전술을 펼쳤다. 먼저 중요하지 않아 보이는 질문을 던지고 상대가 아무 생각 없이 하는 대답에 함정을 파놓는 것이다.

몇 번의 말싸움으로 그들의 논쟁 전술을 완전히 파악한 제갈량은 일일이 상대하지 않고 단도직입적으로 핵심을 파고들었다.

"책장이나 뒤적이고 남의 글귀나 뽑아 쓰는 것은 세상의 썩은 선비나 하는 일이니 어찌 나라를 일으키고 큰일을 할 수 있겠소. 이윤伊尹(은나라의 재상)과 강자아, 장량과 진평陳平(한나라의 건국공신) 같은 사람은 모두 나라를 바로 세울 만한 재주를 지녔으나 여태껏 그들이 무슨 경전을 공부했다는 소리를 들은 바 없소! 어찌 붓과 벼루를 가지고 함부로 중상모략이나 일삼으며 글을 가지고 놀고 먹으로 장난질하는 무리와 같겠소?"

엄준은 기가 꺾여 아무 대꾸도 하지 못했다.

동오의 학자들은 제갈량이 얼굴색 하나 변하지 않고 어떠한 물음도 청산유수로 받아치자 아연실색했다. 그런데도 장온張溫과 낙통駱統은 포기하지 않았다. 그러나 이미 물이 오를 대로 오른 제갈량의 언변술을 당해낼 수는 없었다. 다만, 제갈량이 이들과 입씨름을 하는 데 온 정력을 쏟으면 오히려 자기 일을 망치는 길이 될 터였다. 그가 이른 아침부터 준비를 서두른 이유는 동오의 학자들과 입씨름하기 위해서가 아니라 손권을 만나 힘을 합쳐 조조에 대항하자고 설득하기 위해서였다. 동오 학자들과의 입씨름은 손권을 설득하기 전에 여론을 자신의 편으로 만들기 위한 사전작업에 불과했다. 그러나 방관자는 상황을 똑바로 볼 수 있지만 당사자는 그럴 수 없는 법이다. 제갈량도 '수단'에 몰두한 나머지 '목적'을 망각하는 실수를 저질렀다.

바로 이때 방관자 중 한 명이 나서서 호통을 쳐준 덕분에 제갈량은 정신이 퍼뜩 들었다. 그는 다름 아닌 노장 황개黃蓋였다. 황개는 일찍부터 노숙과 친분이 두텁고 주전파의 우두머리였다. 황개가 말했다.

"공명 선생은 당대의 기재로 우리 동오가 조조에 맞서는 데 도움을 주고자 이곳까지 찾아오신 분이오. 큰 적이 눈앞에 닥쳤는데도 그대들은 조조를 막아낼 생각은 하지 않고 이곳에서 입씨름이나 하며 공명을 난처하게 하고 있으니 이런 경우가 어디 있단 말이오? 오후께서 이미 선생을 기다리고 계시니 어서 안으로 들어 만나 뵈시지요."

제갈량은 이때다 싶어 황개를 따라 손권을 만나러 갔다. 황개가 제갈량에게 말했다.

"선생께서는 어째서 그런 값지고 귀한 말씀을 우리 오후께 드리지 않고 학자들과 입씨름이나 하고 계셨습니까?"

'수단'에 몰두해 '목적'을 잊고 있던 제갈량은 자신의 실수를 깨달았다. 그렇다, 조조와의 전쟁 여부를 결정할 사람은 바로 손권이었다. 동오의 학자를 전부 다 꺾어 넘긴다고 하더라도 그들에게는 조조와의 전쟁을 결정할 권리가 없었다. 게다가 누구라도 여러 사람 앞에서 자신의 의견이 반박당하면 승복하기는커녕 오히려 자신의 견해를 끝까지 고집한다. 이는 '일관성 이론'에 따라 누구나 범하는 실수다.

한편 노숙은 아까부터 문 앞에서 기다리고 있다가 제갈량을 보고 물었다.

"제갈선생, 오후를 뵙거든 내가 했던 말을 결코 잊어서는 안 됩니다."

조조의 세력을 축소해서 말하라는 뜻이었다. 노숙은 그렇게 해야만 손권이 두려운 마음을 떨치고 조조와 싸울 용기를 낼 것이라 생각했다. 제갈량은 노숙이 한 말의 뜻을 잘 알고 있지만 그대로 따를 까닭이 없었다. 노숙이 바라는 대로라면 손권에게 '조조는 종이호랑이에 불과하며 우리는 얼마 전 수천밖에 안 되는 군사로 조조군을 두 번이나 물리쳤다. 동오의 군사력이 결코 그에 못지않고 험준한 장강까지 끼고 있는데 무엇이 두렵단 말인가?'라고 말해야 했다.

그렇게 말한다면 손권은 당연히 용기백배해져 곧 전쟁을 선포할 것이다. 그러나 제갈량이나 유비에게는 이로울 게 없었다. 조조군의 세력이 그 정도밖에 안 된다면 굳이 유비의 도움을 받을 필요도 없이 동오 혼자만의 힘으로도 이길 수 있었기 때문이다. 제갈량은 없는 사실까지도 갖다 붙여 조조군의 세력을 과장함으로써 손권과 유비가 손을 잡아야만 조조에 대항할 수 있다고 말할 작정이었다. 그래야만 유비와 자신이 당당하게 승리의 과실을 나눠 받을 수 있다는 계산이 나왔다.

하지만 손권은 아직 세상 경험이 많이 부족해서 위험부담이 너무 컸다. 만약 조조군의 세력을 너무 부풀려서 말하면 지레 겁부터 집어먹을 수 있었다. 그 와중에 장소 무리가 손권에게 '투항'이라도 권유한다면 큰 낭패였다. 제갈량이 바라는 바와 정반대의 결정을 내려 조조에게 투항할지도 모를 일이었다. 그렇게 되면 유비는 그야말로 비참해진다. 손권이 투항하면 조조는 천하를 통일한 셈이나 다름없으므로, 천하가 아무리 넓더라도 유비가 발붙일 곳은 한 군데도 없기 때문이다.

손권에게 유비군과 힘을 합쳐 조조에 대항하자고 설득하기란 결코 쉬운 일이 아니었다. 제갈량에게 일생일대의 시련이 닥친 셈이다. 그러나 위험할 줄 알면서도 지푸라기라도 잡는 심정으로 여기까지 온 이상 물러설 곳은 없었다. 긴박한 순간에는 아무리 신중한 사람이라도 모험을 할 수밖에 없다.

제갈량이 옆자리에 앉자 손권이 말했다.

"노자경을 통해 그대의 재주에 대해 익히 들었소. 오늘 다행히 그대를 만나게 되었으니 유익한 가르침을 주기 바라오."

"저는 재주도 없고 학문도 없어 밝으신 물음을 욕되게 할까 두렵습니다."

손권이 첫마디부터 본론을 꺼냈다.

"듣자 하니 그대가 신야에서 유예주를 도와 조조와 여러 번 맞섰다고 하더군요. 그래, 결과는 어찌 되었습니까?"

빤히 다 알면서 일부러 묻는 것은 대화의 문을 여는 좋은 방법이다. 손권은 제갈량이 귀신같은 용병술로 소수의 병력으로 대군을 물리쳤다는 사실을 알고 있었다. 그런 그가 대화 상대가 가장 흡족해하는 일을 선택해 질문한 것은 상대에게 은혜를 베푼 것이다. 즉, 상대의 체면을 살려주고 자연스럽게 자신이 이룬 성취를 이야기하도록 해준 것이다. 일단 이야기보따리를 풀어헤치면 다시 묶기가 어렵다. 그렇게 되면 손권도 손쉽게 많은 정보를 얻을 수 있었다.

그러나 제갈량은 손권이 바라는 대로 움직이지 않았다. 주도권은 항상 자신이 쥐고 있어야 했다. 대수롭지 않은 일이라는 듯 대꾸했다.

"유예주의 군사는 천 명이 채 안 되고 장수도 서너 명에 불과합니다. 그리고 신야성은 작고 양식도 없는데 어찌 조조에 대항할 수 있었겠습니까?"

손권은 노숙이 해준 말과 달라 멍한 얼굴로 계속 물었다.

"조조의 병력은 얼마나 됩니까?"

"기병, 보병, 수군을 합쳐 100만이 넘습니다."

이를 옆에서 듣고 있던 노숙은 화가 머리끝까지 치솟았다.

'내가 그렇게 부탁했는데 어떻게 이럴 수 있는가!'

제갈량이라면 손권에게 용기를 불어넣어 조조와의 전쟁을 결심하게 해줄 거라 믿었다. 그런데 저렇게 말한다면 조조에게 투항을 권유하러 온 세객과 무엇이 다르단 말인가! 노숙은 제갈량을 데리고 온 것을 몹시 후회했다.

한편 손권은 숨을 크게 들이마시면서 '설마' 하는 마음으로 제갈량에게 말했다.

"그렇게 많은 군사가 어디서 났단 말이오. 혹시 거짓 소문 아니오?"

손권이 가진 정예병은 기껏해야 수만에 불과했다. 만약 조조가 정말로 100만 대군을 거느렸다면 승패는 싸워 보나마나였다. 그렇다면 애꿎은 군사들을 잃으니 차라리 투항하는 편이 나았다. 손권의 속을 꿰뚫은 제갈량은 미소를 지으며 말했다.

"제가 100만이라고 말한 것은 강동 사람들을 놀라게 할까 봐 일

부러 줄여서 말한 것입니다. 믿지 못하시겠다면 한번 셈을 해보시
지요."

◈ **심리학으로 들여다보기**

당신이 부지런히 탐구하는 목적이 다른 사람에게는 수단에 불과할 수
있다. 사람들이 추구하는 가치가 모두 다르기 때문이다. 어떤 이에게는 삶
의 최종 과제이지만 어떤 이에게는 성공을 위한 발판이 되기도 한다. 그러
므로 남과 비교하며 자기 기준을 설정할 필요가 없다.

약한 부위는
가릴수록 돋보인다

제갈량이 말했다.

"조조는 원래 청주군靑州軍 50여만 명을 거느리고 있었습니다. 원소를 토벌하여 50여만 명을 얻었고, 또 중원에서 새로 30여만 명을 뽑았지요. 이제 형주의 군사까지 얻어 또 30여만 명이 늘었습니다. 이렇게 계산해도 벌써 150만 명이 넘습니다."

손권이 반신반의하며 물었다.

"그렇다면 조조 수하에 장수와 모사는 얼마나 있습니까?"

"2천여 명은 됩니다."

어느새 손권의 얼굴이 어두워졌다. 자신에게는 쓸 만한 장수가 겨우 수십 명에 불과했다. 그러나 조조에게 항복하자니 영 마음이 내키지 않았다. 손권도 천하 중 일부를 다스리는 제후 중 한 명이었다. 따라서 당당한 주인으로 서기를 바랐다. 여러 모사가 한목소리로 투항을 권유해도 줄곧 반응을 보이지 않은 것 역시 마음 한구석에 천하의 주인이 되고자 하는 바람이 있었기 때문이다. 손권은 지푸라기라도 잡는 심정으로 계속 질문을 던졌다.

"이제 형초荆楚 땅을 평정한 조조에게 또 어떤 속셈이 있는 것 같습니까?"

제갈량은 손권이 벼랑 끝으로 내몰리기 전에는 살 방도를 알려줄 생각이 없었다.

"당연히 단숨에 강동을 차지하려고 하겠지요."

"그렇다면 우리는 싸워야 할까요, 아니면 싸우지 말아야 할까요? 나 대신 그대가 결정을 내려주시오!"

이 말을 보면 손권은 아직 어려서인지 한 나라 군주로서의 중책을 맡을 능력이 없어 보였다. 손권은 중요한 순간이 되자 자신의 심리적 부담을 줄이기 위해 다른 사람에게 의존하는 경향이 있었다.

제갈량이 손권을 설득하는 데 쓴 방법은 강동의 학자들과 다름없이 조조를 치켜세워 도구로 썼다. 그러나 똑같이 조조를 치켜세웠어도 목적은 달랐다. 제갈량은 손권을 깎아내리는 것이 아니라 유비와 자신의 도움 없이는 조조에 맞설 수 없다고 생각하게 만들 작정이었다. 그런데 손권의 말로 보아 아직은 때가 아니라고 판단해 자기 의도를 솔직하게 털어놓을 수 없었다. 아무래도 손권의 약한 신경을 더 세게 압박할 필요가 있었다.

"지금 조조는 이미 천하를 평정하기 직전입니다. 유예주도 그의 상대가 아닙니다. 장군은 부친과 형님의 뒤를 이어 동오를 다스리고 있으니 부디 자신의 힘을 헤아려 행동하기 바랍니다. 조조에 맞설 힘이 있다면 하루빨리 그와 교감을 끊어도 좋습니다. 하지만 조조에 맞설 힘이 없다면 선대의 가업을 보전할 한 가지 계책이 있긴 합니다만….”

제갈량이 덫을 치자 손권은 기다렸다는 듯 걸려들었다.

“선생께서는 어서 그 방법을 들려주시오.”

제갈량은 미소를 지으며 말했다.

“어찌하여 여러 모사의 말을 따라 조조에게 항복하지 않으십니까?”

그 말에 손권은 ‘그런 계책이라면 굳이 그 먼 곳에 있는 그대를 데려올 까닭이 어디 있겠는가? 항복할 생각이었다면 그대에게 가르침을 구할 필요도 없었소!’라고 생각했다.

침묵은 금이자 매서운 입심에 맞설 수 있는 가장 좋은 무기다. 만약 이렇게 어색한 분위기에서 대화가 끝났다면 제갈량의 목적은 물거품이 되고 말았을 것이다. 그래서 제갈량은 서둘러 불 난 데 기름을 부었다.

“장군께서 결단을 내리지 못하신다면 나중에 아무리 후회해도 늦습니다.”

그래도 손권은 침묵을 지켰다. 제갈량은 계속해서 손권을 자극하는 수밖에 없었다.

“옛말에 이르기를 적은 수로는 많은 적을 상대할 수 없고 약자는 강자를 이기기 어렵다고 했습니다. 장군께서 서둘러 조조에게 투항하지 않는다면 강동의 백성들은 모두 도탄에 빠지게 될 것입니다.”

손권이 마침내 코웃음을 치며 말했다.

"조조가 그렇게 강하다면 어째서 유예주께서는 투항하지 않는 겁니까?"

제갈량이 정색을 하며 말했다.

"유예주께서 어떻게 조조에게 투항할 수 있겠습니까? 전횡田橫은 제齊 나라의 의인義人에 불과한데도 의를 지키기 위해 항복하지 않았습니다. 하물며 유예주는 왕실의 후예이자 당대의 으뜸가는 영웅이시며 뭇 선비들이 사모해 따르는 분입니다. 비록 지금 일이 뜻한 바대로 되지는 않았지만 어떻게 조조 따위에게 무릎을 꿇는단 말입니까?"

제갈량이 조조를 치켜세운 것은 유비를 치켜세우기 위해서였다. 또 유비를 치켜세운 것은 손권을 깎아내림으로써 그를 격노하게 만들려는 목적이었다. 혈기왕성한 손권이 유비의 신발짝을 들 자격도 안 된다는 의미의 말을 듣고 참을 수 있겠는가. 그러나 손권은 자제력이 강한 편이라 버럭 화내며 꾸짖지 않았다. 다만 소매를 떨치며 일어나더니 아무 말도 하지 않고 후당으로 들어가 버렸다.

이 상황을 지켜본 노숙은 화를 참지 못하고 제갈량을 책망했다.

"제갈선생! 어째서 그런 말씀을 하셨습니까? 우리 주공께서 넓은 아량으로 용서해주지 않으셨다면 오늘 그대는 큰일이 날 뻔했습니다."

그러나 뜻밖에도 제갈량은 노숙보다 더 크게 화를 냈다.

"흥, 어엿한 오후가 어찌 이토록 포용력이 부족하단 말이오? 내게 분명히 조조를 물리칠 좋은 계책이 있건만 어째서 묻지 않는단 말이오? 그렇다면 나를 이곳으로 부른 까닭이 무엇이오?"

제갈량의 말은 '손권은 싸울 것인가 투항할 것인가를 물을 게 아니라 어떻게 조조를 물리칠 것인가를 물었어야 했다'라는 뜻이었다. 손권이 잘못된 질문을 던졌으니 당연히 제갈량은 대꾸할 필요가 없었다. 이것이 바로 선비의 자세다.

기세를 기세로 누르는 것이 수천 마디 말보다 더 효과적 변호이다. 사실 이 모든 사단은 제갈량이 불러일으켰다. 그런데도 오만하기 짝이 없는 기세를 보여 손권이 제갈량을 푸대접했다는 생각이 들도록 만들었다. 노숙은 곧 기가 죽어 급히 말했다.

"선생께 조조를 물리칠 좋은 계책이 있었군요. 내가 곧 가서 주공을 뵙고 선생께 가르침을 구하도록 하겠습니다."

제갈량은 코웃음을 치며 말했다.

"나는 조조의 100만 대군을 개미 떼로 봅니다. 내가 손을 한번 들어 올리면 모든 것을 가루로 만들어버릴 수 있소."

말소리가 크지는 않았지만 자신감이 넘치는 그 말에 노숙은 절로 공경심이 들었다. 노숙은 그 길로 손권이 있는 후당으로 달려갔다. 노숙이 손권을 만나러 오자 마침 잔뜩 노한 손권은 그에게 화풀이했다.

"자경, 정말로 '대단한' 사람을 데려왔더군요."

노숙은 하하 웃으며 말했다.

"주공, 그것이 아닙니다. 저도 그 일로 방금 제갈량을 꾸짖고 오는 길입니다. 그런데 제갈량은 오히려 주공의 포용력이 부족하다더군요. 자신에게 분명히 조조를 물리칠 계책이 있는데 주공께서 그 계책은 묻지 않으시고 '싸울지 항복할지'만 물으시니 오히려 기분이 몹시 상했답니다."

이것이야말로 손권이 그토록 바라마지않던 '하늘에서 내려온 튼튼한 동아줄'이었다. 조조만 물리치면 아무 문제 없이 영원히 강동의 패

174

자로 남을 수 있었다. 손권은 정신이 번쩍 들어 기쁜 마음에 말했다.

"이제 보니 공명에게 좋은 계책이 있었군요. 그에게 물어보지도 않고 대사를 그르칠 뻔했으니 모두 내 탓이오."

손권은 즉시 의관을 단정히 하고 제갈량과 마주했다. 손권은 사과부터 했다.

"아까는 내가 순간의 화를 참지 못해 선생의 존엄을 욕보였소. 부디 너그러이 용서하시오."

제갈량은 자신이 친 덫에 걸린 손권을 보고 곧 목적을 이룰 수 있겠다고 생각했다.

"아닙니다. 제가 말실수를 하여 무례를 범했습니다. 부디 제 불경을 용서해주십시오!"

주인과 손님은 다시 담소를 나눴다. 이때 제갈량이 사전에 충분히 분위기를 조성해 복선을 깔아놓은 덕분에 손권이 먼저 유비군과 동오가 힘을 합쳐 조조에 맞서자고 제안했다. 자신이 제갈량에게 부끄러운 일을 했으니 호혜의 원칙에 따라 빚을 갚아야 했던 것이다. 물론 손권은 유비와 손잡고 한편이 되면 제갈량이 말한 '좋은 계책'을 자신에게 좋은 쪽으로 최대한 활용할 생각이었다. 그가 말한 '좋은 계책'이 무엇인지 전혀 모르면서 말이다.

그러나 손권도 결코 바보가 아니었다. 방금 제갈량이 자기 입으로 유비의 군사가 기껏해야 수천이고 장수는 겨우 몇 명에 불과하다고 했다. 그 정도 군사로 나와 연합을 하겠다는 건 황당한 제안일 뿐이었다.

그러나 제갈량이 입을 열자 상황은 180도 변했다.

"유예주께서 비록 장판파에서 패하기는 하였지만 살아 돌아온 군사가 적지 않습니다. 관운장이 이끄는 정예병만 일만을 헤아리고 유기가 거느린 강하의 군사도 일만입니다. 가장 중요한 것은 조조군은 멀리서부터 달려와 매우 지쳐 있으므로 전투할 상태가 아닙니다. 게다가 북방 사람들은 수전에 익숙지 않습니다. 최근 형주의 군사들이 조조에게 투항했지만 진심으로 원해서 따르는 것이 아닙니다. 이렇게 보면 조조군의 수가 비록 많다고 하나 두려워할 까닭이 없습니다."

제갈량의 앞부분 말은 유비의 세력이 손권 측과 비교해 큰 차이가 없다는 점을 강조하고 있다. 두 세력이 연합할 때 세력이 비슷하지 않으면 나중에 '과실'을 나눌 때 문제가 생긴다. 그리고 뒷부분은 노숙이 그토록 제갈량의 입에서 나와 주길 바란 말이다. 이전에 이 말을 하지 않은 이유는 때가 무르익지 않았다고 생각한 탓이다. 이제 손권이 이미 유비와 손을 잡기로 결심한 이상 조조를 깎아내려 자신감을 북돋아 줘야 했다. 어차피 조조와의 싸움에서 더 많은 부분을 맡아야 할 쪽은 동오군이었다. 그리고 믿음은 전쟁을 승리로 이끄는 가장 큰 원동력이었다.

마침내 그토록 원하던 말을 들은 손권은 기쁜 기색으로 곧장 명령을 내렸다.

"내 뜻은 이미 정해졌다. 유비와 연합해 조조에 맞설 것이니 이후 다시는 거론하지 마라. 수일 내에 군사를 일으킬 것이다!"

선택적 듣기는 인간의 고질병이다. 물론 손권도 예외일 수 없었다.

'마침내 그토록 원하던 말을 듣기는' 제갈량도 마찬가지였다. 그제야 제갈량도 한시름 놓았다. 오늘 손권을 만난 자리에서 제갈량이 화려한 말솜씨를 자랑할 수 있었던 것은 다 장소 무리 덕분이라고 해도 과언이 아니다. 장소 무리가 이른 아침부터 제갈량의 앞길을 막은 탓에 제갈량은 한참 동오의 재사들과 입씨름을 벌여야 했다. 그러나 제갈량을 깎아내리려고 계획한 일이 오히려 제갈량이 '입'을 푸는 데 도움을 주었다. 장소 무리의 날카로운 공격에 자극을 받은 제갈량은 손권을 만나기 전 '입'상태를 최상으로 끌어올려 놓았던 것이다. 그 덕분에 자신의 기량을 최대한 발휘해 손권을 설득하고 동오에 온 목적을 이루었다.

역관으로 돌아온 제갈량은 위험을 무릅쓰고 동오에 온 목적을 이뤘다는 생각에 즐거웠다. 하지만 험난한 여정이 이제 막 시작되었다는 사실을 꿈에도 생각지 못했다. 앞으로 제갈량은 지금까지와는 비교도 안 될 만큼 험한 길을 가야 했다. 이번 전투에서 작은 실수라도 저지른다면 유비를 위해 어부지리를 얻을 수 없을 뿐만 아니라 목숨까지 내놓아야 할지 모를 일이었다.

한편 명령을 전해 들은 장소 무리는 손권이 제갈량의 꾀에 넘어갔다며 한숨만 내쉬었다. 장소 무리는 다 같이 손권을 찾아가 '화친'을 주장하며 일장 연설을 늘어놓았다. 방금까지 제갈량의 말에 한껏 기분이 고조돼 있던 손권이 이번에는 장소 무리의 말에 마음이 흔들리기 시작했다. 그러나 명을 내린 지 얼마 되지도 않는데 뒤집을 수는 없는 노릇이어서 손권은 그저 묵묵히 입을 다물고만 있었다.

이 소식을 들은 노숙은 서둘러 손권을 찾아가 다시 설득하기 시작했다. 이리저리 시달리던 손권은 답답한 마음을 내비치며 노숙에게 말했다.

"내게 좀 더 생각할 시간을 주시오."

손권은 결코 우유부단한 것이 아니다. 중대한 결정을 앞둔 상황에는 아무리 경험이 풍부한 사람이라도 여러 가지를 고려하느라 망설인다. 그런데 제갈량은 너무 경솔했다. 손권이 결정을 내리자마자 일사천리로 성대한 의식을 거행해 '손권과 유비가 연합해 조조에 맞선다'라는 중대한 결정을 만천하에 알려야 했다. 공개적인 약속일수록 구속력이 강한 법이다. 그러나 손권은 그저 자신의 의견을 구두로 전했을 뿐이었다. 이것만으로는 손권 자신의 동요와 외부의 강력한 반대를 막기에는 역부족이었다.

◈ 심리학으로 들여다보기

상대방의 '화'를 잠재우는 가장 좋은 방법은 더 크게 화를 내는 것이다. 다만 논리적이고 합리적인 '화'가 수반되어야 한다. 막무가내나 억지의 화냄을 자신을 우습게 만들 뿐이다. 악을 쓰며 싸워봤자 법 앞에서 무력해진다.

상대를 휘두르고 싶다면
그의 자존심을 운전대 삼아라

손권은 먹지도 자지도 못하며 선뜻 결정을 내리지 못했다. 그때 손권의 이모 오부인이 물었다.

"얘야. 무슨 일로 그렇게 심란해하는 것이냐?"

"지금 조조가 강 건너에 군사를 주둔시켜놓은 것이 아무래도 우리 강남을 엿보는 것 같습니다. 여러 모사에게 물어보니 투항하자는 자와 싸우자는 자가 뒤섞여 있습니다. 조조와 맞서 싸우자니 힘이 모자랄까 봐 걱정이고, 항복하자니 조조와 서로 용인하지 못할까 봐 두렵습니다. 그래서 결정을 내리지 못하고 있습니다."

오부인이 웃으며 말했다.

"어찌 네 모친이 돌아가시면서 하신 말씀을 잊었느냐? 나는 한시도 잊은 적이 없거늘 너는 어찌 그 말을 떠올리지 못하느냐?"

손권은 잠에서 깨어난 듯 정신이 들었다.

오부인 자매는 둘 다 손견孫堅에게 시집갔다. 손견이 젊은 나이에 죽자 장자 손책이 부친의 뒤를 이어 강동을 다스리는 데 온 힘을 다했다. 그러나 손책마저 이른 나이에 죽고 말았다. 손책은 죽기 전에 다음과 같은 말을 남긴 바 있다.

"안의 일은 장소에게 묻고 바깥의 일은 주유에게 물어라."

오부인 자매는 이 말을 마음 깊이 새겼다. 이후 손권의 어머니인 오부인의 언니도 세상을 뜨기 전에 손책의 유언을 다시 말하고 숨을 거뒀다. 그래서 오부인은 한시도 이 말을 잊은 적이 없었다. 그런데 손권은 까맣게 잊어버렸던 것이다.

손권은 오부인의 말을 듣자마자 형과 모친이 남긴 유언을 떠올리며 크게 기뻐했다. 이 '지푸라기'는 제갈량이 준 것보다 훨씬 믿을 만한 것이었다.

사람의 기억은 외현적 기억과 암묵적 기억으로 나뉜다. 암묵적 기억이란 기억한다는 의식조차 하지 못하지만 어떤 특수한 임무를 수행해야 할 때 자연스럽게 떠오른다. 이런 기억을 무의식기억 또는 잠재의식기억이라고도 한다. 반면 외현적 기억은 의식적으로 기억해두고 필요할 때 꺼낸 정보를 뜻한다.

암묵적 기억은 다음 몇 가지 부분에서 외현적 기억과 확연한 차이가 있다.

첫째, 유지시간이 다르다. 암묵적 기억은 외현적 기억보다 훨씬 오래 기억된다.

둘째, 간섭형식이 다르다. 암묵적 기억은 외부 자극의 간섭을 거의 받지 않지만 외현적 기억은 간섭을 받게 되면 쉽게 잊는다.

셋째, 기억 부하가 다르다. 외현적 기억은 기억 항목이 늘어나면 기억의 수량과 정확도가 떨어지지만 암묵적 기억은 이러한 영향을 받지 않는다.

오부인에게 손책과 언니가 남긴 유언은 암묵적 기억으로 잠재의식에 깊이 각인됐었다. 두 사람이 죽기 전에 당부한 일이 자신에게 있어서는 인생에서 가장 중요한 일이었기 때문이다. 오부인은 끊임없이 이 중요한 말을 되뇌었고 자연스럽게 잠재의식 속에 남게 되었다. 또한, 오부인은 장소와 주유를 매우 잘 알고 있었으므로 그들에 대한 감성적 인식이 손권보다 훨씬 또렷했다. 바로 이 때문에 두 사람의 유언에 담긴 의미를 더 분명하고 깊이 이해할 수 있었다.

그러나 손책이 죽을 때 손권은 스무 살도 채 안 된 나이였다. 그는 젊고 강한 형이 그토록 이른 나이에 죽을 것이라고는 꿈에도 생각지 못했다. 언제나 형의 넓은 그늘에서 편안히 지내고 싶어 하는 의존심이 강했다. 그런데 창졸지간에 손책을 대신해 강동의 패주라는 중책을 떠맡아 끊임없이 일어나는 복잡다단한 일을 처리해야 했다. 게다가 손권은 장소와 주유에 대해서 잘 몰랐기 때문에 자연히 형과 모친의 유언을 마음속에 깊이 새기지 않았다. 뿐만 아니라 손권이 오후의 자리를 이은 뒤에 여태껏 '큰일'이 일어나지 않아서 주유의 중요성을 생각할 필요도 없었다. 그래서 손권에게는 이 기억이 '외현적 기억'에 속하게 된 것이다.

물론 두 사람의 유언이 중요하지 않을 리 없었다. 그래서 손권은 그 유언을 잊지 않았고 오부인이 살짝 귀띔해준 것만으로도 금방 생각해낸 것이다.

"바깥의 일은 주유에게 물어라."

주유, 이제 곧 천하의 대세를 바꿔놓을 풍운아가 등장한다. 그렇다면 주유는 어디에 있을까?

주유는 원래 파양호鄱陽湖에서 수군을 훈련시키고 있었다. 그런데 조조의 대군이 남하하고 있다는 소식을 듣고 밤길을 달려 시상으로 향했다. 손권이 그를 생각하고 있을 그 시각, 주유가 탄 배는 이미 강기슭에 도착했다. 그 소식을 들은 손권은 매우 기뻐했다.

주유가 왔다는 소식에 노숙은 득달같이 마중을 나갔다. 노숙은 주유가 얼마나 영향력이 큰지 잘 알고 있었다. 그런 그가 자신과 같은 생각으로 항전을 주장한다면 걱정할 필요가 없었다. 노숙이 그간의 일을 자세히 말하자 주유가 말했다.

"자경은 걱정하지 말게. 이 주유에게 다 생각이 있다네. 그대는 되도록 빠른 시일 안에 제갈량을 만날 수 있도록 해주게."

장소 무리도 주유가 돌아왔다는 소식을 듣고 그를 설득하러 왔다. 주유가 말했다.

"나도 오래전부터 투항할 생각이었습니다. 우리의 생각은 조금도 다르지 않습니다."

잠시 후 정보程普와 황개 등 무장들도 주유를 찾아와 그의 생각을 물었다. 이번에도 주유는 상대가 원하는 답을 들려줬다.

"나 또한 오래전부터 힘써 싸워볼 생각이었소. 우리의 생각은 조금도 다르지 않습니다."

주유가 이렇게 상대에 따라 다르게 말한 까닭이 무엇일까? 이유는 간단하다. 장소 무리는 유비와 제갈량이 이익을 나눠 가질까 걱정했는데 주유도 이 점을 간파하고 있었다. 그가 진심을 보이지 않은 까닭은 제갈량이 공들여 준비한 '공동 항전' 책략을 깨기 위해서였다.

주유는 확고한 주전파였다. 오래전 동오가 태평하던 시절부터 혹시 모를 위협에 대처하기 위해 파양호로 가 수군을 훈련시키고 있었다. 만약 그가 투항할 생각이었다면 무엇 때문에 고생해서 수군을 훈련시켰겠는가?

그러나 젊은 나이에 세간의 인정을 받으며 '안하무인'이라는 나쁜 버릇이 생겼다. 사람은 누구나 자신을 과대평가하는 경향이 있다. 주유처럼 다재다능한 사람은 더욱 그러하다. 주유는 100만 대군을 거느린 조조를 안중에도 두지 않았다. 그런 그가 세력이 외롭고 처지가 궁한 유비의 모사로 있는 제갈량을 높이 살 리 없었다. 주유는 동오의 군사력과 자신의 능력으로 충분히 조조군을 물리칠 수 있고 유비와 제갈량의 도움 따위는 전혀 필요하지 않다고 생각했다. 그래서 주유는 본심을 감춘 채 부드러움으로 강함을 제압해 제갈량이 스스로 물러나게 할 생각이었다.

하지만 공개적으로 손님을 쫓아낼 수는 없었다. 노숙에게서 손권이 이미 유비와 연합해 조조에 대항한다는 명령을 내렸다는 사실을 들었기 때문이다. 주유가 제갈량을 만나고자 한 까닭도 조조군과의 전쟁을 준비할 충분한 시간을 벌기 위해였다. 그리하려면 서둘러 이 일을 매듭지어야 했다.

노숙은 그런 속셈도 모른 채 숨이 턱에 차게 달려가 제갈량에게 주유의 뜻을 전했다. 노숙이 제갈량을 데리고 오자 세 사람은 각자 자리를 정해 앉았다. 노숙은 주유의 의도도 모른 채 서둘러 물었다.

"장군의 뜻은 어떠합니까?"

주유는 정색을 한 채 말했다.

"조조의 세력이 커서 당해낼 수 없습니다. 나는 오래전 이미 뜻을 정했습니다. 내일 오후를 뵙고 사자를 보내 투항서를 바치라고 권할 생각이오."

노숙은 짐작조차 하지 못한 말에 입이 떡 벌어졌다.

"그 말씀은 틀렸습니다."

노숙은 작은 소리로 장광설을 늘어놓았다. 이를 듣고도 주유는 그저 웃기만 할 뿐 아무 대꾸도 하지 않았다. 그 모습을 보고 있던 제갈량은 주유의 속셈을 눈치챘다. 하지만 그 또한 물러설 곳이 없었다. 그가 태어나서 처음으로 위험을 무릅쓰고 단신으로 동오를 찾아왔는데 떡고물도 얻지 않고 돌아갈 수는 없는 노릇이었다. 그 '떡고물'이 결코 적어서도 안 됐다. 그러나 무슨 방법으로 주유가 쳐놓은 '축객逐客'의 덫을 빠져나갈 것인가?

웃는 것이다. 주도권을 얻으려면 비웃는 길밖에 없었다. 아니나 다를까, 제갈량이 웃자 주유가 참지 못하고 물었다.

"선생은 왜 그렇게 웃는 것이요?"

주유가 제갈량이 비웃든 말든 신경 쓰지 않았다면 제갈량은 아무런 기회도 잡을 수 없었을 것이다. 그러나 비웃음을 사고도 가만히 있을 주유가 아니었다. 오만함이 뼛속까지 박힌 주유는 자신이 소리 높여 투항을 주장하는 것이 꾸며낸 행동이라는 것을 스스로 잘 알고 있으면서도 다른 사람이 자기를 비웃는 꼴을 두고 볼 수 없었다. 주유는 자신이야말로 '뛰는 놈 위의 나는 놈'이라고 생각하는 사람이었다. 누구든 자신을 죽음을 두려워하는 무능한 사람으로 생각한다면 자존심이 용납할 수 없었다.

그러나 주유는 제갈량이 자기 생각을 손바닥 들여다보듯 훤하게 알고 반응 유도를 위해 일부러 웃는다는 사실을 짐작조차 못 했다. 만약 제갈량의 언사가 무례하다면 주유는 이를 빌미로 당장에 그를 쫓아낼 수 있었다. 그러나 제갈량이 진심으로 자신의 거짓 주장을 '옹호'할 줄 어찌 알았겠는가. 제갈량이 말했다.

"저는 다른 사람을 비웃은 게 아니라 자경이 세상 돌아가는 형편에 어두운 것을 보고 웃은 것입니다."

노숙은 놀랐다. 자신 앞에 앉은 두 사람은 노숙이 감탄해 마지않는 재사들이었다. 그런데 오늘 두 사람은 도무지 알아들을 수 없는 말만 늘어놓았다. 노숙이 물었다.

"제갈선생, 어째서 제가 세상 돌아가는 형편에 어둡다는 것입니까?"

"조조는 군사를 부리는 데 도통한 사람입니다. 설령 손무孫武와 오기吳起가 살아 돌아온다고 할지라도 그와 같을 것입니다. 그러니 천하에 조조를 당해낼 자가 어디 있겠습니까? 공근公瑾이 조조에게 투항할 것을 주장하니 처자를 지키고 부귀를 보전할 수 있겠소이다. 참으로 높으신 견해입니다."

노숙이 벌컥 화를 내며 소리쳤다.

"공명! 그대는 어찌 한 입으로 두말을 한단 말이오? 조금 전까지만 하더라도 우리 주공께 전쟁을 종용하더니 어찌 갑자기 투항을 권한단 말입니까?"

제갈량은 노숙이 화를 내든 말든 신경도 쓰지 않고 자기 할 말만 이어나갔다. 물론 주유에게 들으라고 하는 말이었다.

"내게 한 가지 좋은 계책이 있기는 합니다. 이대로만 한다면 굳이 양을 끌고 술을 짊어진 채 조조에게 항복하러 갈 필요 없습니다. 사자 한 사람을 뽑아 조각배에 두 사람을 태워 조조 진영으로 보내면 됩니다. 그들 두 사람이 간다면 조조는 틀림없이 크게 기뻐하며 곧 군사를 물릴 것이며 그렇게 되면 동오 땅을 지킬 수 있습니다."

주유는 제갈량이 부끄럽고 분한 나머지 분풀이할 속셈으로 손권과 자신을 조조에게 바치면 된다고 말하는 줄로 알았다. 손권과 주유는 동오를 대표하는 인물로 이 두 사람을 바치면 조조는 기쁜 마음으로 물러날 것이 당연했다.

주유는 처음에 그 말을 들었을 때는 화가 났지만 잠시 후 오히려 기분이 좋아졌다. 화가 난 까닭은 제갈량이 자신을 가지고 논다고 생각했기 때문이다. 그러나 뒤이어 기분이 좋아진 까닭은 만약 제갈량이 진심으로 그렇게 말한 것이라면 자신이 노발대발하며 제갈량을 동오에서 쫓아낼 수 있고 심지어 그의 목을 벨 수도 있기 때문이었다.

제갈량은 매우 신중한 사람이라 사전에 꼼꼼하게 계획한 다음에 일을 추진했다. 만약 자신이 없거나 자신이 생각한 효과를 낼 수 없다면 이렇게 말했을 리 없다.

제갈량이 말한 두 사람은 손권과 주유가 아니라 다른 사람이었다. 그러나 제갈량은 쉽게 두 사람의 이름을 말해주지 않고 계속해서 주유와 노숙의 궁금증을 자극했다. 가장 중요한 것은 계속해서 분위기를 고조시키는 것이다. 분위기가 충분히 무르익지 않은 상태에서 비장의 카드를 펼치면 그 파급력이 생각만큼 크지는 않기 때문이다.

제갈량이 사용하려는 계책은 '못된 심보 책략'이었다.

◈ 심리학으로 들여다보기

사람은 종종 상대에게 지는 것이 아니라 자기 자존심에 진다. 자존심이 강한 사람은 그것을 지키기 위해 완벽한 보호막을 세운다. 그만큼 자존심에 상처받으면 바로 설 수 없다는 의미이다. 그러나 이들은 자기 자존심에 문제가 있다는 것을 모른다.

눈을 가리는 시기와 질투는
투명해질 수 없다

분노한 상태에서는 심리적 방어선이 느슨해져서 분노를 일으키게 만든 대상에게 불만을 쏟아낸다. 이러한 심리를 이용해 상대가 진심을 토로하게 만드는 것이 '못된 심보 책략'이다. 제갈량은 주유가 쓰고 있는 가면을 벗기기 위해 일부러 화나게 만들었다. 그래야만 주유가 자발적으로 나서서 자신과 손을 잡고 조조와 맞설 것이기 때문이다. 주유는 애써 흥분을 가라앉히고 물었다.

"그 두 사람이 누구기에 조조의 군사를 물러나게 할 수 있단 말입니까?"

주유가 자신이 던진 낚싯바늘을 냉큼 물자 제갈량은 일부러 두 사람의 이름을 말하지 않았다. 주유가 분노의 늪에 빠져 허우적댈 때까지 계속해서 유인했다.

"강동에 이 두 사람이 없더라도 큰 나무에서 이파리 두 개가 떨어진 것과 같고 너른 곳간에서 알곡 두 개를 빼낸 것과 같습니다. 이 둘은 대수롭지 않은 사람들이나 조조가 얻으면 크게 기뻐할 것입니다."

주유는 마음이 급해져 물었다.

"도대체 그들이 누구란 말입니까?"

제갈량이 느긋하게 말을 이었다.

"제가 융중에 있을 때 조조가 장하漳河에 동작대라는 누대를 세웠다는 말을 들었습니다. 조조는 원래부터 여색을 밝혀 오래전부터 강동 교공喬公의 두 딸인 대교大喬와 소교小喬의 미색을 탐했습니다. 이 둘의 미모가 어찌나 출중한지 물고기가 보면 물속으로 숨고, 기러기가 보면 모래톱에 내려앉았고, 달이 빛을 잃고 꽃이 오히려 부끄러워할 만큼 아름답다고 합니다. 이에 조조가 자신에게 두 가지 소원이 있다고 했으니 그 하나는 천하를 얻어 제왕이 되는 것이고, 다른 하나는 강동의 이교를 얻어…."

제갈량이 말을 이어가자 주유는 얼굴색이 납빛으로 변해갔다. 노숙 또한 아까부터 얼굴이 하얗게 질려 있었다. 그런데도 제갈량은 아랑곳하지 않고 자기 할 말만 했다.

"동작대에 두고 밤낮으로 함께하며 천수를 누리는 것이라 했습니다. 이 두 가지만 이룬다면 죽어도 여한이 없다고 했답니다. 장군께서는 어찌 교공을 찾아가 천금을 주고 그의 두 딸을 사서 조조에게 바치지 않으십니까? 그렇게 한다면 조조는 매우 흡족해하며 그날 밤으로 군사를 돌려 업성鄴城(위나라의 수도)으로 돌아갈 것입니다. 이것이야말로 지난날 범려范蠡가 오왕吳王에게 미인 서시西施를 바친 것과 같은 계책입니다."

대교는 손책의 아내였고 소교는 주유의 아내였다. 아무리 못난 사내라도 전쟁을 피하기 위해 자신의 아내를 적의 품에 보낼 리 없었다. 특히 주유처럼 자아도취에 빠진 사람은 이런 말을 듣고 침착할 리 없었다. 그런데 주유는 보통 사람이 아니었다. 이토록 모욕적인 일을 당하고도 사실 여부를 먼저 알고자 했다. 정말로 조조가 그런 말을 한 적이 있는지, 아니면 제갈량이 입에서 나오는 대로 떠들어대는 것인지. 만약 그게 사실이 아니라면 이 빚은 반드시 자신이 제갈량에게 갚아야 했다. 주유가 물었다.

"그대의 말에 무슨 근거라도 있습니까?"

"물론 있지요. 조조와 변씨卞氏 사이에서 태어난 셋째아들 조식曹植이 조조의 명을 받고 '동작대부銅雀臺賦'를 지었는데 이 시에 잘 드러나 있습니다."

주유가 말했다.

"그대는 그 시를 아직 외우고 있습니까?"

주유의 말이 떨어지자 제갈량은 '동작대부'를 낭랑하게 외우기 시작했다.

"명후明後를 따라 거닐다가 경치를 즐기러 누대에 올랐다네. 태부의 넓직함을 보니 성덕의 가득함을 본다. 높은 문을 우뚝 세웠으니 두 대궐이 푸른 하늘에 떠 있는 듯하다. 중천에 서서 황홀하게 보니 서성부터 공중누각이 이어져 있구나. 장수漳水의 긴 흐름을 끼고 멀리 동산의 과일이 영그는 것을 바라본다. 두 대를 좌우에 벌려 세우니 하나는 옥룡玉龍이요, 다른 하나는 금봉金鳳이다. 이교二喬를 동남에서 끌고 와 아침저녁으로 함께 즐기리라. 굽어보니 황도의 크고 아름다움이여, 구름과 노을이 이리저리 흘러가는 모습을 본다."

제갈량이 시를 다 읊기도 전에 주유는 자리에서 벌떡 일어나며 북쪽을 향해 욕을 퍼부었다.

"조조 이 늙은 역적이 나를 욕보이는구나!"

마침내 주유가 걸려든 것을 보고 제갈량이 제지하며 말했다.

"지난날 흉노가 자꾸 우리 국경을 침범하니 한나라 천자는 공주를 시집보내 화친했습니다. 또한 원제元帝는 명비明妃 왕소군王昭君을 흉노에 바치기까지 했는데 어찌하여 장군은 한낱 백성의 두 딸을 가지고 애석해하십니까?"

주유가 버럭 성을 내며 말했다.

"백성의 두 딸이기는 하나 대교는 손백부孫伯符(손책)의 아내이고 소교는 내 아내요!"

제갈량은 깜짝 놀라 급히 말했다.

"죽을죄를 지었습니다. 저는 그 사실을 전혀 몰랐습니다!"

주유가 말했다.

"나와 역적 조조는 결코 한 하늘을 이고 살 수 없소!"

제갈량이 주유를 말리기 시작했다.

"장군, 신중하게 생각하시고 행동하십시오!"

주유는 화가 머리끝까지 올라 버럭 소리를 질렀다.

"내 뜻은 이미 정해졌소. 부디 공명께서 나를 도와 역적 조조를 함께 물리쳐주시오!"

제갈량은 기쁜 마음을 감추며 서둘러 대답했다.

"장군께서 버리지 않는다면 제 한 몸 바치겠습니다."

제갈량의 '못된 심보 책략'은 제대로 먹혀들었다. 격노한 주유는 자기도 모르게 진심을 털어놓았다. 이로써 제갈량은 발붙일 곳을 찾았다.

'못된 심보 책략'을 쓰기란 아주 쉽다. 다만 상대방의 불쾌감을 불러일으킬 요소가 설득하는 사람에게서 비롯되면 안 된다. 만약 제갈량이 가진 요소가 주유를 격노하게 했다면, 주유는 틀림없이 제갈량을 화풀이 대상으로 삼았을 것이다. 그러나 제갈량은 교묘하게 조조를 이용해 주유의 화를 돋우면서 자신은 아무것도 모르는 척 가장했다. 제삼자가 되어 주유가 조조를 욕하는 모습을 냉정하게 지켜봤다.

제갈량이 '못된 심보 책략'을 쓴 이유는 간단하다. 당시 상황에서 이 방법이 아니고서는 결코 발붙일 곳을 찾을 수 없었기 때문이다. 사실 주유를 화나게 만드는 일은 제갈량이 동오에 머무는 동안의 모든 모험 중에서 가장 위험한 일이었다. 훗날 조조로부터 화살을 빌리고 동풍을 빌린 뒤에 도망친 일보다도 훨씬 위험했다. 그 이유가 무엇일까?

사실 그가 읊은 조식의 '동작대부'에는 조조가 대교와 소교의 미색을 탐해 자기 것으로 삼고자 한다는 내용이 없었다. 동작대는 총 세 개의 누대로 이루어져 있는데 왼쪽 것이 옥룡대^{玉龍臺}, 오른쪽 것이 금봉대^{金鳳臺}, 그리고 가운데 있는 누대가 동작대였다. 세 누대 사이에는 다리 두 개가 놓여 있는데 이 두 다리^{二橋}는 말 그대로 다리 두 개^{二橋}에 불과했다('喬'라는 성씨는 고대부터 쓰인 성이 아니고, 원래는 '橋'자를 썼으나 훗날 성씨로 쓸 때 '喬'자를 쓰기 시작했다).

조식의 문장은 명문으로 이름 높아 천하에 널리 퍼져 있었고, 주유

또한 글 읽는 선비 출신의 장수였다. 원문에 그런 문장이 없다는 사실을 주유가 알았다면 아마도 제갈량은 비참한 신세가 되었을 것이다. 그러므로 이때가 제갈량의 동오행에서 가장 위험성이 큰 모험이라 할 수 있다.

제갈량은 주유에게 들킬까 봐 두렵지 않았을까? 사실 제갈량은 자신이 살짝 비웃은 것만으로도 주유가 분을 참지 못하는 것을 보고, 그가 지략과 재주는 출중할지 모르나 속셈이 깊지 못하고 감정을 다스리지 못한다는 성격을 간파했다. 감정을 다스리지 못하는 사람은 일단 화가 나면 이성적인 사고를 하지 못한다. 상대방의 안색과 눈치를 살펴 그의 심중을 헤아리려면 제갈량처럼 해야 한다.

그리고 단숨에 조식의 문장을 청산유수로 읊은 것도 주유를 속이는 데 한몫했다. 만약 제갈량이 말을 더듬고 확실하지 않은 가정법을 써 가며 대충 얼버무렸다면 주유는 좀 더 마음의 여유를 두고 그것이 사실인지 확인했을 것이다. 그러나 제갈량이 조금도 망설이지 않고 청산유수로 조식의 문장을 암송했다. 그러니 주유로서는 그의 말을 믿을 수밖에 없었다. 이로써 제갈량의 모험은 성공을 거뒀다.

만약 주유가 차분하게 생각했다면 문제를 발견했을 것이다. 설령 조조가 정말로 이교를 차지하고 싶은 마음을 갖고 있다 하더라도 아들인 조식이 아버지의 떳떳하지 못한 호색함을 만천하에 떠벌리고 싶었을까? 이 문장은 '존귀한 사람에 관한 일은 시구에 쓰지 않는' 기본적인 원칙을 어겼다. 그러나 이미 화가 머리끝까지 올라 이성을 잃은 주유는 이 점을 깨닫지 못했다. 이 또한 제갈량이 모험을 감행한 원인이다.

그러나 주유가 끝까지 진실을 모를 리 없었다. 이후 냉정을 되찾은 주유는 자신을 격노하게 만든 이 일을 떠올릴 것이 분명했다. 일단 조식의 문장을 읽게 되면 제갈량이 자신을 속였다는 사실을 단번에 알 수 있다. 진상을 알면 틀림없이 주유는 노발대발할 일이다. 그러나 아무리 제갈량에게 화가 나더라도 일을 크게 벌이지는 못할 것이다. 자신이 제갈량에게 속았다는 사실을 남들이 알게 해서는 안 되기 때문이다. 그러나 모욕을 당하고도 가만히 있을 주유가 아니었다. 어차피 대권은 자기 손에 쥐어져 있기에 사적인 원한을 공적으로 갚을 기회는 얼마든지 있었다. 훗날 주유가 사사건건 제갈량을 난처하게 만든 가장 큰 이유도 이날 제갈량의 '못된 심보 책략'에 당한 데 분풀이였다. 이때 제갈량은 훗날 자신이 이 일로 난처한 지경에 이를 줄은 꿈에도 생각지 못했다.

아무튼 주유는 전쟁에 대한 결심을 더욱 확고하게 굳혔다. 이튿날 주유는 손권을 찾아가 조조와의 전쟁에서 승리할 수밖에 없는 네 가지 이유를 설명했다.

첫째, 조조의 본진이 있는 북방에 마초馬超와 한수韓遂가 아직 평정되지 않아 후환으로 남아있다. 둘째, 조조군은 육상전에 능한데도 굳이 동오와 수전을 벌이려고 하니 자멸을 자초하는 것이다. 셋째, 계절이 곧 겨울로 바뀌어 전투마의 식량인 건초가 부족하다. 넷째, 중원의 군사를 멀리 강호까지 끌고 왔기 때문에 풍토와 물이 맞지 않아 병이 날 수밖에 없다. 따라서 전투력이 떨어질 수밖에 없다.

이 네 가지 이유가 동오가 적은 군사로도 막강한 조조군을 능히 제압할 수 있는 까닭이었다.

주유의 설명을 들은 손권은 어둡던 하늘이 맑게 갠 듯했다. 지난번 제갈량은 조조를 치켜세웠다가 나중에 깎아내린 탓에 불안했던 게 사실이다. 그러나 오늘 주유는 논리적으로 증거를 대며 설득했다. 이것이 전형적인 '중심 경로' 설득법이다. 만약 주유가 조금만 일찍 돌아와 손권에게 이 말을 했다면 제갈량은 조조와의 전쟁에 끼어들 기회가 없었을 것이다.

이처럼 뛰어난 언변이 젊은 나이에도 주유가 동오의 군사 총책임자가 된 능력을 증명한다. 주유는 손권이 의심이 많아 곧바로 결정을 내리지 못한다는 것을 알고 한 마디를 덧붙였다.

"저는 이미 주공을 위해 한바탕 혈전을 다짐했으니 만 번 죽더라도 마다하지 않을 것입니다. 다만 주공께서 머뭇거리시는 것이 걱정될 따름입니다."

그 말에 손권은 차고 있던 검을 뽑아 탁자 모서리를 힘껏 내리쳤다.

"문관이든 무관이든 조조에게 투항하자고 말하는 이가 있으면 이 탁자 꼴이 날 것이오!"

제갈량이 해내지 못한 일을 주유가 해냈다. 손권은 검을 꺼내 탁자를 베는 행동으로 자신의 결정에 못을 박았다. 이후 손권은 '약속-일치'의 원칙에 따라 끝까지 조조에 대항한다.

주유는 한껏 기분이 고조돼 제갈량에게 이 기쁜 소식을 전했다. 제갈량은 주유가 손권을 어떻게 설득했는지 듣고 탄복하며 자신이 주유를 얕잡아봤다고 생각했다. 주유의 분석은 자신조차 생각지 못했던 것이었다. 만약 자신이 처음부터 이 네 가지 이유를 생각해냈다면 손권은 우물쭈물하며 주유가 돌아올 때까지 기다릴 필요 없이 그날 바로 검을 휘둘러 탁자를 베어냈을 것이다.

고수는 이해력이 뛰어나며 다른 사람을 통해 배운다. 제갈량이 바로 그러했다. 이후 제갈량은 유비가 죽고 유선이 그 자리를 이었을 때, 주유의 바로 이 생각으로 위나라가 일으킨 오로五路 대군의 공격을 무위로 만들고 평안히 지내게 된다.

주유도 제갈량과의 교류에서 많은 것을 깨닫는다. 그러나 질투와 시기, 수치심과 분노에 사로잡힌 주유는 안타깝게도 제갈량의 놀라운 지혜를 제대로 배우지 못했다.

◈ **심리학으로 들여다보기**

시기는 배움의 눈을 가린다. 질투는 경청의 귀를 막는다. 유아독존이 되려는 설정이다. 인간은 사회적 동물이기에 남을 통해 자신을 성장시킬 수 있다. 다른 이들은 나의 스승이다. 이를 간과하지 말고 늘 겸손함으로 무장하자. 더 나은 사람이 되는 길이다.

상대가 쓴 방법을
당신의 필살기로 활용하라

주유는 노숙으로부터 제갈량의 재주를 자세히 들은 뒤 '유비가 이런 인재를 얻었으니 훗날 동오에 큰 걱정거리가 되겠구나'라고 걱정했다. 노숙은 퍼뜩 제갈량의 형 제갈근을 떠올렸다. 예전에 주유가 손권에게 노숙을 추천했고 노숙은 또 제갈근을 추천한 바 있다. 노숙이 말했다.

"제갈근은 제갈량의 친형입니다. 제갈근에게 형제의 정으로 제갈량을 설득해 동오를 위해 힘쓰게 한다면 이보다 좋은 일이 어디 있겠습니까?"

주유도 그 말에 동의했다. 그것은 적을 아군으로 돌리는 가장 좋은 방법이었다. 주유는 곧장 제갈근을 불러 제갈량을 설득해 동오로 오게 해달라고 부탁했다. 이에 제갈근은 제갈량을 설득할 방법을 백방으로 고민했다. 제갈근이 동생의 말솜씨와 능력을 모를 리 없었다. 동오의 이름난 학자들도 말로 그를 제압하지 못했는데 하물며 자신처럼 말재주가 없는 사람이 나서봐야 무슨 소용이 있을까 싶었다. 그러나 제갈근은 매우 성능 좋은 무기를 가지고 있었다. 다름 아닌 '혈육의 정'이었다. 결국 그는 '정'에 매달리기로 했다. 제갈근은 제갈량을 만나자마자 눈물부터 흘렸다.

제갈량과 제갈근은 오랫동안 만나지 못했기에 감정이 북받쳐 올랐다. 그렇게 두 사람은 한동안 그간의 그리움을 표현했다. 제갈근이 흐느끼며 말했다.

"아우야. 너는 백이伯夷와 숙제叔齊 두 사람 혈육의 정을 알고 있느냐?"

제갈량은 동오에 온 이후 사소한 일에도 높은 경각심을 유지하고 있었다. 그러던 가운데 제갈근의 말을 듣자 퍼뜩 정신이 들었다.

'틀림없이 주유가 동오로 귀순하게끔 나를 설득하라고 형님을 보낸 것이구나.'

제갈량은 물론 동오로 귀순할 수 없었다. 동오에 올 생각이었다면 벌써 오고도 남았을 것이다. 그러나 '혈육의 정'이 가진 힘은 결코 무시할 수 없었다. 어떻게 해야 형의 자존심을 상하지 않게 부탁을 거절할 수 있을까? 제갈량은 그 방법을 생각하면서 내색하지 않고 형의 물음에 답했다.

"백이와 숙제라면 옛날의 어진 선비들이 아닙니까?"

이 두 사람은 은殷나라 제후 고죽군孤竹君의 아들로 형제간의 우애가 돈독했다. 고죽군은 죽기 전에 둘째 아들 숙제를 후계자로 삼겠다고 유언을 남겼다. 그런데 고죽군이 죽은 뒤 숙제는 백이에게 제후의 자리를 양보했다. 하지만 백이는 받아들이지 않았다. 숙제도 그 자리에 오르기를 원치 않아 둘 다 주나라로 도망쳤다. 주무왕周武王이 은나라 주왕紂王을 토벌하려고 하자 두 사람은 신하가 임금을 토벌하는 일의 그릇됨을 주장하며 반대했다. 그런데도 무왕이 은나라를 멸망시키자 두 사람은 주나라의 곡식을 먹기를 거부하고 수양산首陽山에 들어가 고사리를 뜯어 먹으며 살다가 굶어 죽었다.

제갈근이 말했다.

"백이와 숙제, 이 두 사람은 함께 살고 또 함께 죽었다. 나와 너도 한 어머니의 배에서 났는데 서로 다른 주인을 섬기고 있으니 아침저녁으로 만날 수가 없구나. 백이와 숙제를 생각하면 참으로 부끄러운 일이 아닐 수 없다."

제갈량은 자신과 제갈근의 사정이 거의 똑같다는 사실이 떠오르자 형을 상대할 방법도 떠올랐다. 바로 '거울 반격' 방법이었다. 양측의 사정이나 상황이 똑같다면 상대가 나를 설득하려는 모든 이유가 상대에게도 그대로 적용된다. 따라서 상대가 한 말로 상대를 설득할 수 있다. 그러나 나의 목적은 상대를 설득하려는 것이 아니라 단지 상대가 나를 설득하지 못하게 하려는 것이다. 이런 방법은 바라는 효과를 거두기 쉽고 부드러워서 상대의 감정을 다치게 하지 않는다. 제갈량이 말했다.

"형님. 제게 방법이 있습니다. 이 방법대로 하면 우리 두 사람이 충과 효를 모두 행할 수 있으면서 아침저녁으로 만날 수도 있습니다."

제갈근은 제갈량이 설득당한 줄 알고 기쁜 마음에 서둘러 물었다.

"어서 말해 보거라."

"저와 형님은 모두 한실의 신하입니다. 유황숙은 중산정왕의 후예이자 한경제漢景帝의 현손입니다. 만약 형님이 동오를 버리고 나와 함께 유황숙을 모신다면 이것이 바로 충을 다하는 길입니다. 우리 부모님의 묘가 모두 북방에 있으니 형님과 제가 함께 강북으로 돌아간다면 아침저녁으로 제사를 올리기도 쉬울 것입니다. 이것이 바로 효를 다 하는 길입니다. 형님의 생각은 어떠십니까?"

제갈근은 맥이 탁 풀렸다.

'원래는 내가 아우를 설득할 생각이었는데 도리어 내가 설득 당하게 생겼구나.'

게다가 제갈량의 말 속에는 매우 강력한 복선이 깔려 있었다. 제갈근이 이런 말을 듣고도 계속 제갈량을 설득한다면 곧 불충불효한 사람이 된다는 뜻이었다. 제갈량은 그쯤에서 반격을 멈췄다.

제갈근은 주유에게 동생과 나눈 이야기를 보고했다. 주유는 제갈량이 귀순할 뜻이 없다면 동오에서 쫓아내는 수밖에 없다고 생각했다. 제갈량을 곤란하게 만들어 빠른 시일 내에 돌아가도록 해야겠다고 결심했다.

한참을 고민한 끝에 한 가지 묘책을 생각해낸 주유는 의논할 일이 있다며 제갈량을 불렀다. 주유가 가르침을 청하는 모양새를 취하며 제갈량에게 물었다.

"조조가 관도에서 적은 병력으로 원소의 대군을 격파할 수 있었던 이유가 무엇입니까? 선생은 병법에 밝으니 가르침을 주시지요."

제갈량은 경각심을 높였다.

'형님으로 나를 설득하려다가 안 되니 이번에는 난처한 상황을 만들어 내가 스스로 물러나게 할 요량이구나. 그러나 불러오기는 쉬워도 보내기는 어려운 법, 여기까지 온 이상 내가 바라던 목적을 이루기 전에는 돌아가지 않을 것이다. 일단 내 목적을 이루고 나면 가지 말라고 붙잡아도 더 머무르지 않고 곧장 떠날 것이다.'

제갈량이 말했다.

"조조가 허유의 계책에 따라 오소烏巢에 있는 원소군의 군량미를 불태워 전투에서 이겼다고 들었습니다."

주유가 이제야 알았다는 듯 깜짝 놀라며 말했다.

"선생의 말이 참으로 옳소이다. 이제 보니 군량과 말 먹일 건초를 불태우면 적은 병력으로 대군을 물리칠 수 있겠군요. 지금 조조의 군사는 83만인데 우리는 겨우 3만에 불과하니 어떻게 이길 수 있겠습니까? 반드시 먼저 조조의 군량과 건초를 불태워야겠습니다. 듣자하니 조조군의 군량과 건초는 취철산聚鐵山에 있다고 합니다. 선생께서는 한상漢上에 오래 머물렀으니 그곳 지리에 매우 밝겠습니다. 이왕 선생과 우리가 힘을 합치기로 한 바, 저도 체면 차리지 않고 말하겠습니다. 선생께서 군사 1천을 이끌고 야밤에 취철산에 가 조조의 군량과 건초를 불태워주시지요."

이는 틀림없이 제갈량을 곤란하게 만들려는 술책이었다. 물론 제갈량은 주유의 부탁을 거절할 수 있었다. 거절하면 무능하고 최선을 다하지 않았다는 구실을 남길 것이고, 훗날 조조를 물리치더라도 '떡고물'을 요구할 자격을 잃게 될 것이다. 그래서 제갈량은 거절할 수 없었다. 그렇다면 이 어려운 임무를 어떻게 성공할 수 있을까? 겨우 군사 1천으로 조조의 83만 대군을 먹일 군량과 건초를 불태우는 일이 가당키나 할까? 조조는 군사를 부리는 데 도가 튼 인물이라 군량과 건초의 중요성을 누구보다 잘 알고 있기 때문이다. 그런 그가 군량과 건초를 지키는 데 허술할 리 없었다. 이제 제갈량은 어떻게 해야 할까?

그러나 어찌된 영문인지 제갈량은 얼굴 가득 미소를 지으며 기꺼이 군령을 받았다. 제갈량은 자신만만하게 일어나 웃으며 말했다.

"하하하! 조조군을 물리치는 데 내가 첫 번째 공을 세우게 생겼구 나!"

그 모습을 본 주유는 의심이 들었지만 제갈량이 허세를 부린다고 생각했다. 그는 노숙을 불러 제갈량의 동태를 살펴보라고 했다. 마침 제갈량을 걱정하고 있던 노숙은 서둘러 만나러 갔다. 마침 제갈량은 군사와 배를 점검하며 떠날 채비를 하고 있었다. 노숙은 죽을 자리를 찾아가는 제갈량을 차마 두고 볼 수 없어 다급히 물었다.

"선생은 이 일을 해낼 수 있겠습니까?"

제갈량이 담담히 웃으며 말했다.

"나는 뭍에서의 전투, 물에서의 전투, 마상馬上 전투, 거상車上 전투 어느 것 하나 모르는 게 없습니다. 그런데 이런 일 하나 성공하지 못할까 걱정이겠습니까? 내가 조조의 군량과 건초를 불태우면 조조는 틀림없이 서둘러 군사를 물릴 것입니다. 그러면 조조의 목을 벤 공이 내 몫이 되지 않겠습니까? 자경은 내 시간을 빼앗지 마시오. 내가 공을 세우고 돌아오면 그때 다시…."

제갈량이 돌아서서 가려다가 고개를 돌려 노숙에게 말했다.

"이 일은 오직 나만이 해낼 수 있소. 내 일찍이 강남의 어린아이들이 부르는 노래를 들은 적이 있소. '길에 복병을 묻고 관을 지키는 데 능한 사람은 노숙이요, 강에서 수전을 잘하기로는 주유가 있다'라는 노래였소. 그대는 뭍에서 복병을 써서 관을 지키는 데만 능할 뿐이고 주유는 뭍에서의 싸움은 못하고 물에서의 싸움만 잘한다는 뜻 아닙니까? 이번에 군량을 불태우려면 뭍에서의 싸움뿐만 아니라 물에서의 싸움에도 능해야 하니 오직 나만이 그 일을 해낼 수 있습니다."

노숙이 급히 돌아가 주유에게 제갈량이 한 말을 전했다. 주유는 생각했다.

'원래 제갈량을 곤란하게 만들 생각으로 이 같은 군령을 내렸는데 그가 겨우 군사 1천으로 이 임무를 완성한다면 오히려 그를 돕는 꼴이 될 것이다. 그렇게는 안 되지. 절대로 제갈량에게 이런 큰 공을 세우게 해서는 안 된다. 그보다 더 괘씸한 일은 감히 제까짓 게 내가 뭍에서의 싸움을 못 한다고 능멸해? 안 되겠다. 큰 공도 세우고 그 녀석에게 내 진면목을 보여주려면 내가 직접 나서야겠다. 네가 군사 1천으로 성공할 수 있다고 했겠다? 내가 그보다 조금 더 많은 군사 1만을 데리고 가면 조조의 군량과 건초를 불태우는 일쯤은 누워서 떡먹기다!'

주유는 즉시 제갈량에게 출발하지 말라는 명령을 내렸다. 어려운 임무를 주유에게 떠넘기는 데 성공한 제갈량은 마음이 가벼워져 크게 웃었다. 그 모습에 노숙은 의아함을 감추지 못했다.

'조조군과의 첫 번째 전투에서 공을 세울 기회를 빼앗겼는데 뭐가 좋다고 웃는 것일까?'

제갈량이 말했다.

"주유는 나를 곤란하게 만들어 동오를 떠나게 할 요량으로 조조의 군량과 건초를 태우라고 시킨 것입니다. 만약 내가 이 일에 나서면 조조의 손을 빌려 나를 제거할 생각이었겠지요. 조조는 적의 군량과 건초를 태우는 데 일가견이 있는 사람입니다. 그런데 자기 군량과 건초를 지키는 데 허술할 리 있겠습니까? 군사 1천은커녕 주유가 1만 군사를 데려간다고 하더라도 성공하지 못할 것입니다. 자경, 그대는 어서 돌아가 주유에게 이 말을 전해주시오. '꾀를 써서 승리할 생각만 하지 말고 수전을 잘 치를 생각'이나 하라고 말입니다. 이제 오후와 유사군의 사람들이 힘을 합치기로 했으니 한마음 한뜻으로 협력하자고도 전해주시오."

주유는 원래 군량을 불태우라는 어려운 임무를 맡겨 제갈량을 사지로 몰 작정이었다. 그런데 어째서 제갈량은 주유가 '군량을 태우는 일'이 식은 죽 먹기보다 쉬운 일이라고 믿게 만든 것일까? 이는 '자신감 넘치는 표현 방식'이 설득력을 높인 덕분이다.

어려운 상황에 맞닥뜨렸을 때 제갈량은 조금도 망설이지 않고 그 자리에서 흔쾌히 받아들였다. 자신은 반드시 성공할 것이라고 호언장담하고, 이 성공으로 명성과 실리를 얻게 된다고 득의양양했다. 자신감의 위력은 매우 강하다. 자신 있는 '척'하는 것만으로도 똑같은 효과를 거둘 수 있다. 여기서 중요한 것은 절대로 '척'한다는 인상을 풍기면 안 된다는 것이다.

제갈량은 불난 데 기름을 끼얹는 격으로 주유에게 자신의 주특기인 '격장계激將計'를 써서 더욱 설득력을 높였다. 주유는 노숙의 보고를 받고 또 제갈량에게 속았다는 사실을 깨닫고 문득 좌절감이 들었다. 주유가 제갈량을 냉대하고 곤란하게 한 것은 자기 조직의 이익을 위해서였다. 유비가 동오의 힘을 빌려 이득을 볼까 봐 그런 것이므로 지극히 당연한 행동이었다.

주유는 제갈량에게 여러 번 속은 뒤에 미묘한 변화가 일어났다. 자신의 시기심에 불이 붙은 것이다. 이제 두 사람의 갈등의 핵심은 조직의 이익이 아니라 개인의 능력이 되었다. 이는 참으로 안타까운 일이다. 주유와 제갈량은 그 시대를 대표하는 지성으로 당시 가장 뛰어난 인재들이었다. 이런 두 사람이 자신들의 지혜를 다투는 데 정력을 소모한다면 조조를 물리치기가 결코 쉽지 않을 것이었다.

다행히 주유의 일방적인 공격에 제갈량은 냉정을 유지했다. 그러나 제갈량의 앞날은 그다지 밝지 않았다. 자신의 목숨을 지키기 위해 애쓰는 동시에 내부 싸움에 소모할 힘을 외부 싸움으로 돌려야 했기 때문이다. 주유의 태도 변화는 '뭔가 있는 척'하려는 제갈량의 결심을 더욱 확고히 했다. 그러지 않으면 그의 옳은 의견이 받아들여지지 않을 것이고, 그간 세운 공도 인정받을 수 없을 것이며, 훗날 조조를 물리친 데 따른 '떡고물'을 정정당당하게 요구할 수도 없을 것이기 때문이다.

한편 주유는 제갈량을 완전히 무너뜨릴 계책을 생각해냈다. 이 계책이 성공하면 제갈량이 아무리 지략이 뛰어나다고 할지라도 공들여 이뤄온 일들이 모두 물거품이 될 게 분명했다.

◈ **심리학으로 들여다보기**

자신감은 다른 사람의 믿음을 얻는 지름길이다. 자기 생각과 행동에 확신이 있는 사람은 어느 시점에서나 자신감이 넘친다. 그만큼 노력하고 발전하기에 당당할 수 있다. 타인의 신뢰에 물을 주고 키우는 것은 바로 자기 자신이다.

자신 있다면
문을 열고 도둑을 맞이하라

주유가 준비한 계책은 비밀리에 제갈량의 주공인 유비를 동오로 불러들여 죽이는 것이었다. 만약 이 계책이 성공하면 제갈량은 끈 떨어진 뒤웅박 신세가 된다. 이 계책 또한 주유가 얼마나 지략이 뛰어난 인물인지를 설명해준다. 정면승부로는 이길 수 없으므로 그 주변 인물부터 공략하기로 한 것이다.

한편 유비는 주유의 계략인 줄 모르고 제갈량을 그리는 마음에 선뜻 동오로 향했다. 다행히 유비 곁을 떠나지 않고 지키는 관우 덕분에 주유는 감히 계획을 이행하지 못했다. 그리하여 유비는 안전하게 돌아갈 수 있었다.

주유가 유비를 죽이는 데 실패해 분개하고 있을 때 마침 조조가 전서를 보내왔다. 그렇지 않아도 가슴속에 분노가 가득하던 주유는 조조의 사자를 상대로 분풀이를 했다. 그는 전서를 뜯어보지도 않고 그 자리에서 갈기갈기 찢어버린 다음 사자의 목을 벴다. 이 소식을 들은 조조는 격노해 곧장 공격해왔다.

소규모로 치러진 동오군과 조조군의 첫 전투는 주유의 승리로 끝났다. 이 일로 화가 난 조조는 형주에서 항복해 조조군의 수군도독水軍都督으로 있는 채모를 엄중하게 문책했다. 조조의 서릿발 같은 꾸지람에 채모는 최선을 다해 수군을 훈련시켰다.

이 사실을 안 주유는 그날 밤 몰래 조조군의 수채로 향해 수군을 조련하는 모습을 염탐했다. 훈련 장면을 지켜본 주유는 깜짝 놀랐다. 채모와 장윤은 수전에 밝은 사람들이었다. 과거 유표 밑에 있을 때부터 강동과 겨뤄 밀리지 않을 정도였다. 그런데 조조의 엄한 꾸지람으로 죽을힘을 다해 군사들을 훈련시키고 있으니 주유로서는 심히 걱정되었다.

한편 첫 전투에서 뜻밖의 패배를 당한 조조는 신하들을 불러 앞으로의 일을 상의했다. 그때 장간蔣幹이 나서며 말했다.

"저는 어려서부터 주유와 동문수학하여 형제지간이나 다름없습니다. 제가 강동에 가서 세치 혀를 놀려 주유에게 항복을 권하겠습니다."

조조는 사람 보는 능력이 탁월했다. 그런 그가 장간의 능력이 어느 정도인지 모를 리 없었다. 그러나 '자신감 넘치는 표현 방식'이 힘을 발휘한 덕분에 조조는 장간의 말을 믿고 동오로 보냈다.

장간은 윤건을 쓰고 청포를 두른 채 조각배 한 척에 몸을 싣고 주유를 만나러 갔다. 마침 마땅한 계책이 없어 고민하던 주유는 장간이 왔다는 소리를 듣고 한 가지 묘책을 떠올렸다. 그는 수하의 장수들에게 몇 마디 당부한 뒤 그들을 데리고 나가 장간을 맞이했다.

"자익(장간의 자), 그대가 멀리 강호를 거쳐 고생하며 온 것은 조조를 위해 세객으로 온 것이 아닌가?"

주유가 단도직입적으로 자신의 목적을 꼬집자 장간은 한동안 말을 잇지 못하다가 정신을 차렸다.

"자네와 헤어진 지 오래인데 그대가 동오에서 이름을 떨치고 있다는 소문을 들었네. 그래서 특별히 옛정이나 풀어보고자 찾아왔네."

장간과 주유의 첫 만남을 볼 때 장간이 결코 좋은 세객이 아니라는 사실을 알 수 있다. 세객은 각종 돌발 상황에 자연스럽게 대처할 줄 알아야 한다. 임기응변에 능하고 어떤 상황에서도 태연자약해야 한다. 그런데 주유가 단도직입적으로 장간이 찾아온 목적을 꼬집었을 때 한참을 생각하고 대답한 것은 세객으로서 자격 미달이라는 뜻이다. 그는 마땅히 껄껄 웃으며 주유의 주의를 다른 곳으로 끌었다가 이 짧은 시간을 이용해 대응책을 강구했어야 했다.

장간은 처음부터 주유에게 목줄을 잡혀 덫에 빠졌다. 주유가 쓰려는 방법은 '장간의 입을 틀어막는 것'이었다. 지금 장간은 주유에게 투항을 권유하기 위해 갖가지 말을 준비해뒀을 것이다. 그런데 주유는 그런 장간이 '투항'이란 말을 입 밖으로 꺼내지도 못하게 할 생각이었다. 물론 주유가 궁극적으로 이루려는 목적은 따로 있었다. 장간이 도저히 참을 수 없을 때까지 답답하게 만들어 선택의 여지가 없는 절망적인 상황으로 몰아붙인 다음, 튼튼해 보이는 동아줄을 내려 보내 그 줄을 덥석 잡게 할 작정이었다.

주유는 계속해서 장간을 몰아세웠다.

"내 비록 사광師曠처럼 음률에 밝지는 않으나 거문고 소리를 듣고 그 가락과 멋은 안다네!"

장간이 둔하다 하더라도 주유의 말에 '의심'이 담겨 있다는 것을 모를 정도는 아니었다. 이에 장간은 잠시 한발 물러나기로 했다.

"공근이 나를 그렇게 생각한다면 이만 돌아가겠네."

주유는 하하 웃으며 돌아가려는 장간의 팔을 붙잡았다.

"나는 그저 자네가 조조의 세객이 아닌지 의심스러워 그런 것이네. 자네가 그런 뜻으로 온 것이 아니라면 구태여 일찍 떠날 건 무언가? 안으로 들어서 그간의 밀린 회포를 풀어보세!"

주유는 강동의 문무대신을 모두 모이게 한 다음 장간을 위해 성대한 연회를 베풀었다. 이름 하여 군영회群英會였다. 주유가 진심으로 장간을 환대한 것은 아니다. 주유가 구사한 것은 '피로 전술'이었다.

'피로 전술'은 하버드대학 심리학자 대니얼 길버트Daniel Gilbert가 발견한 이론이다. 사람은 피로할 때 판단력이 약해지고 경각심이 줄어들어 훨씬 쉽게 설득당하고 잘 속는다는 것이다. '심문'을 할 때 가장 흔하게 쓰인다. 잠을 못 잔 상태에서 심문을 받게 되면 아무리 의지력이 강한 사람이라도 쉽게 무너진다.

주유가 문무대신을 모두 불러 모은 까닭은 장간의 체면을 세워주기 위해서가 아니라 이들이 번갈아가면서 장간을 상대하도록 하기 위해서였다. 위협도 하고 성가시게 굴기도 하고 웃기기도 하고 괜히 트집을 잡기도 하면서 장간을 극도로 피로하게 만들려는 속셈이었다.

주유는 자리에 모인 사람들에게 말했다.

"이 사람은 장자익으로 나와 동문수학한 벗입니다. 비록 강북에서

왔지만 조조의 세객이 아니니 의심하지 마시오."

그렇게 말한 다음 태사자太史慈를 불러 자신의 검을 내주며 명을 내렸다. 이날의 술자리는 옛정을 푸는 자리이니 조조와 동오군을 언급하는 사람이 있으면 그 자리에서 목을 베라는 명이었다.

물론 장간도 예외일 수 없었다. 장간은 감히 투항하라는 말을 꺼내지 못한 채 속으로만 꾹꾹 눌렀다. 술자리가 무르익어갈수록 분위기는 화기애애했지만 장간은 처참하고 고통스럽기만 했다. 그러나 주유가 입도 뻥긋 못 하게 자물쇠를 채워 놓았으니 그저 정신을 바짝 차리고 동오의 영웅들을 상대할 따름이었다. 장간의 마음은 처참하기 이루 말할 수 없었다.

주유는 술에 취할 때까지 마신 뒤 자리에서 일어나 장간의 손을 잡고 장막 밖으로 나갔다. 장막 밖에는 갑옷과 투구를 걸치고 완전무장한 군사들이 창칼을 짚고 좌우로 늘어서 있었다. 주유가 늘어선 병사들을 둘러보며 장간에게 물었다.

"자익, 내 군사들이 용맹하고 날렵해 보이지 않는가?"

장간은 그렇다고 할 수밖에 없었다.

"참으로 호랑이와 이리 같은 병사로군!"

이어 주유는 장막 뒤로 가서 산처럼 쌓여 있는 군량과 건초를 보여주며 물었다.

"내 군량과 건초가 충분하지 않은가?"

이번에도 장간은 고개를 끄덕였다.

"과연 그러하군. 동오의 군사가 날래고 양식이 넉넉하다더니 과연 헛말이 아니었어."

장간이 주유의 말에 꼬박꼬박 맞장구를 친 것은 기회를 봐서 투항을 권하기 위해서였다. 그러나 주유가 그런 기회를 줄 리 만무했다. 주유가 군세를 자랑하는 것도 그저 장간을 속이려고 분위기를 조성한 것에 불과하다. 즉, 술에 취한 주유가 기분이 너무 좋아 동오의 실제 군사력을 노출했다고 생각하게 만들려는 속셈이었다.

주유는 장간의 손(사실 아무런 감정도 없었다)을 잡고 호방하게 외쳤다.

"자익, 지난날 구강에서 동문수학할 때 이 주유에게 오늘 같은 날이 올 줄 누가 알았겠는가?"

이에 장간이 주유를 치켜세우며 말했다.

"자네같이 재주가 많은 사람에게는 당연한 일이지!"

주유는 기분이 무척 좋은 듯 껄껄 웃었다. 장간이 이때다 싶어 말을 꺼내려 할 때 주유가 다시 장간의 입을 막았다.

"대장부가 세상에 나서 자신을 알아주는 주인을 만난다는 것이 어디 쉬운 일이겠는가? 하지만 나는 바로 그런 주인을 섬기고 있다네. 겉으로는 군신의 의에 묶여 있지만 안으로는 골육의 정에 매여 있고, 말을 하면 반드시 지키고 계책을 내면 반드시 따르며 화와 복을 함께 나누는 분이시지. 설령 소진, 장의, 육가陸賈, 역생酈生처럼 입은 거침없는 물살 같고 혀는 날카로운 칼날 같은 이들이 살아 돌아온다 해도 어찌 나를 설득할 수 있겠는가!"

이 말을 들은 장간은 주유를 설득하는 게 불가능하다는 사실을 깨닫고 절망했다. 이제 장간의 머릿속에는 오직 한 가지 생각뿐이었다. 어서 이 시끌벅적한 연회를 파하고 조조가 기다리는 곳으로 돌아가는 것이다. 그러나 이미 주유의 손아귀에 사로잡힌 이상 그가 놓아주기 전에는 절대로 빠져나갈 수 없었다.

주유는 다시 장간을 장막 안으로 끌고 들어가며 큰 소리로 외쳤다.

"오늘 이 모임은 강동의 호걸들의 모임이다. 우리 마음껏 취할 때까지 마셔보자!"

그 소리에 사람들이 환호했다. 장간은 정신을 바짝 차리려고 애쓰면서도 함께 취하고 싶은 마음도 있었다. 그렇게 밤이 깊어 연회가 파할 때까지 장간은 힘겹게 버텼다. 그런데도 주유는 장간을 놓아주지 않았다.

"우리가 오늘 이렇게 오랜만에 다시 만났으니 한 침상에서 같이 자세나!"

처소로 쓰는 장막으로 돌아온 주유는 옷도 벗지 못할 만큼 만취해 머리가 침상에 바닥에 닿자마자 잠에 빠졌다. 그러다 수시로 일어나 구토를 해 온 침상을 엉망으로 만들어놓았다. 장간은 몹시 피곤했지만 주유가 이곳저곳에 구토하는 바람에 몸조차 누일 곳이 없었다.

어느새 밤이 깊어 2경二更을 알리는 북소리가 울려왔다. 만취한 주유는 천둥같이 코를 골며 잠들어 있었다. 심란한 마음으로 막사 안을 둘러보던 장간은 탁자 위에 놓인 문서와 서신 더미를 발견했다. 몰래 서신을 살펴보던 장간은 겉봉에 '채모, 장윤이 삼가 올립니다'라는 글귀가 적힌 편지 한 통을 발견하고 대경실색했다. 떨리는 손으로 편지를 뜯어보니 그 내용이 더 충격적이었다.

저희는 비록 조조에게 항복하였으나 벼슬과 녹봉을 탐낸 것이 아니라 형세에 몰려 어쩔 수 없이 그렇게 되었습니다. 지금 조조군의 진영에서 이미

분란을 도모하고 있습니다. 되도록 빨리 조조의 목을 베어 휘하에 바치려 기회를 엿보고 있습니다. 오래지 않아 제가 보낸 사람이 이를 것인즉, 곧 소식 주시기 바랍니다. 행여라도 의심하지 마십시오. 먼저 이렇게 답을 대신합니다.

장간은 놀라는 한편 기쁨을 감추지 못했다. 주유를 설득하지는 못했지만 채모와 장윤이 동오와 결탁했다는 확실한 증거를 찾았기 때문이다. 장간은 얼른 편지를 품에 감추고 주유를 돌아봤다. 주유는 잠에 취해 계속 잠꼬대를 했다.

"자익, 내가 곧 역적 조조의 머리를 보여주겠네."

장간은 옷을 입은 채로 급히 바닥에 누웠다. 그러나 마음이 조마조마하고 불안해서 잠을 이룰 수 없었다.

주유는 장간이 나약하고 무능한 데다 자신의 깜냥을 잘 모르는 사람이라는 사실을 알고 있었다. 사전에 장간의 입을 봉하고 '피로 전술'을 쓰지 않았다면 아무리 용기를 북돋아준다 하더라도 감히 편지를 훔쳐보지 못했을 것이다. 장간이 편지를 훔쳤을 때는 이미 4경四更이 다 된 시각이었다. 그때 누군가가 장막에 들어와 주유를 불렀다.

"도독께서는 자리에서 일어나셨습니까?"

주유는 막 잠에서 깬 척하며 물었다.

"내 침상에 어찌 다른 사람이 자는 것이냐?"

장간은 두 눈을 꼭 감고 깊이 잠든 척했다.

주유의 물음에 수하가 대답했다.

"어젯밤 도독께서 동문수학한 친구와 함께 자자고 하셨는데 잊으셨습니까?"

주유가 몹시 겸연쩍어하며 말했다.

"이런, 내 원래 술에 잘 취하지 않거늘 어제는 술에 취해 큰 실수를 저질렀나 보구나. 혹시 내가 장간이 듣는 자리에서 말실수를 하지는 않았느냐?"

수하가 목소리를 낮추고 말했다.

"강북에서 사람이 왔습니다."

주유가 낮게 외쳤다.

"목소리를 낮춰라!"

장간은 온 정신을 두 귀에 모으고 두 사람의 대화에 귀를 기울였다. 자세히 들을 수는 없었으나 언뜻언뜻 들리는 말로 대강의 내용을 짐작할 수 있었다.

"채모와 장윤 두 도독께서 말씀하시기를 급하게는 손을 쓸 수 없다고…."

주유는 뒤를 돌아보며 장간을 불렀다. 장간은 잠을 자는 척하며 주유의 부름에 대꾸하지 않았다. 주유는 옷을 벗고 다시 잠에 들었다. 이내 코 고는 소리가 들려오자 장간은 속으로 생각했다.

'주유는 매우 꼼꼼한 사람이다. 잠에서 깨면 틀림없이 편지를 살펴볼 것이다. 그때 움직이면 너무 늦다.'

장간은 곧바로 자리에서 일어나 몰래 주유의 장막을 빠져나와 강북으로 돌아갔다.

사실 주유가 사람을 불러 깨우게 한 뒤 나눈 대화는 '사족蛇足'이다. 두 사람이 나눈 대화 내용과 편지 내용이 완전히 똑같은데 채모와 장윤이 목숨을 걸고 사람을 보내 같은 말을 반복할 필요가 없기 때문이다. 만약 장간이 말짱한 정신으로 사태를 파악했다면 뭔가 이상하다는 사실을 쉽게 알 수 있었을 것이다. 그러나 '피로 전술'에 시달린 장간의 판단력은 이미 밑바닥까지 떨어진 상태였다. 상대의 속임수를 간파할 재간이 없었다.

장간은 곧장 조조를 만나러 갔다. 조조가 기쁜 기색으로 물었다.

"갔던 일은 성공했소?"

"비록 주유를 설득하지는 못했으나 승상을 위해 큰일 하나를 알아왔습니다. 승상께만 은밀히 말씀드려야 하는 내용이니 주위를 물려주십시오."

조조가 주위를 물리자 장간이 편지를 꺼내 주유의 장막에서 보고들은 내용을 소상하게 보고했다. 조조는 노발대발하며 외쳤다.

"이 두 도적놈이 어찌 이리도 무례하단 말인가!"

조조는 곧장 채모와 장윤을 불러오라고 명령했다.

채모와 장윤은 조조가 이른 아침부터 부르자 영문도 모른 채 서둘러 달려갔다. 조조는 냉담하게 물었다.

"수군 조련 상황은 어떤가?"

채모가 말했다.

"아직 군사들이 수전에 익숙지 않아 가볍게 군사를 낼 수 없습니다."

조조가 버럭 화를 내며 말했다.

"수군이 잘 조련되었을 때는 이미 내 목이 주유에게 바쳐진 다음이겠지!"

조조는 이렇게 말하면 채모와 장윤이 주유와 결탁한 사실을 다 밝힐 수 있다고 생각했다. 그러나 다른 사람이 보기에는 그저 조조가 홧김에 하는 말로만 들렸다.

원래부터 채모와 장윤은 호랑이 같은 조조를 두려워했다. 그러지 않았다면 투항하는 일도 없었을 것이다. 그런 조조가 노발대발하며 역정을 내니 더욱 어쩔 줄을 몰라 했다. 그 모습에 조조는 더욱 의심이 들었다. 조조는 당장 두 사람의 목을 베라고 명령했다.

조조는 왜 이같이 잘못된 판단을 내린 것일까?

◈ 심리학으로 들여다보기

단 한 가지 선택만 해야 한다면 그것이 '덫'은 아닌지 먼저 생각해보아야 한다. 덫에 걸린 뒤 후회해도 소용없다. 선택의 폭이 좁은 만큼 다양한 경우의 수를 먼저 생각하고 행동해야 한다. 그게 자신을 지키는 방법이다.

얍삽한 꾀가
목줄을 쥔 사람을 쓰러뜨린다

조조는 심신이 피로해서 속은 것이 아니다. 조조의 잘못된 판단은 '착각상관'에서 비롯되었다. '착각상관'은 아무런 상관관계도 없는 일들을 서로 연관 지어 생각하는 것으로 얼핏 보면 논리적으로 상관관계가 있는 것처럼 보인다.

1969년, 심리학자 로렌과 진 채프먼은 한 가지 유명한 실험을 실시했다. 그는 서른두 명의 정신과 의사에게 '로르샤흐 잉크 테스트'로 남성 동성애자 여부를 판단해달라고 부탁했다.

로르샤흐 잉크 테스트는 공들여 제작한 잉크 얼룩 카드 열 장으로 구성되어 있다. 그중 일곱 장은 검은색 얼룩이고(다섯 장은 흑백 얼룩이고 두 장은 흑백 얼룩 위에 붉은색 얼룩이 덧입혀진 것이다) 세 장은 여러 가지 색깔이 합쳐진 얼룩이다. 실험자는 이 얼룩을 특정한 순서로 피실험자에게 보여주면서 간단하게 질문을 한다.

"이 얼룩이 무엇처럼 보입니까?"

"이것은 무엇일까요?"

"이것을 보고 무슨 생각이 떠오릅니까?"

이를 통해 피실험자의 경험, 감정, 개인의 성향 등 마음속의 목소리를 들을 수 있다. 피실험자는 자기도 모르는 사이에 진심을 털어놓게 된다. 카드에 그려진 얼룩을 설명하면서 자신의 내면을 투영시키기 때문이다.

이 정신과 의사들은 많은 실험 결과를 토대로 동성애자는 검은색 얼룩을 보고 엉덩이나 항문, 생식기, 여성적인 치장, 성별이 모호한 체형, 남성과 여성의 특징을 동시에 보이는 체형을 떠올리는 경향이 있다는 사실을 발견했다.

사실 이러한 반응과 동성애 사이에는 아무런 상관관계도 없다. 로렌과 채프먼은 이를 근거로 대다수 정신과 의사가 동성애를 판에 박힌 인상에서 '착각상관'을 형성했다고 보았다.

다시 조조의 일로 돌아가 보자.

조조는 원래 의심이 많은 사람이다. 채모와 장윤이 싸우지도 않고 항복하자 조조는 두 사람의 충성을 의심했다. 이와 반대되는 예로 관우를 들 수 있다. 관우가 투항하기 전후의 행동은 그가 얼마나 충의를 아는 사람인지를 여실히 보여줬다. 이러한 사람만이 조조의 의심을 피할 수 있다.

유비와 유표를 잇달아 격파한 조조는 동오와의 전투에서도 승전을 확신했다. 그러나 첫 번째 전투의 결과는 믿을 수 없게도 '패배'였다.

이것은 무작위로 일어난 사건에 불과하다. 수시로 치르는 전투에서 한 번 졌다고 해서 그 전쟁이 실패로 마무리되는 것도 아니다. 그러나 조조는 채모와 장윤이 최선을 다하지 않았다고 생각했다. 당연히 조조가 그들을 신뢰하지 않은 탓이었다.

이런 와중에 장간이 훔쳐 온 편지가 도화선이 되었다. 장간은 조조에게 공을 인정받기 위해 자기가 동오에서 얼마나 고생했고 편지를 훔쳐 오기가 얼마나 힘들었는지를 과대 포장했다. 게다가 장간은 '자신감 넘치는 표현 방식'으로 설득력을 강화하는 데 능숙했다. 동오에 가기 전에도 이 수법으로 조조의 신뢰를 얻은 바 있다. 관성적인 '닻 내림 효과(배가 어느 지점에 닻을 내리면 그 이상 움직이지 못하는 것처럼, 인간의 사고가 하나의 이미지나 기억에 박혀버리면 어떤 판단도 그 영향을 받아 그 주변에서 크게 벗어나지 못하는 현상)'로 인해 조조는 장간이 가져온 편지의 내용을 믿는 쪽으로 마음이 기울었다.

조조는 이런 여러 요소들을 연관시키고 '불충'과 채모, 장윤 두 사람을 하나로 묶어 생각한 끝에 매우 '논리적'인 결론을 내렸다.

'채모와 장윤이 주유와 결탁한 것이 틀림없다!'

게다가 자신이 질문하자 채모와 장윤이 몹시 당황하는 것을 보고 배신을 '확신'했다.

당시 장막 안에는 객관적인 의견을 제시해줄 다른 모사가 없었다. 그렇게 해서 아닌 밤중에 홍두깨처럼 채모와 장윤은 목이 잘리고 말았다. 그러나 두 사람의 머리가 떨어지는 순간 조조는 꿈에서 깬 것처럼 정신이 퍼뜩 들었다.

그러나 체면(행동의 전후 일관성)을 지켜야 했기 때문에 자신의 잘못을 인정할 수 없었다. 갑자기 수군도독을 처형한 일에 수하들이 의문을 제기했을 때도 조조는 변명할 수밖에 없었다.

"이 두 사람은 군법에 태만하여 내가 목을 베었소."

조조는 채모와 장윤 대신 모개(毛玠)와 우금을 수군도독으로 삼았다. 이 소식을 전해 들은 주유는 크게 기뻐했다. 그가 계획한 '장간에게 편지를 훔치게 하는 작전'이 성공해 조조 스스로 제 밥그릇을 깨게 만든 것이다. 채모와 장윤 두 사람의 죽음은 이 전투의 흐름에 매우 중요한 영향을 미쳤다.

사람은 모두 자신의 공을 자랑하려는 심리가 있다. 특히 심하게 자존심을 억압당한 사람일수록 더하다. 일단 공을 세우면 반드시 금의환향해 모든 사람에게, 특히 자신을 멸시했던 사람이나 공격했던 사람에게 과시하려고 한다. 그래서 전국시대의 소진은 여섯 개 나라의 재상이 된 후 고향에 돌아가 자신을 무시했던 형수에게 설움을 되갚았다. 유방도 황제가 된 후 부친에게 자신과 둘째 형 중에서 누가 더 큰 공을 이뤘냐고 물었다.

심리학적인 측면에서 보면 이는 '자신이 평균 수준보다 높다고 생각하는 경향'이다. 구체적으로 말하자면 사람은 누구나 '나는 분명히 평균 수준보다 높다. 더 나아가 나는 천하제일이다'라고 생각한다.

주유도 마찬가지였다. 젊어서부터 승승장구했지만 최근 제갈량의 꾀에 잇달아 당하고 놀림까지 당하면서 자존심에 큰 상처를 입었다. 그러나 이번 일을 계기로 자신의 재주를 만천하에 과시할 수 있었기 때문에 기쁨을 감추지 못했다. 이 또한 주유가 감정을 다스리지 못한다는 증거다. 성격은 운명을 결정한다. 바로 이런 성격 탓에 주유는 비참한 운명을 맞이한다.

　주유는 노숙을 불러 제갈량의 동태를 살피라고 시켰다. 만약 제갈량이 이번 일에 숨겨진 계략을 꿰뚫어보지 못한다면 자신이 제갈량보다 낫다는 증거였다.

　노숙은 명을 받고 제갈량을 찾아갔다. 노숙을 본 제갈량의 첫 마디는 '도독께 축하드립니다'였다. 노숙이 깜짝 놀라 물었다.

　"무슨 좋은 일이 있단 말입니까?"

　제갈량이 말했다.

　"주유가 그대를 보내 내가 이 일의 내막을 아는지 살펴보고 오라고 시킨 것이 아닙니까? 바로 그 일이 기쁜 일이지요."

　노숙이 더욱 놀라 어찌 알았는지 물었다. 제갈량이 말했다.

　"주유가 쓴 계책은 장간을 속여 조조가 채모와 장윤을 죽이게 만들 수는 있어도 나를 속일 수는 없지요."

　제갈량은 어떻게 이처럼 자세히 알고 있는 것일까? 사실 제갈량이 정확한 판단을 내릴 수 있었던 것은 '노숙의 방문' 덕분이다. 주유가 조조군의 수채를 염탐하고 온 뒤 몹시 걱정했다는 사실은 제갈량도 알고 있었다. 수전에 능한 채모와 장윤이 수군도독으로 있는 한 동오는 결코 조조군을 쉽게 이길 수 없었다. 그러던 중에 장간이 왔으니 주유는 반드시 이 기회를 이용하려 했을 것이다. 다만 제갈량은 과연 주유가 이 좋은 기회를 어떻게 이용할지 알 수 없었다. 제갈량도 이 기회를 충분히 활용할 좋은 계책을 떠올리지 못했다.

　바로 이때 노숙이 호기심 가득한 모습으로 황급히 자신을 찾아온 것이다. 노숙은 다른 사람을 속이는 데 미숙한 사람으로 얼굴에 모든 감정이 그대로 드러났다. 제갈량은 노숙의 표정과 행동을 보고 주유의 계책이 성공했다는 사실을 짐작했다. 게다가 제갈량은 몇 차례 지략을 겨루는 과정에서 주유의 성격을 완전히 파악했다. 그래서 주유라면 틀림없이 자신의 공을 과시하기 위해 노숙을 보내 자신이 이 계략을 꿰뚫고 있는지 알아보려 할 것이라고 생각했다.

물론 제갈량은 주유의 계책을 알고 난 뒤 매우 감탄했다. 자신이라면 그렇게 단시간 안에 좋은 계책을 낼 수 없었을 것이다.

노숙은 제갈량의 말에 얼버무리며 주유에게 보고하기 위해 자리에서 일어났다. 제갈량은 돌아가려는 노숙에게 당부했다.

"자경, 절대로 내가 한 말을 공근에게 전하지 마시오. 만약 이 사실을 알면 공근은 나를 해치려 들 것이오."

노숙이 제갈량을 찾아온 이유가 바로 그것인데 어떻게 보고하지 않을 수 있겠는가. 제갈량이 이 말을 했든 안 했든 노숙은 반드시 주유에게 보고해야 했다. 제갈량의 말은 '사족'이 아니라 다른 의도를 품고 있었다.

제갈량은 주유가 끝까지 잘난 척할 수 있게 이 일을 모르는 척할 수도 있었다. 겸사겸사 두 사람의 관계도 개선할 수 있으니 꿩 먹고 알 먹는 셈이었다. 그러나 주유와 제갈량은 각자 자신의 주인과 조직의 이익을 위해 맞설 수밖에 없는 관계였다. 피한다고 피할 수 없고 언젠가는 반드시 정면충돌할 날이 올 것이다. 만약 제갈량이 이번에 허리를 굽힌다면 주유도 예전처럼 매섭게 몰아붙이지는 않을 것이다. 그러나 그렇게 되면 훗날 전쟁의 과실을 나눌 때 정정당당하게 제 몫을 요구할 수 없게 된다. 따라서 제갈량은 자신의 강함을 과시해 주유의 기세를 눌러야 했다. 이것이 주유를 화나게 만들지라도 어쩔 수 없었다.

제갈량의 목적은 노숙이 양심의 가책을 느끼게 하는 것이었다. 주유는 노숙의 보고 여부에 상관없이 제갈량을 해치려 할 것이다. 따라서 노숙이 보고한 것과 제갈량의 목숨이 위태로워지는 것에는 아무런 인과관계가 없다. 그러나 제갈량의 말을 들은 노숙은 자신의 보고로 제갈량이 위험에 처할 것 같아 불안했다.

다른 사람이 나에게 죄책감을 느끼게 하는 것도 은혜를 베푸는 것이나 다름없다. 그 사람의 죄책감을 이용해 적당한 보답을 요구할 수 있기 때문이다. 노숙이 주유에게 사실대로 보고하자 과연 주유는 크게 노해 반드시 제갈량을 죽여야겠다고 결심했다.

이튿날 주유는 장수들을 불러 모은 다음 제갈량에게 단도직입적으로 물었다.

"물 위에서 싸우는 데는 어떤 무기가 가장 좋겠습니까?"

제갈량은 주유가 좋지 않은 속셈을 감추고 있다는 것을 알았다. 하지만 그의 의도를 파악하지 못한 상태에서는 상식적으로 대응할 수밖에 없었다.

"큰 강 위에서 하는 싸움이라면 활과 화살이 가장 낫겠지요."

주유가 크게 기뻐했다.

"선생의 말이 내 뜻과 같소! 지금 우리 군에는 마침 화살이 모자랍니다. 선생께서 화살 10만 대만 마련해주시오. 우리가 힘을 합쳐 조조에 맞서기로 했으니 선생은 부디 마다하지 마시길 바라오."

주유는 과연 대단한 인물이다. '두 진영이 힘을 합쳐 조조에 맞선다'

라는 구실로 부탁하는데 거절할 사람이 어디 있겠는가. 제갈량은 달리 대답할 말이 없었다.

"마땅히 그래야지요. 그런데 도독께서는 화살 10만 대를 언제쯤 쓰실 생각입니까?"

주유가 말했다.

"양군이 곧 전투를 앞두고 있으니 열흘 안에 만들 수 있겠습니까?"

열흘 안이라고? 그렇다면 하루에 만 대씩 만들어야 한다. 화살은 아무나 만들 수 있는 것이 아니다. 여기에는 상당한 기술이 필요했다. 다시 말해 일손을 많이 투입한다고 기한 내에 만들 수 있는 것이 아니었다. 당시의 기술 수준과 동오의 화살 장인 수로 보았을 때 하루에 화살 만 대를 만드는 것은 불가능했다.

그러나 주유는 '상황이 긴급'하고 '양군이 연합하여 조조에 대항'하기로 한 사실을 들며 제갈량이 빠져나갈 구멍을 막아버렸다. 제갈량은 벼랑 끝에 몰렸다.

주유는 '피 한 방울 흘리지 않고 적을 죽이는 계책'을 썼다. 설령 제갈량이 기한을 늘려 시간을 좀 더 벌더라도 목숨을 보전하기는 어려울 터였다. 주유가 마음만 먹으면 얼마든지 손을 쓸 수 있기 때문이다. 화살 장인을 내어주지 않을 수도 있고 재료를 공급해주지 않을 수도 있다. 아무튼 무슨 수를 써서라도 기한 내에 임무를 완성하지 못하게만 하면 떳떳하게 제갈량의 목을 벨 수 있었다.

그러나 주유는 '떳떳함'에 지나치게 목맨 나머지 스스로 자신의 발목을 잡았다. 조조라면 정당한 이유 없이 사람을 죽이고도 눈 하나 깜짝하지 않을 것이다. 그러나 주유는 달랐다. 바로 이러한 '심리적 한

계' 때문에 제갈량은 수차례 황천길에 올랐다가 되돌아올 수 있었다.

그렇다면 제갈량은 어떻게 대처한 것인가?

◈ 심리학으로 들여다보기

다른 사람의 자존심을 세워주는 것은 우리의 중요한 의무다. 당신이 존중해주는 만큼 상대도 당신을 존중한다. 당신의 자존심을 지키기 위해 상대의 자존심을 짓밟는다면 무참히 무너지는 것은 바로 당신이다.

맨손으로
이리 잡는 재주를 썩히지 마라

제갈량은 조조군의 강대함을 잘 아는 사람이었다. 그런데도 동오로 건너올 때 자신만만한 까닭은 무엇이었을까? 도대체 그 자신감은 어디에서 비롯된 것일까?

소수로 다수를 이기려면 무턱대고 덤벼서는 안 된다. 반드시 외부의 도움이 있어야 한다. 제갈량은 경험으로 이 사실을 절실히 깨달았다. 박망파 전투와 신야성 전투에서 제갈량이 조조군을 격파할 수 있었던 것도 화공(외부의 힘)의 도움 덕택이었다. 화공은 제갈량의 장기 중의 장기다. 이번에도 예외가 아니었다. 제갈량은 언제나 '화공'을 염두에 두고 전략을 세웠다.

불을 쓰려면 바람이 불어야 한다. 조조군이 북쪽에 주둔하고 있으므로 화공을 펼칠 경우 반드시 동남풍이 불어야 했다, 그런데 지금은 엄동설한이어서 서북풍이 부는 시기였다. 안타깝게도 화공을 펼칠 경우 남쪽에 주둔한 자신들만 불태울 뿐 조조군에게는 아무런 피해도 입힐 수 없는 상황이었다.

천문을 자세히 살펴본 제갈량은 화공을 쓸 수 있는 이상기후가 두 번 나타날 것을 예측했다. 그 하나는 11월 21일부터 22일까지 풍향이 바뀌어 동남풍이 부는 것이고, 또 다른 하나는 그 이전에 짙은 안개가 끼는 것이었다.

사람들은 제갈량이 날씨의 변화를 예측하는 능력을 두고 소설에서 지나치게 미화한 것이라고 생각한다. 그러나 사실 그렇지 않다. 사오웨이화邵偉華가 쓴 주역과 예측 분야에 관한 책을 보면 1984년 9월 17일, 당시 시안西安에 살던 그는 10월 1일부터 10월 10일까지 베이징北京의 날씨를 예측했다. 그중 7일을 예측대로 맞췄다. 사오웨이화가 사용한 것은 옛날부터 전해 내려오는 주역의 괘였다. 그러므로 제갈량이 날씨를 예측한 것이 영 불가능한 일은 아니었다.

원래 제갈량은 '안개'를 이용할 생각이 없었다. 안개를 이용하면 동풍이 불 때 자신의 신비감을 최대한 끌어올릴 수 없기 때문이다. 그러나 주유가 '화살이 부족하다'라는 구실로 거칠게 몰아붙이자 제갈량은 버리려고 했던 '안개' 카드를 제대로 사용하기로 마음을 굳혔다.

'후광효과'를 활용하는 데는 제갈량을 따라올 자가 없었다. 제갈량은 '안개'를 사용하기로 마음먹은 이상 '신출귀몰한 현인'의 이미지로 최대의 효과를 얻으려 했다. 제갈량이 말했다.

"양군이 곧 맞붙을 텐데 열흘은 너무 길지 않겠습니까? 만의 하나라도 일을 그르칠까 걱정됩니다."

주유는 제갈량이 스스로 제 무덤을 판다는 생각에 기쁘기 그지없었다. 그러나 이럴 때일수록 더 신중해야 했다. 일이 너무 술술 풀릴 경우 생각지도 못한 문제가 발목을 잡기 때문이다. 주유가 물었다.

"그렇다면 며칠 안에 완성할 수 있겠습니까?"

제갈량은 사흘 뒤 틀림없이 짙은 안개가 낄 것을 알고 있었기에 거리낌 없이 대답했다.

"사흘이면 됩니다."

정말 말도 안 되는 소리였다. 주유는 제갈량이 제 발로 호랑이굴로 찾아들고 있다고 생각했다. 그래서 곧바로 군령장을 쓰게 했다. 제갈량은 작별을 고하고 그 자리를 떠났다.

만약 당신이 주유라면 이 상황에서 어떤 생각을 하겠는가? 틀림없이 체면을 지키려고 무리수를 뒀다가 나중에 기회를 봐서 도망칠 거라고 생각할 수 있다. 그렇다면 주유가 제갈량을 죽여야 할 필요까지는 없었다. 하나는 제갈량이 스스로 무덤을 파다가 체면이 깎였고 주유는 체면을 되찾은 것이다. 다른 하나는 제갈량이 도망치면 승전에 따른 '과실'을 나눠달라고 요구할 자격이 없으므로 동오가 독식할 수 있었다. 이것이 바로 주유가 바라는 결과다.

만약 주유가 이런 생각을 하지 않았다면 제갈량은 죽은 목숨이나 마찬가지였다.

주유는 이번에도 노숙을 보내 제갈량의 동태를 살피게 했다. 노숙은 제갈량과 주유가 지략을 겨루는 데 없어서는 안 될 약방의 감초였다. 노숙이 없으면 쌍방이 정보를 얻을 수 없고 지력을 다툴 수도 없었다. 노숙은 제갈량에게 스스로 죽을 길을 찾아갔다고 화를 냈다. 그러자 제갈량이 말했다.

"내가 분명히 주유에게 내 말을 전하면 안 된다고 부탁하지 않았습니까? 그런데도 내 말을 듣지 않아 일이 이 지경이 되었소. 이제 주유가 나를 사지로 내몰았으니 이는 그대가 나를 불구덩이로 밀어 넣은 것이나 다름없소."

기회는 준비된 자에게 오는 법이다. 제갈량이 이 순간을 위해 덧붙였던 말이 드디어 효력을 발휘하게 되었다. 노숙을 괴롭히는 양심의 가책은 마치 제갈량에게 은혜를 입고도 갚지 않은 것과 같은 부담을 주었다. 그 결과 제갈량의 부탁을 절대로 거절할 수 없게 만들었다. 이 역시 '호혜의 원칙'이 힘을 발휘한 때문이다. 제갈량이 말했다.

"사흘 안에 화살 10만 대를 만든다는 것이 말이 되오? 이제 틀림없이 죽게 생겼으니 자경이 나 좀 살려주시오!"

노숙이 말했다.

"선생께서 이미 군령장을 쓰셨는데 제가 무슨 수로 구한단 말입니까?"

제갈량이 말했다.

"내게 배 스무 척과 배마다 군사 스무 명씩을 빌려주시오. 배들은 모두 푸른 휘장으로 둘러주시고 배마다 짚단을 천 개씩 실어주시오. 그럼 사흘 뒤 강가에서 화살 10만 대를 얻는 장면을 보여주겠소."

노숙은 제갈량이 잘난 척하기는 했지만 결국 배를 빌려 도망가려는 속셈이라고 여겼다. 배를 스무 척이나 빌리는 것은 군사가 많은 척 적을 속이기 위해서라고 생각했다. 노숙은 속으로 한숨을 내쉬며 생각했다.

'제갈량, 그대가 비록 지략이 뛰어나기는 하나 주유에게는 못 미치는구려.'

제갈량이 말했다.

"자경, 이번에는 절대로 주유에게 말하지 마시오. 주유가 알면 내 계책은 결코 성공하지 못할 테니."

노숙은 제갈량의 부탁을 거절할 수 없었다. 그러나 또 한편으로는 승낙하기도 어려웠다. 제갈량은 이미 군령장을 쓴 상태였다. 그런 그가 노숙의 배를 빌려 도망친다면 노숙의 입장이 매우 곤란해질 게 분명했다. 그래서 노숙은 그 길로 돌아가 주유에게 사실대로 보고했다.

주유는 잠시 생각하다가 제갈량이 도망칠 결심을 한 것이라고 결론을 내렸다. 배를 스무 척이나 빌리는 것도 적을 속이기 위한 것이라고 생각했다. 제갈량이 도망치는 것이야말로 주유가 바라는 바였다. 그래서 주유는 노숙에게 배를 빌려주라고 허락했다. 그는 제갈량이 이 길로 동오를 떠나 영원히 나타나지 않기를 바랐다.

노숙에게서 배를 빌린 제갈량은 편한 마음으로 이틀 동안 술을 마셨다. 그렇게 사흘째 되는 날, 4경이 되자 제갈량을 노숙을 불러 함께 배에 올랐다. 노숙은 반드시 함께 가야 했다. 그가 배를 통제할 유일한 사람이었기 때문이다. 제갈량이 빌린 배 스무 척의 주인은 노숙이었다. 주인이 현장에 있으니 모든 배는 일사불란하게 명령에 따를 것이다. 만약 노숙이 자리에 없으면 조조군의 화살이 빗발칠 때 사정을 모르는 군사는 뱃머리를 돌려 돌아가려고 할 게 분명했다. 그러면 천문에 정통한 제갈량의 재주도 빛을 발하지 못하게 된다.

노숙은 제갈량이 도망칠 계획이라고 결론을 내려놓고 왜 제갈량과 함께 가거나 배웅하려고 할까? 그것은 제갈량이 어떻게 설득하느냐에 달려 있다.

제갈량이 노숙에게 말했다.

"자경, 나와 함께 화살을 주우러 갑시다!"

이런 '자신감 넘치는 표현 방식'은 정말이지 효과만점이다. 노숙은 제갈량의 말을 믿는 정도가 아니라 그 방법이 자못 궁금해졌다. 노숙이 물었다.

"화살이 어디에 있습니까?"

"더 이상 묻지 마시오. 가면 알게 될 터이니."

노숙은 제갈량이 이번에 체면을 구긴 탓에 자세히 말하지 않는 것이라고 오해했다. 그래서 체면을 살려주려고 더 이상 묻지 않았다. 짙은 안개가 깔린 가운데 배는 서서히 조조군의 수채로 접근했다. 제갈량은 북을 치고 고함을 지르라고 명령했다. 노숙은 그제야 제갈량이 자신을 조조군의 코앞까지 데려왔다는 사실을 깨달았다.

보통사람이라면 당연히 '죽으려고 작정을 했구나'라고 생각할 것이다. 겨우 배 스무 척으로 조조군을 상대하기란 불가능했다. 만약 조조군이 진격해오면 제갈량과 노숙을 포함해 배에 타고 있는 동오군 전부는 포로 신세가 될 터였다. 사람들은 이 순간 제갈량도 심리적 부담이 컸을 거라고 생각하겠지만 사실 그렇지 않다. 짚단을 실은 배로 화살을 빌린 이 순간은 제갈량이 동오에서 가장 즐겁고 마음이 편한 순간이었다. 여기에는 세 가지 원인이 있다.

첫째, 사람은 자신의 안전을 가장 중요하게 생각한다. 불확실한 위험이 다가올 때, 본능적으로 도망치려고 하거나 위험이 자신에게 접근하지 못하도록 한다. 조조는 원래부터 의심이 많은 사람으로 다른 누구보다 더 안전에 신경 썼다. 조조는 자기 침실의 보초를 서는 시위를 일부러 죽여 놓고 짐짓 아무것도 모르는 척하며 '자신은 잠자면서도 사람을 잘 죽인다'라고 했다. 자신이 자고 있을 때 목숨을 노리는 자들을 겁주려고 꾸민 짓이었다. 지금은 짙은 안개가 내려 한 치 앞을 분간할 수 없다. 아무것도 보이지 않아 상황을 판단할 수 없는 조조는 동오군이 안개를 틈타 기습공격을 한 것이라고 생각한다. 적은 만반의 준비를 갖춰 쳐들어온 것일 텐데, 아군은 아직 수전에 익숙지 않으니 군사를 쉽게 움직일 수 없다. 그렇다면 남은 선택은 '수비'밖에 없다. 활쏘기는 '수비'하는 데 가장 효과적인 수단이다.

둘째, 조조군의 수군도독이던 채모와 장윤이 죽어 수전에 문외한인 모개와 우금이 수군을 통솔하고 있다. 이 둘은 안개 속에서 수전을 치른 경험이 전혀 없다. 따라서 동오군이 얼마나 많은 수가 쳐들어왔는지 판단할 수 없다. 문외한이라는 사실 자체만으로도 잠재적인 위험이 따른다. 정보가 부족한 상황에서 모개와 우금은 보수적으로 행동할 수밖에 없다. 따라서 사태가 어느 정도 파악된 다음 제대로 된 결정을 내릴 것이다.

셋째, 조조군에는 궁병이 매우 많다. 새벽에 습격을 받은 조조군은 겁을 먹은 채 1만이 넘는 궁병과 수군 모두에게 활을 쏘라는 명령을 내릴 것이다. 그럼 화살 10만 대를 쏘는 데 그다지 오랜 시간이 걸리지 않는다. 날이 밝아 조조와 모개, 우금이 사태를 파악했을 때는 이미 임무를 완수한 제갈량은 퇴각하고 있을 것이다.

그때 조조군이 뒤쫓아 오면 제갈량은 조조군에 사로잡혀 화살까지 빼앗기게 되는 건 아닐까?

제갈량이 이 점을 고려하지 않았을 리 없다. 우수한 전략가라면 사소한 부분까지 꼼꼼하게 고려한 다음에 계획을 추진한다. 당시 아직 동남풍을 '빌리지' 못했으므로 여전히 서북풍이 불 때였다. 제갈량이 조조군의 진영으로 향할 때는 역풍을 맞으며 어렵사리 갔지만 돌아가는 길은 순풍이었다. 조조에게서 화살을 빌리면 배가 무거워질 테지만 '순풍에 돛을 달고' 동오로 향한다면 '사람'도 '화살'도 안전할 게 분명했다.

제갈량은 어림짐작으로 화살 10만 대를 모두 채우고 뱃머리를 돌려 퇴각했다. 그러면서 군사들에게 외치게 했다.

"승상, 화살을 빌려주셔서 고맙습니다!"

조조는 그 소리를 듣고 나서야 사태를 파악했다. 서둘러 군사를 보내 뒤를 쫓게 했지만 제갈량은 이미 멀리 도망친 뒤였다.

한참 두려움에 떨던 노숙은 안전한 곳으로 도망친 뒤에야 제갈량의 귀신같은 재주에 탄복했다. 물론 그전에도 제갈량의 재주를 높이 사기는 했지만 이 정도로 감탄해하지는 않았다. 그는 화살이 빗발치는 가운데 제갈량과 태연자약 이야기를 나누며 술을 마셨다. 화살 10만 대를 '빌리면서도' 안전하게 귀환하는 모습을 자신의 두 눈으로 직접 보고 나서는 진심으로 제갈량을 우러르게 되었다.

제갈량에게 화살을 빌린 일은 그저 '쓰레기 재활용(제갈량은 원래 안개를 활용할 기회를 버릴 생각이었다)'에 지나지 않았다. 단지 수단에 불과할 뿐 제갈량의 목적은 다른 데 있었다.

◈ **심리학으로 들여다보기**

자신의 마음이 아니라 타인의 마음에 죄책감을 심을 줄 알아야 한다. 죄책감을 일깨우기 위해 일방적인 공격을 퍼붓지 말고 상처를 보여줘라. 눈으로 감지한 아픔과 상처의 깊이에 상대는 미안한 마음을 가진다. 그래야만 그가 변한다. 억지로 주지시킬 필요가 없다.

지혜는
관중이 많은 광장에서 겨뤄라

제갈량은 화살을 빌린 기세로 노숙에게 의미심장한 말을 던졌다.

"장수된 사람이 천문에 통하지 못하고, 지리를 알지 못하며, 기문을 모르고, 음양을 깨닫지 못하며, 진도를 볼 줄 모르고, 군세에 밝지 않다면 그 재주는 하찮다 할 것이오. 나는 이미 오늘 짙은 안개가 낄 것을 사흘 전에 헤아렸기에 그 안에 화살을 마련하겠다고 한 것이오. 그런데 공근은 나에게 열흘의 말미를 주면서 화살 10만 대를 만들라 했소, 분명히 일할 장인과 재료도 제대로 대어주지 않을 거면서 말이오. 그리고 그 죄를 물어 틀림없이 나를 죽이려 했겠지요. 하지만 내 명은 하늘에 달린 것인데 어찌 공근이 나를 해칠 수 있겠소?"

제갈량의 말에는 세 가지 의미가 담겨 있다.

첫째, 장수의 최고 자질을 기본 자질로 삼아 주유를 깎아내렸다. 짚단을 실은 배로 화살을 빌리는 데 성공한 사례로 미루어보면 제갈량은 당연히 장수가 갖춰야 할 능력을 제대로 갖춘 사람이다. 자신보다 못한 사람은 모두 '재주가 하찮은 장수'로 만들어버렸다.

둘째, 제갈량은 이미 오래전에 짙은 안개가 낄 것을 예측했다. 그러나 '사흘 전'에 예측했다고 거짓말을 한 이유는 주유가 화살을 만들어 오라고 압박할 때 이 묘책을 생각해냈다는 점을 강조하기 위해서다. 이 덕분에 제갈량의 신비감과 권위는 한층 더 높아졌다.

셋째, 주유의 음모를 까발리고 '내 목숨은 하늘에 달려 있다'라고 함으로써 자신을 더욱 신비롭게 포장했다. 주유에게 대놓고 이런 말을 할 수는 없으므로 노숙을 통해 전달되게 한 것이다.

성공은 정말로 달콤하다. 주유는 제갈량이 약속한 사흘 안에 화살 10만 대를 마련해오고 노숙이 사건의 전말을 이야기해주자 더 깊은 패배감에 빠져버렸다. 이 순간 그에게 제갈량은 신이나 다름없는 존재였다. 사람이 어떻게 신을 시기할 수 있겠는가? 주유는 공손하게 장막 밖으로 나가 스승을 대하는 예로 제갈량을 맞이했다. 주유가 꺼낸 첫마디는 이러했다.

"그 옛날 손무와 오기라 할지라도 선생보다는 못할 것입니다!"

제갈량이 웃으며 말했다.

"보잘것없는 잔재주에 불과하지 대단한 것이 못 됩니다."

주유는 공손한 태도로 제갈량에게 조조를 물리칠 계책을 물었다. 제갈량이 겸손한 척하며 변죽만 울리자 주유가 말했다.

"내게 한 가지 계책이 있는데 들어보시고 결단을 내려주시오."

제갈량이 급히 주유의 말을 막았다.

"도독께서는 잠시 기다려 주십시오. 우리가 각자의 손바닥에 서로의 계책을 적어 두 사람의 의견이 같은지 보는 것은 어떻습니까?"

주유가 웃으며 동의한 뒤 붓과 먹을 준비시켰다.

제갈량은 어째서 번거롭게 이런 행동을 한 것일까? 제갈량은 꼼꼼하기 이를 데 없고 두뇌 회전이 무척 빠르다. 그는 일찌감치 화공을 쓰기로 마음먹고 있었다. 만약 주유도 같은 생각이고 먼저 말을 꺼낸다면 훗날 승전의 일등공신은 주유가 될 것이다. 오늘날의 지적재산권처럼 최초로 발명한 사람이 아니라 최초로 신청한 사람이 특허권을 갖게된다는 뜻이다.

앞서 말했듯이 제갈량은 수시로 공을 세우고 위신을 세워 훗날 유비가 받을 몫을 조금이라도 더 늘려야 했다. 그래서 주유가 먼저 말하는 것을 막아야 했다. 두 사람이 동시에 손바닥에 써서 그 내용이 서로 같다면 두 사람이 공동으로 특허권을 갖게 된다. 만약 주유의 계책이 화공만 못 하다면 두말할 필요 없이 제갈량의 공이 더 커진다. 그래서 제갈량은 이런 수작을 벌인 것이다.

두 사람이 동시에 손바닥을 펴자 약속이라도 한 듯이 '화火'자가 쓰여 있었다. 두 사람은 서로를 쳐다보며 크게 웃었다. 주유가 웃은 이유는 자신의 묘책이 '신'이나 다름없는 제갈량과 일치해 자신 또한 영명하다는 사실을 입증했기 때문이다. 그리고 제갈량이 웃은 이유는 주유에게 '특허권'을 빼앗기지 않고 일이 자기 생각대로 진행되었기 때문이다.

이때 주유는 아직 풍향의 문제를 생각지 못했다. 이 문제를 깨닫게 되면 주유는 피를 토하며 쓰러질 것이다. 그러나 제갈량은 이 계략이 성공하려면 반드시 동풍이 불게 해야 한다는 사실을 오래전부터 알고 있었다. 또한, 때가 됐을 때 자신이 동풍을 이용해 큰 공을 세울 것도 알고 있었다.

이 문제에 있어 주유는 나중에 깨달은 사람이고 제갈량은 먼저 깨달은 사람이다. 그리고 두 사람의 적인 조조는 상황이 닥쳤을 때 깨달았다. 이 세 사람의 순서를 매긴다면 제갈량이 첫째요, 조조가 그다음, 주유가 세 번째다.

조조는 방통의 연환계를 받아들여 모든 배를 하나로 연결했다. 과연 평지에 서 있는 것처럼 흔들림이 전혀 느껴지지 않았다. 그러나 이에 대해 정욱^{程昱}이 말했다.

"배들을 모두 엮으면 당연히 흔들리지 않겠지요. 그러나 만약 적이 화공을 쓴다면 도망칠 수 없습니다."

이에 조조가 껄껄 웃으며 말했다.

"장수는 먼저 하늘의 때에 밝아야 하고 다음에는 지리를 살피고 나서 군사를 부려야 하오. 무릇 화공이란 반드시 바람의 힘을 빌려야 하는 법이오. 지금은 한겨울이라 서풍과 북풍은 불어도 동풍과 남풍은 불지 않소. 우리는 서북쪽에 자리하고 있고 상대는 남쪽 강변에 자리하고 있으니 만약 저들이 화공을 쓴다면 자기 군사들만 태워죽일 것인데 내가 왜 두려워하겠소? 만약 지금이 시월이거나 초봄만 되어도 내가 대비를 하였을 것이오."

조조의 말은 제갈량이 노숙에게 한 말과 일맥상통한다. 조조의 군사적 재능은 정말로 대단하다. 과연 중국의 북방 지역을 통일한 것이 우연은 아니었다. 다만, 안타깝게도 조조의 상대는 자신보다 훨씬 대단한 제갈량이었다.

제갈량은 주유와 함께 크게 웃은 뒤 깜짝 놀라 식은땀을 흘렸다. 그러면서 노숙에게 했던 말을 후회하기 시작했다. 그 말은 하지 말았어야 했다. 당시 제갈량은 득의양양해서 자기가 한 말실수를 몰랐다.

제갈량은 자신이 천문을 '헤아렸다'는 말을 했다. '나는 이미 사흘 전에 오늘 짙은 안개가 낄 것을 헤아렸다'라는 말은 안개는 틀림없이 낄 것이고, 자신이 다른 사람보다 먼저 헤아린 것뿐이라는 뜻이다. 그렇다면 앞으로 불 동풍도 미리 헤아릴 수 있지 않겠는가? 동풍은 화공을 쓰는 데 꼭 필요했다. 그런데 이 동풍이 언제 불지 미리 헤아릴 수 있다면, 동풍이 불 날을 알아낸다고 하더라도 그다지 대단한 일이 아니게 된다. 동풍이 사흘 동안 불어온다면 비록 그 날짜를 헤아릴 수는 없어도 동풍이 불기 시작할 때, 아니면 그 다음 날이라도 화공을 쓰면 된다. 그러나 원래 불 예정이던 동풍을 자신의 신력으로 '빌린' 것처럼 꾸민다면 상황은 전혀 달라진다. 조조를 무찌르는 데 가장 큰 공을 세운 사람은 바로 동풍을 빌려 화공을 성공시킨 제갈량이 된다.

지나침은 미치지 못함과 같고 말이 많으면 실수가 있게 마련이다. 제갈량은 의기양양해져서 쓸데없이 많은 말을 했다. 이 때문에 자신의 앞날에 화근을 남겼다.

제갈량은 몹시 후회되었지만 애써 내색하지 않았다. 기쁨이 넘치는 주유와 작별하고 돌아가 자신의 큰 실수를 메울 방법을 고민했다.

한편 주유는 '화공'을 결정한 순간부터 일사천리로 일을 추진했다. 황개와 의논해 고육계를 쓰기로 하고 황개는 거짓 투항을 한다. 뒤이어 장간이 다시 찾아온 기회를 이용해 방통을 데려가게 만들었다. 방통은 조조를 설득해 크고 작은 배들을 모두 쇠고리로 연결시키는 연환계를 받아들이게 만든다.

이날 주유는 산꼭대기에서 조조군의 수채를 살피다가 갑자기 불어닥친 바람에 진채 중앙의 황색 깃발이 넘어지는 광경을 보게 된다. 주유는 깃발이 넘어지는 방향을 보고 갑자기 떠오른 생각에 피를 토하며 뒤로 쓰러져 정신을 잃고 말았다. 곁에 있던 사람들이 황급히 주유를 데리고 진영으로 돌아갔다. 모든 것이 준비되었는데 동풍이 없었다.

주유는 '동풍' 때문에 병이 났다. 동풍이 불지 않으면 모든 계획이 물거품이 된다. 그러나 엄동설한에 어떻게 동풍을 불게 한단 말인가? 하늘마저도 조조를 돕는구나. 이에 큰 충격을 받은 주유는 몸져눕고 말았다. 주유는 조조군과의 결전을 앞둔 중요한 순간 병석에 누워 일어나지 못했다. 이 일로 동오인들은 걱정이 태산이었다.

제갈량은 동풍을 '빌릴' 계책을 다 세워뒀지만 굳이 먼저 나서지 않았다. 동오에게는 위기일지 몰라도 제갈량에게는 자신의 몸값을 높일 절호의 기회였다. 동오가 다급해할수록 제갈량의 가치는 높아지고 시간을 길게 끌수록 공은 커진다. 때가 무르익어 시간을 더 끌다가는 동풍이 불 것 같았다. 그제야 제갈량은 노숙을 찾아 말했다.

"도독의 병을 내가 고칠 수 있소."

노숙은 제갈량이 병까지 치료한다는 말은 들어본 적이 없었다. 하지만 이미 그의 말이라면 팥으로 메주를 쑨다고 해도 믿을 만큼 무한한 신뢰를 보내고 있던 노숙인지라 제갈량을 데리고 병석에 누운 주유를 찾아갔다. 제갈량이 주유에게 말했다.

"며칠 뵙지 못했는데 도독의 병이 이토록 중한지 몰랐습니다."

주유가 한숨을 내쉬며 말했다.

"사람은 화와 복이 언제 닥칠지 모른다고 하지 않소."

제갈량이 주유의 말을 받아 한마디 했다.

"하늘에는 헤아릴 수 없는 풍운이 있다고 하지요."

자신의 말과 대구를 이루는 제갈량의 말에 담긴 뜻을 영민한 주유가 모를 리 없었다.

주유가 몸져누운 것은 제갈량이 지난번 안개가 낄 날을 헤아렸다고 한 것과 관련이 있다. 주유는 제갈량의 말을 철석같이 믿었다. 조조군의 깃발이 서북풍에 쓰러지는 장면을 본 뒤, 갑자기 북풍이 떠올라 스스로 화를 참지 못하고 쓰러졌다. 이때 주유는 제갈량도 사전에 이 점을 예상하지 못했다고 판단했다. 그러나 제갈량에게 언제 동풍이 불지 헤아려달라고 부탁할 수는 없었다. 제갈량에게 묻는 그 순간 모든 일이 백일하에 드러날 것이 분명했다. 주유는 자신의 신묘한 계책이 순식간에 괴상야릇한 꾀로 변하는 것을 용납할 수 없었다. 그는 무슨 일이 있더라도 자신의 체면을 지켜야 했다.

제갈량은 사람을 불러 지필묵을 가져오게 했다. 노숙은 제갈량이 처방전을 써주려는 줄로만 알았다. 그런데 제갈량은 종이 위에 이렇게 적었다.

"조조를 깨뜨리려면 마땅히 화공을 써야 한다. 모든 것이 갖춰졌으나 동풍이 없구나!"

주유는 제갈량이 자신의 마음을 꿰뚫어본 것을 알았다. 체면이 서지 않았지만 이 문제를 해결하지 않고 넘어갈 수는 없었다. 주유는 다시 제갈량에게 도움을 구했다.

"선생께서 내 병의 원인을 바로 아셨으니 병을 다스릴 방법을 알려주시오."

제갈량이 가장 두려워한 문제가 드디어 불거졌다. 만약 주유가 좀더 일찍 말을 꺼냈다면 제갈량은 정말로 대답할 말을 찾지 못했을 것이다. 그러나 이 순간 제갈량은 이미 대응책을 생각해둔 상태였다. 제갈량은 무겁게 고개를 끄덕이며 말했다.

"제가 오래전에 헤아려보았습니다만 이 겨울에 동풍은 불지 않을 것입니다."

제갈량은 이미 여러 번 마음으로 이 말을 되뇌었다. 이것은 그가 심사숙고한 끝에 지난날 자신의 말실수를 만회할 방법으로 생각해낸 것이다. 이 대답은 상식에 부합하기에 매우 신뢰할 수 있는 말이었다. 겨울철에 안개는 종종 끼지만 동풍은 불 턱이 없었다. 주유는 절망에 빠져 뒤로 쓰러지면서 말했다.

"선생께서 하늘에는 헤아릴 수 없는 풍운이 있다고 하지 않았소?"

제갈량은 이때다 싶어 엄숙한 표정으로 말했다.

"하지만 도독께서는 조급해하지 마십시오. 제게 한 가지 방법이 있긴 합니다만….

◈ 심리학으로 들여다보기

지나침은 미치지 못함과 같다. 누구나 이를 알고 있지만 종종 망각하고 같은 실수를 저지른다. 과유불급은 회복 불가능한 과오가 되기 쉽다. 매사에 심사숙고해서 낮은 자세로 접근할 때 적당한 정도를 알 수 있다.

신비감을 주고 싶다면
철저하게 준비하라

제갈량이 말한 방법은 무엇이었을까?

사실 제갈량은 아무 방법도 생각하지 않았다. 주유가 그토록 바라는 동풍은 때가 되면 불어줄 것이기 때문이다. 겨울철에 동풍이 부는 일은 매우 드물지만 아예 없는 일도 아니었다. 중요한 것은 제갈량을 제외한 모든 사람이 동풍이 불 날짜를 모른다는 사실이다. 이는 제갈량이 '대단한 척' 수작을 부릴 절호의 기회였다. 제갈량이 말했다.

"저는 일찍이 기인을 만나 《팔문둔갑천서^{八門遁甲天書}》라는 책을 얻었습니다. 그 덕분에 비와 바람을 부르고 귀신을 부리는 비법을 알게 되었습니다. 도독께서 동풍을 필요로 하신다면 동풍을 일으키는 것도 어려운 일이 아닙니다. 그저 남병산^{南屛山}에 칠성단^{七星壇}을 쌓아주시기만 하면 됩니다. 제가 그 위에서 술법을 부려 사흘 밤낮으로 동풍을 빌려보겠습니다.”

주유는 제갈량의 말을 도저히 믿을 수 없었다. 이전에 제갈량이 안개가 낄 것을 미리 헤아려 조조군에게 화살 10만 대를 빌려온 것만으로도 그 재주에 깊이 탄복했다. 그러나 안개가 끼는 것은 자연의 변화로 제갈량이 ‘정확하게’ 예측했을 뿐 얼마든지 가능한 일이기에 믿을 수 있었다. 그러나 한겨울에 술법을 부려 동풍을 빌리겠다는 말은 한마디로 어불성설이다. 도저히 믿을 수 없는 말이었다.

그러나 다른 선택의 여지가 없던 주유는 일단 맡겨보기로 했다. 주유는 곧바로 자리에서 일어나 군사 500명을 보내 제단을 쌓게 했다.

제갈량도 준비에 한 치의 소홀함도 없었다. 지세를 살피고 위치를 정한 뒤 동남쪽에서 가져온 붉은 흙으로 제단을 쌓게 했다. 제갈량이 쌓으라는 단은 둘레가 24장이고 3층으로 각층의 높이는 9척이었다. 맨 아래층은 28수 별자리에 따른 기를 꽂고 두 번째 층에는 64괘 기를 꽂았다. 맨 위층에는 네 사람을 세워뒀는데 각각 머리에는 속발관^{束髮冠}(고대에 머리에 쓰던 관의 일종)을 쓰고, 몸에는 검은 비단으로 지은 도포를 걸쳤으며, 봉의^{鳳衣}(도교에서 말하는 신선이 입는 옷)에 너른 띠를 매고, 붉은 신발에 방술에 쓰이는 옷자락을 길게 늘이고 있었다. 네 사람 중 앞쪽의 왼쪽에 있는 사람은 긴 장대를 들었는데, 장대 끝은 닭털을 일산^{日傘} 모양으로 달아 바람의 방향을 보게 했다. 오른쪽에 있는 사람은 칠성호대^{七星號帶}를 달아 원하는 바람의 형태를 나타낸다. 뒤쪽 왼쪽에 선 사람은 보검을 받쳐 들었고 오른쪽에 선 사람은 향로를 받들고 서 있었다. 그리고 단 아래 스물네 명이 각자 깃발, 일산, 길고 큰 창, 황월^{黃鉞}, 깃털 달린 흰 기^{白旄}, 붉은 기, 검은 기를 들고 사방에 둘러섰다.

제갈량도 길한 시간을 골라 목욕재계하고 도포를 두른 뒤 맨발에 머리를 풀어헤치고 단 앞에서 검을 들고 술법을 펼쳤다. 제단을 쌓고 술법을 부린다고 동풍이 불 리 만무하다. 그럼에도 이렇게 '형식'적인 일을 벌인 것은 제갈량의 대단한 능력을 보여주기 위함이다. 바람과 비를 부르는 일은 정말로 믿을 수 없을 만큼 신기한 일이므로 그 누구도 믿기 힘들다. 그러나 제갈량은 자신이 동풍을 빌려온다는 사실을 동오인들이 의심하지 않게 만들 뿐만 아니라 동풍을 빌리는 일이 매우 어려운 일이라고 느끼게 해야만 했다. 이 두 가지 조건이 충족되어야만 제갈량은 조조를 무찌른 가장 큰 공이 자신에게 있다고 주장할 수 있었다.

제갈량의 행동은 심리인지 기제의 '가용성 추단법Availability Heuristic'이다. 가용성 추단법이란 보다 생생한 정보일수록 쉽게 떠오르고 관련된 일이 더 자주 일어난다고 판단하게 되는 것을 말한다.

예를 들어 여러 교통수단 중에 비행기의 사고 위험이 가장 크다고 생각한다. 네덜란드 축구 스타 데니스 베르캄프Dennis Bergkamp는 비행기공포증이 있었다. 그는 비행기를 타고 다른 곳으로 이동해 경기를 치러야 할 때마다 팀원들과 함께 가지 않고, 자동차를 운전하거나 다른 교통수단을 이용해 온갖 고생을 하며 목적지로 향했다.

미국 연방안전위원회가 1991년 실시한 조사에 따르면 자동차사고로 죽을 확률이 비행기사고의 26배였다. 그런데도 왜 사람들은 비행기가 가장 위험하다고 생각하는 것일까? 비행기사고의 처참한 광경을 더 충격적으로 받아들이기 때문이다. 그래서 사람들은 비행기사고가 발생할 확률과 그 위험성이 가장 높다고 생각한다.

제갈량은 동풍이 불 날을 계산해낸 것이 아니라 자신이 신력을 발휘해 '빌린' 것이라고 할 수밖에 없었다. 그리고 동풍을 빌리는 과정은 매우 복잡하고 번거로워 조금도 소홀해서는 안 된다고 믿게 했다. 그래야만 신비롭고 추상적인 과정을 더욱 생생하고, 대단하고 믿을 수 있는 일로 만들 수 있었다. 자신의 능력을 신비롭고 위대하게 포장해 사람들이 더 높이 떠받들고 더 많이 따르게 할 수 있는 길이기도 했다. 제갈량은 제단을 지키는 군사들에게 말했다.

"자신이 서 있는 방위를 떠나서는 안 된다. 머리를 맞대고 수군거려서도 안 되고 쓸데없이 어지러운 말을 해서도 안 된다. 또 공연히 놀라거나 괴이하게 여겨서도 안 된다. 만약 이를 어기는 자가 있을 시에는 그 목을 벨 것이다!"

제갈량이 이렇게 한 까닭은 '가용성 추단법'을 이용하기 위해서였다. 그리고 또 다른 복선을 깔기 위한 까닭도 있었다. 그 복선이란 일이 끝난 뒤에 몰래 빠져나가기 위한 준비였다. 제갈량은 동풍이 불면 곧바로 하구를 향해 도망칠 결심을 했다. 그러기 위해선 제단을 지키는 군사들이 함부로 움직일 수 없게 해서 자신이 도망치더라도 막을 수 없도록 했다.

이곳에 올 때는 노숙과 함께 정정당당하게 왔으면서 왜 돌아갈 때는 몰래 도망치려는 것일까? 사람들은 그 원인을 주유에게 돌린다. 제갈량을 시기한 주유가 일단 바람이 불면 사람을 보내 죽이려는 걸 알아서 미리 도망칠 준비를 한 것이라고 말이다.

제갈량의 진짜 목적은 서둘러 유비에게로 돌아가 동오군과 조조군이 전투를 벌이는 틈을 타 전리품을 챙기려는 것이었다. 먹을 수 있는

'떡고물'은 한정돼 있는데 동오의 세력은 유비군과 비교할 수 없을 만큼 강했다. 만약 유비가 조조군이 완전히 패해 물러날 때까지 잠자코 기다린다면 아무것도 얻어먹지 못할 공산이 컸다. 그래서 제갈량은 동풍이 불면 곧장 유비에게로 돌아가야 했다.

한편 주유는 장막 안에서 바람이 불기만 기다렸다. 그러나 아무리 기다려도 바람이 불 기미가 보이지 않자 노숙에게 말했다.

"아무래도 내가 제갈량을 너무 믿었나 보오. 동풍을 빌릴 능력까진 없나 봅니다."

주유는 원래부터 제갈량의 말이 허언이라고 생각하고 있었다. 그러나 3경이 되자 갑자기 바람 소리가 들리기 시작하더니 깃발이 세차게 나부꼈다. 주유가 장막 밖으로 나가보니 정말로 동풍이 불고 있었다. 어떻게 이런 일이 있을 수 있는가! 주유는 놀란 가슴을 진정시킬 수 없었다.

'제갈량에게 바람과 비를 부르는 재주까지 있다니, 이 사람의 재주는 나보다 훨씬 낫구나. 만약 그를 보낸다면 훗날 동오에 화근이 될 것이다!'

뛰는 놈 위에 나는 놈이 있다. 세상에 나는 놈은 얼마든지 있고 특별히 해될 것도 없으니 미워할 까닭도 없다. 그러나 그 능력이 무서울 정도로 뛰어나 '뛰는 놈'에게 터럭만큼의 기회나 희망도 주지 않는다면 절망에 빠진 '뛰는 놈'은 비열한 짓거리도 서슴지 않는다.

그래서 이 순간 주유에게 가장 중요한 일은 제갈량을 죽이는 일이었다. 그토록 바라던 동풍이 불기 시작했지만 주유는 군사를 배치하기에 앞서 서성徐盛과 정봉丁奉을 불러 군사 200명을 데리고 남병산 칠성단으로 가 불문곡직하고 제갈량을 죽이라고 명령했다.

하지만 서성과 정봉이 도착했을 때 제갈량은 이미 달아난 뒤였다. 서성과 정봉은 제갈량이 배를 타고 도망치고 있다는 사실을 알고 곧장 배에 올라 뒤쫓아 갔다. 서성은 돛이란 돛은 다 올리고 전속력으로 제갈량을 쫓았다. 마침내 멀리 제갈량이 탄 배가 보이기 시작했다. 서성이 큰소리로 외쳤다.

"군사께서는 잠깐 멈추시오. 도독께서 뵙기를 청합니다."

제갈량이 밖으로 나와 배꼬리에 서서 큰소리로 대답했다.

"두 장군은 돌아가 도독께 전하시오. 동풍이 불기 시작했으니 잘 이용해보라고 말이오. 나는 하구로 돌아갈 테니 뒷날 다시 봅시다."

제갈량은 서성과 정봉이 완전 무장을 한 모습에 주유가 자신을 죽이러 보냈다는 사실을 깨달았다. 솔직히 제갈량도 이 점까지는 미처 생각지 못했다. 제갈량은 이 일로 큰 충격을 받았다. 심지어 주유에 대한 그의 생각마저도 완전히 바꿔놓았다.

주유는 이미 여러 차례 제갈량을 곤란한 지경에 몰아넣고 '떳떳하게' 해코지하려 했다. 그러나 제갈량은 주유 입장에서 당연한 일이므로 그럴 수도 있다고 생각했다. 주유나 제갈량이나 자신의 주군을 위해 행동하기는 마찬가지였다. 자신도 '다른 사람에게는 말할 수 없는 목적'을 가지고 동오로 가지 않았던가. 그러나 주유가 정말로 자신을 죽이려 했다는 사실에 큰 충격을 받고 진심으로 분노했다.

어찌 됐든 이번에 동풍을 '빌린' 사람은 자신이 분명했으므로 공이 가장 컸다. 그런데도 주유는 고마워하기는커녕 사람을 보내 자신을 죽이려 한 것이다. 그 어떤 이유를 대더라도 주유의 행동은 용납할 수 없었다. 바로 그 순간 제갈량은 절대로 봐주지 않고 주유에게 되갚아주 겠다고 결심했다.

제갈량은 매사에 늘 신중했다. 그가 단신으로 동오를 찾은 일은 제 갈량 평생 유일한 모험이었다. 그러나 이제는 원래의 자신으로 돌아가 가장 신중한 안배를 했다.

제갈량을 맞이하러 온 배에는 서성과 정봉의 기를 죽게 할 맹장 조 운이 타고 있었다. 제갈량이 자신을 데리러 올 사람으로 조운을 선택 한 것은 적재적소에 인재를 활용한 바람직한 예였다.

서성과 정보는 포기하지 않고 제갈량이 탄 배를 뒤쫓았다. 그런데 조운이 배꼬리에 서더니 활시위에 살을 먹이며 호통쳤다.

"나는 상산의 조자룡이다. 명을 받아 제갈선생을 모시러 온 것이다. 너희들이 만약 계속 뒤를 쫓는다면 내 화살이 용서치 않을 것이다. 단 발에 너를 쏘아 죽이면 유황숙과 손씨 두 집안의 화평을 깰 것이 분명 하므로 내 솜씨만 보여주마!"

조운의 말이 떨어지자마자 순식간에 날아온 화살은 배 위의 돛 줄을 끊어버렸다. 서성과 정봉은 조운의 위명을 익히 들었던 터라 그 길로 돌아가 주유에게 보고했다.

주유도 제갈량을 쫓는 데만 정신을 팔 수 없었다. 천재일우의 기회 가 찾아온 지금, 주유는 서둘러 군사를 배치하고 조조군에 대한 총공 격 명령을 내렸다.

적벽이 불타오르자 평생 영웅으로 세상을 풍미한 조조도 타오르는 불길과 함께 패배하고 말았다.

한편, 제갈량도 하구로 돌아가자마자 군사를 부리기 시작했다. 이때의 제갈량과 동오에 가기 전의 제갈량은 전혀 다른 사람이었다. 이미 충분한 위신과 자신감을 쌓은 제갈량은 유비 수하의 맹장들을 마음대로 부리는 데 머뭇거림이 없었다. 특히 제갈량은 이제 관우를 굴복시킬 때가 되었다고 생각했다.

제갈량의 출사하기 전 융중에서 즐겨 읊던 '양부음'이 떠올랐다.

'제나라 임치성 동문 밖으로 걸어 나와 저 멀리 탕음리를 바라보네. 그곳에 무덤 셋이 있는데 서로 겹쳐 모두가 비슷하구나. 지나가던 사람이 누구의 무덤이냐고 물으니 전개강田開疆, 고야자古冶子, 공손첩公孫捷, 삼걸三傑의 무덤이로다. 힘은 남산을 밀어낼 만하고 글은 땅을 뒤엎을 만했으되 하루아침에 헐뜯음을 당하니 복숭아 두 개가 세 용사를 죽였네. 누가 그런 꾀를 내었는가? 제나라 승상 안자라네!'

안자는 좀 어리석었나 보다. 이렇듯 훌륭한 세 용사를 겨우 복숭아 두 개로 죽여 버리다니! 훗날 나라에 큰일이 닥치면 어디서 용사를 구한단 말인가!

◈ 심리학으로 들여다보기

자신을 신격화하는 가장 좋은 방법은 신비감을 높이는 술책을 쓰는 것이다. 신격화가 좋은 것은 아니지만 그래야 할 자리가 있다. 비밀이 있는 듯한 사람은 주위의 관심을 받는다. 자신의 치부까지 서슴없이 말하는 투명한 사람이 되지 말자.

적 앞에서 온전히
자신을 드러내지 마라

격장법을 쓰려면 충분한 '자본'이 있어야 한다. 별 볼 일 없는 사람이 힘담을 늘어놓고 얄잡아본다면 상대방이 상반되는 행동을 하도록 자극할 수 없다.

제갈량은 이 점을 잘 알고 있었다. 그래서 격장법을 무척이나 선호하면서도 함부로 사용하지 않았다. 그러나 동오에서 도망쳐 나온 뒤 제갈량은 때가 무르익었다고 생각했다. 박망파와 신야성 전투에서 조조군을 패퇴시키고 장비와 조운이 머리를 숙이도록 했지만, 그 이후에도 시종일관 기고만장한 관우는 제갈량을 안중에도 두지 않았다. 그러나 이번에 적벽을 불태워 조조의 100만 대군을 잿더미로 만든 것은 이전의 전적과 비교할 수 없는 대단한 공적이라 생각했다. 이 믿을 수 없는 엄청난 성공을 자본으로 삼아 관우에게 격장법을 쓴다면 관우 또한 자신에게 머리를 숙일 것이라고 확신했다.

제갈량은 확신이 가득했지만 한 가지 실수를 저질렀다. 제갈량이 장수들을 배치할 시각은 동풍이 막 불기 시작했으므로 동오군이 조조군에 대한 총공격을 실시하기 전이었다. 제갈량은 천기를 얻었으므로 이미 마지막 결과까지 헤아리고 있었다. 유비군에서 그를 제외하고 사태의 흐름을 꿰뚫고 있는 사람은 아무도 없었다. 이런 정보의 불일치에서 비롯된 시간 착각 탓에 제갈량은 자신이 넘치는 반면 다른 사람들은 아무런 느낌도 없었다.

관우도 지금의 제갈량과 동오에 가기 전의 제갈량이 조금도 다르지 않다고 느꼈다. 그래서 제갈량이 격장법을 쓰려고 할 때 관우는 전과 다름없는 태도로 대했다.

제갈량은 먼저 조운을 오림烏林에 매복하게 하고 장비를 호로구葫蘆口로 보내 도망치는 조조군을 기다리게 했다. 또 미축과 미방, 유봉에게 동오가 조조군을 추격할 때 강변을 돌면서 패잔병을 사로잡고 배와 무기를 빼앗으라고 했다. 이 세 사람의 재주는 평범하지만 조조군이 혼란한 틈을 타면 충분히 해낼 수 있는 임무였다.

제갈량은 군사 배치를 마친 뒤에도 관우는 거들떠보지도 않았다. 관우는 제갈량이 자신을 겨냥한 행동이라는 것을 직감했다. 마음속에서는 분노가 들불처럼 일었지만 군통수권자인 제갈량에게 따질 수는 없는 노릇이었다.

사실 관우는 권위의 힘을 빌려 제갈량의 격장법에 대항할 수 있었다. 그저 제갈량 앞에서 차분한 어조로 유비에게 '형님, 이 자리에서 하직 인사를 올려야 할 것 같습니다'라고 말하면 끝난다. 느닷없는 관우의 폭탄선언에 유비는 당연히 깜짝 놀라 물을 것이다. 그러면 '내 능력이 부족해 큰일에 쓰이지 못하니 여기 계속 있다가는 형님의 발목을 붙잡게 될 겁니다'라고 말하면 된다.

만약 관우가 이렇게 한다면 당하는 쪽은 제갈량이 될 것이다. 유비가 간섭하는 순간, 제갈량의 격장계는 물거품이 되고 기선을 제압당하는 사람은 관우가 아니라 제갈량이 된다. 그렇게 되면 제갈량은 격장계가 아닌 다른 방법을 써야만 한다.

그러나 관우는 이 방법을 생각지 못했다. 참지 못한 관우는 제갈량에게 직접 따지고 들었다. 대놓고 따지는 쪽이 유비를 이용하는 것보다 감정을 더 강하게 드러낼 수 있다. 하지만 '2보 전진을 위한 1보 후퇴' 전략보다는 효과가 낮다. 관우가 말했다.

"나는 형님을 따라 여러 해 전투를 치르면서 언제나 선봉에 서서 적을 맞아 싸웠소. 오늘 조조 같은 큰 적을 맞아 싸우는데 군사께서는 왜 나를 쓰지 않으시오? 그 이유가 무엇이오?"

관우는 '관례'를 들먹이며 설득력을 높였다. 그러나 제갈량이 겨우 그만한 말재주에 휘둘릴 사람이 아니었다. 제갈량은 일찌감치 관우를 잡을 덫을 쳐두었다.

그 덫은 한마디로 '먼저 띄워줬다가 죽이기'였다.

"운장. 제가 어찌 공을 내보내고 싶지 않겠습니까? 저는 원래 운장이 아니면 결코 지킬 수 없는 가장 중요한 길목에 보내려고 합니다. 그러나 한 가지 미덥지 못한 데가 있어 감히 보내지 못하는 것입니다."

사실 제갈량 말 자체가 함정이다. 이렇게 말하는 사람에게 대응하는 가장 좋은 방법은 그저 차갑게 웃으며 '절대로 캐묻지 않는 것'이다.

일단 캐묻기 시작하면 상대가 깊이 파놓은 함정에 빠져 혼자 힘으로는 빠져나올 수 없다. 마지막에 가서는 상대의 수에 보기 좋게 당하게 된다. 흥분한 관우는 여기에 걸려들었다.

"내게 미덥지 못한 데가 있다니 그게 무슨 말씀이시오. 한번 들려주시오."

"지난날 조조가 그대에게 매우 두텁게 대했으니, 그대는 반드시 보답하려 들 것이오. 이제 조조는 대패해서 틀림없이 화용도華容道로 도망칠 것입니다. 만약 운장께서 그곳을 지킨다면 조조를 놓아줄 것이 분명합니다. 그래서 감히 장군을 보내지 못하는 겁니다."

관우가 대노해서 소리쳤다.

"그게 무슨 말이오! 군사께서는 걱정도 많으시오. 지난날 조조가 나를 두텁게 대한 것은 사실이나 나는 안량顔良과 문추文醜를 죽이는 것으로 이미 그 보답을 했소. 오늘 화용도에서 조조를 만난다면 내 어찌 그를 놓아주겠소!"

만사는 과유불급인 법, 사실 그쯤 하면 충분했지만 제갈량은 결정적인 한마디를 덧붙였다.

"만약 그대가 조조를 놓아주면 어떻게 하시겠소?"

물러설 곳이 없는 관우는 울며 겨자 먹기로 말했다.

"군법에 따라 처벌을 받겠소!"

이에 제갈량은 관우를 끝까지 몰아붙였다.

"그렇다면 군령장을 쓰시오!"

말로는 무엇을 못 할까. 글로 남긴 약속만 믿을 수 있다. 제갈량은 이 수법을 주유에게서 배웠다. 지난날 주유는 제갈량에게 사흘 안에 화살 10만 대를 마련한다는 군령장을 쓰게 한 바 있다. 군령장까지 쓴 마당에 임무를 완수하지 못한다면 주유는 떳떳하게 제갈량을 죽일 명분을 얻게 된다.

관우는 즉시 군령장을 썼다. 그러면서 제갈량에게도 똑같이 군령장을 쓰라고 했다. 조조가 화용도로 오지 않으면 관우가 제갈량의 목을 벤다는 내용이었다.

만사는 과유불급이라고 했는데 결국 제갈량은 자승자박의 우를 범하고 말았다. 군령장을 쓰게 한 것은 관우를 얽아매려는 의도였지만 제갈량에게 매우 불리했다.

먼저 조조가 아직 죽어서도 안 되고 그를 사로잡아서도 안 되었다. 조조가 죽게 되면 중원에 절대강자가 없어지는 셈이므로 동오가 그 틈을 타 천하를 통일할 수 있었다. 그렇게 되면 병력이 약한 유비는 동오에 맞설 수 없다. 그렇다고 조조를 사로잡아도 문제였다. 사로잡은 조조를 죽이면 그를 따르는 충성스러운 부하들이 유비를 가만두지 않을 것이고, 설령 손권에게 의탁하더라도 조조의 복수를 하기 위해 끝까지 유비를 죽이려 할 것이다. 이러나저러나 문제였다. 그러므로 가장 좋은 방법은 조조를 놓아주는 것이었다.

둘째, 관우가 조조를 놓아주면 제갈량은 이 군령장으로 인해 진퇴양난에 빠지게 된다. 유비가 있으므로 관우를 죽일 수는 없다. 관우를 죽이면 안자晏子의 수준으로 전락하므로 굳이 그럴 필요가 없었다. 그렇다고 관우를 용서하면 사람들은 군사의 군령장이 아무 쓸모도 없다고 생각할 것이다. 이는 제갈량의 권위에 매우 불리했다.

그런데 가장 좋은 방법은 있었다. 제갈량이 지나치게 관우를 몰아붙일 필요 없이 화용도를 지키는 임무를 맡긴 뒤 엄숙하게 한마디 하면 된다.

"장군은 국사를 중하게 여기시오. 절대 사사로운 감정에 사로잡혀 공사를 잊어서는 안 됩니다."

이리하면 관우는 조조를 놓아준 것에 심한 죄책감을 느껴 자발적으로 죄를 청한다. 이때 제갈량은 너그럽게 말한다.

"장군은 죄가 없소. 제가 어젯밤에 천문을 살피니 조조의 목숨이 아직 끊길 때가 아니더이다. 이것은 하늘의 뜻이지 사람의 죄가 아니오. 장군은 지난날의 약속을 저버리지 않으려고 차라리 군법을 어기는 한이 있더라도 과거의 맹세를 지키려고 했소. 참으로 충의를 아시는 분이오!"

이렇게 하면 관우가 군법을 어겨 자칫 흔들릴 위기에 처한 제갈량의 권위도 '하늘의 뜻'에 따른 것이므로 이해가 된다. 그리고 관우의 체면까지 살려주는 셈이 된다. 이는 관우에게 큰 은혜를 베푼 것이나 다름없으니 진심으로 제갈량에게 고개를 숙이고 감격할 것은 당연하다.

관우는 누구보다 '결초보은'의 의지가 강한 사람이다. 그가 화용도에서 적인 조조를 놓아준 사례만 보더라도 이를 알 수 있다. 원래 제갈량은 관우를 굴복시킬 수 있었다. 그러나 격장법으로 관우를 굴복시키려 했던 것이 오히려 둘의 관계를 악화시키는 계기가 될 줄 누가 알았겠는가! 이는 훗날 유비가 쇠망의 길을 걷는 빌미가 된다.

유비는 관우가 군령장을 쓰는 것을 보고 내심 조조를 놓아줄까 봐 걱정되었다. 그러자 제갈량은 '천문'을 들먹이며 조조는 아직 죽을 때가 안 됐다고 하면서 관우가 인정을 베풀 기회를 주었다. 그러나 관우가 조조를 놓아주고 결과를 보고하러 왔을 때 제갈량은 이 말을 잊어버린 듯했다.

제갈량은 군령장으로 관우의 기를 꺾으려고 했다. 그러나 관우는 체면 때문에 절대 고개를 숙이지 않았다. 이 때문에 두 사람의 관계는 교착 상태에 빠졌다. 관우는 군령장을 어린아이 장난으로 치부할 수 있지만 제갈량은 그럴 수 없었다. 제갈량은 어쩔 수 없이 관우를 끌어내 참수하라고 하면서 공을 유비에게 넘겼다.

관우를 죽이려는데 유비가 가만히 있을 리 없었다. 먼저 관우의 잘못을 인정해 제갈량의 권위를 지켜줬다. 그 뒤 관우를 위해 용서를 빌며 '공으로 죄를 사하자'라는 완충 전략을 썼다. 이에 제갈량도 한숨 놓으며 관우를 풀어줬다.

제갈량이 공들여 계획한 격장계는 효과를 거두기는커녕 오히려 더 난처한 상황을 만들었다. 이번 실책은 제갈량에 대한 관우의 편견을 더욱 굳혔다. 관우의 호승심을 더 강하게 자극했을 뿐이다. 그러나 격장법은 제갈량이 융중에 있을 때 '안자가 복숭아 두 개로 세 용사를 죽인 실수'를 생각하다 찾아낸 해결책이었다. 그만큼 쉽게 포기할 수 없었다. 제갈량은 계속해서 기회를 엿보기로 했다.

한편 주유의 상황은 어떠했을까? 동오군은 조조군을 격파한 뒤 군사를 철수시켰다. 주유는 동오군이 승기를 잡은 절호의 기회를 타고 조인이 지키는 남군을 공격했다. 유비가 이미 유강油江의 어귀에 군사를 주둔시켰다는 소식을 듣고 제갈량의 계책임을 직감했다. 주유는 속으로 생각했다.

'우리 동오는 많은 군사를 잃고 군량을 써가며 조조를 격파했다. 그런데 유비가 이 틈을 타 남군을 빼앗으려고 하다니 참으로 가증스럽구나. 이 주유가 있는 이상 네 뜻대로는 안 될 것이다!'

대승을 거둔 뒤 자신감에 가득 찬 주유는 유비가 '떡고물'을 탐내지 못하도록 그를 만나러 유강 어귀로 향했다.

◈ 심리학으로 들여다보기

사람은 습관적으로 '과유불급'의 우를 범한다. 넘치게 채워야 더 가진 나은 사람이 되는 양 지나치게 행동한다. 부족한 부분을 인정하지 않고 모자란 사람으로 단정 짓는 심리에서 비롯되었다. 그러나 약간 허기진 배에 들어간 음식이 맛있다.

4부

제갈량, 승부수를 던지다

'절묘한 때'가 있다. 뒤로 물러서서는 안 되는 때이기도 하다.
자신 앞에 맞닥뜨린 상황이 두렵고 위험해 보이지만
진정 이때가 아니면 할 수 없다.
자신을 시험하는 하늘의 계략이라면 과감해지자.
의연하게 자신의 진가를 보여줘야 한다.

공격이냐 방어냐의 선택이
성패를 가른다

제갈량에게는 조조의 퇴로에 복병을 심어두는 것 말고 더 중요한 임무가 있었다. 한시 빨리 형양 땅을 빼앗아 유비에게 진정한 근거지를 마련해주는 것이다. 그러나 주유가 바보가 아닌 이상 제갈량이 이 땅을 공략하는 것을 두고 볼 리 없었다. 사실 주유와 제갈량의 생각은 똑같았다. '포스트 조조 시대'의 형양 9군을 빼앗는 것이었다. 이리하여 조조를 물리치기 위해 손잡았던 유비군과 동오군은 조조를 격파하자마자 적으로 돌아섰다.

주유는 선제공격을 결심했다. 다재다능하고 지략이 출중한 그이지만 지나치게 '정정당당함'을 좇는 것이 큰 결점이었다. 그래서 대승으로 자신감이 충만했던 주유는 정공법을 선택했다. 그는 유비에게 자신이 점찍어둔 물건에 침 묻힐 생각을 말라고 대놓고 경고했다. 그 때문에 위대한 군사가는 될망정 위대한 정치가는 될 수 없었다. 이는 거꾸로 군사가로서 위업을 쌓는 데 장애물이 되었다.

주유는 군사를 이끌고 유비를 만나러 갔다. 만약 유비가 주제 파악을 못 하고 계속 이 땅에 집착한다면 먼저 유비를 제거한 다음 형양 9군을 취할 생각이었다.

제갈량은 주유의 의도도 알고 유비의 마음도 알았다. 그런데 주공 유비를 만족시키려면 주유의 마음은 돌볼 겨를이 없었다. 주유의 생각대로 따르면 유비의 마음이 상할 것이다. 제갈량은 유비의 사람이므로 당연히 유비를 먼저 만족시켜야 했다. 그러나 지금은 절대로 주유와 정면으로 부딪치면 안 된다는 사실도 잘 알고 있었다(객관적인 실력 차가 너무 컸다). 오히려 앞서 적벽을 불태우면서 주유의 덕을 많이 보았으니 지금 형양 땅을 공략하기보다는 주유에게 맡겨 훗날 그에게 힘을 빌리는 편이 나았다.

제갈량은 일거양득의 대책을 생각해냈다. 주유의 힘을 빌려 형양을 얻을 수 있을 뿐만 아니라 지난날 그에게 당했던 억울함을 앙갚음할 수도 있었다. 제갈량은 주유를 만나면 해야 할 말을 유비에게 일러주었다. 이에 유비는 성대한 주연을 마련하고 주유를 맞이했다.

주유가 말했다.

"현덕공이 군사를 이곳으로 옮긴 까닭은 남군을 쳐서 빼앗으려는 뜻이 아니오?"

유비와 제갈량은 주유가 이렇게 말할 줄은 꿈에도 몰랐다. 주유가 얼마나 사고력이 뛰어난지 보여주는 대목이다. 이 질문에는 단 두 가지 대답만 할 수 있다. 하나는 '그렇다'이고 다른 하나는 '아니다'였다.

주유는 '아니다'라는 답을 기대했다. '네 입으로 남군을 빼앗을 생각이 없다고 했으니 그럼 우리가 남군을 차지하겠다. 그러니 너희는 끼어들 생각하지 마라!'라고 다음 말까지 생각해두었다. 만약 '그렇다'라고 대답한다면 주유는 대놓고 유비를 욕할 수 있는 빌미를 잡게 된다. 유비와 제갈량은 동오와 조조가 창칼을 맞댄 틈을 타 이미 많은 '떡고물'을 얻었다. 그러나 적벽 전투 승리의 주역은 동오군이었다. 이 점은 누구도 부인할 수 없었다. 주유가 이 점을 빌미로 비난한다면 '인의도덕'에 구애받은 유비로서는 대꾸할 말이 없었다.

그러나 유비는 세 번째 답변을 내놓았다. 유비의 임기응변에 감탄이 절로 나온다.

"도독께서 남군을 치려 한다는 소식을 듣고 도우러 왔을 뿐입니다. 그러나 만약 도독께서 남군을 취하지 않으시면 그때는 내가 나서서 반드시 남군을 취할 것입니다."

유비는 서로의 감정을 상하지 않도록 매우 적절하게 대답했다. 게다가 수세를 공세로 바꿔 주유에게 한 방 먹이면서 자신에게 유리한 방향으로 대화를 이끌었다. 주유가 말했다.

"제가 어찌 빼앗지 않겠습니까? 우리 동오는 오래전부터 남군을 우리 땅으로 차지하려고 했습니다. 이제 남군이 우리 손아귀에 들어왔는데 어떻게 취하지 않을 수 있겠습니까?"

주유의 뜻은 이러했다.

'이번에는 너희와 손잡을 필요 없이 우리 힘만으로도 충분히 남군을 차지할 수 있다. 이번에는 우리 덕을 볼 생각하지 마라!'

유비는 제갈량에게서 주유가 '격장법'에 약하다는 들었던 차라 그의 심사를 뒤틀리게 만들어보기로 했다. 유비가 느긋하게 말했다.

"싸움에 이기고 지는 것은 미리 알 수 없지요. 백전백승하는 예가 어디 있습니까? 조조가 보낸 조인이 남군을 지키고 있는데 그는 용맹스럽기로 따를 자가 없다고 하더이다. 도독께서 고생만 하고 결국에는 남군을 빼앗지 못할까 걱정입니다."

주유의 마음속에 불길이 일었다. 속으로 '조인이 아무리 용맹해도 너희의 도움 따위는 필요 없다. 도움은 무슨, 사실은 또 떡고물을 얻어먹으려는 수작이 아니냐. 누가 너희들의 시커먼 속을 모를 줄 알고!'라는 생각이었지만 또 격장계에 넘어간 주유는 오만하게 말했다.

"내가 만약 남군을 차지하지 못한다면 그때는 공을 차지하더라도 아무 말 않겠소!"

유비가 기다린 것이 바로 이 말이었다. 유비는 옳거니 하고 주유의 말에 쐐기를 박았다.

"도독, 그 말씀은 도독 본인이 하신 말씀입니다. 자경과 공명이 증인이니 나중에 번복하지 마십시오."

주유는 유비의 말을 듣고 '계략의 달인' 제갈량이 떠오르며 후회가 일었다. 그러나 한번 내뱉은 말을 주워 담을 수는 없는 노릇이었다. 주유는 그저 자신의 말을 다시 확인시켜주는 수밖에 없었다.

"대장부의 한마디가 이미 입 밖으로 나왔는데 어찌 후회가 있겠습니까!"

제갈량도 기회를 놓치지 않고 명확하게 말했다.

"도독의 말씀은 우리 모두의 공론으로 보아도 무방하겠습니다. 먼저 동오가 남군을 치고 만약 빼앗지 못하면 우리 주공께서 취하셔도 무방하다는 것이지요."

여기까지 온 이상 주유도 인정할 수밖에 없었다. 그러나 그렇게 기분 나쁠 것도 없었다. 약속은 쌍방 모두에게 구속력이 있었다. 만약 자신이 먼저 남군을 공략해 취하면 문제될 것이 없었다. 유비와 제갈량이 어떤 음모를 꾸민다고 하더라도 대놓고 약속을 어길 수는 없는 법, 결국 방법은 먼저 남군을 빼앗는 것뿐이었다.

주유는 작별을 고하고 떠났다. 유비도 조금 후회가 돼 제갈량에게 말했다.

"선생께서 가르쳐주신 대로 말하기는 했으나 나는 가진 것이라고는 몸뚱이 하나뿐입니다. 발 디딜 땅 한 뼘 없는지라 이제 어렵사리 남군이라도 빼앗아 몸 둘 곳으로 삼으려 했습니다. 그런데 주유에게 먼저 남군을 빼앗게 한다면 나는 또 어디로 가야 한단 말입니까?"

제갈량이 크게 웃으며 말했다.

"주공께서는 걱정하실 것 없습니다. 제게 다 생각이 있습니다."

한편 주유는 군사를 뽑아 조인과 맞붙어 먼저 이릉夷陵을 빼앗은 다음 남군을 물샐틈없이 포위하고 맹공을 퍼부었다. 조인은 문득 조조가 물러나기 전 일러준 간계가 떠올랐다. 그는 조조의 계책대로 주유를 성안으로 끌어들이는 데 성공했다. 동오군이 성안으로 들어서자마자 사방에서 화살이 빗발치듯 쏟아졌다. 그 와중에 주유도 화살에 맞고 말았다. 주유는 군사를 이끌고 퇴각했다. 독화살에 맞은 주유는 상태가 심상치 않았다. 장수들은 주유의 안위를 고려해 조인이 아무리 도발해도 군사를 움직이지 않았다.

주유는 병석에 누워 조조군이 날마다 와서 욕지거리하는 것을 들었다. 끓어오르는 화를 주체하지 못하고 정보 등을 불러 꾸짖었다.

"어째서 군사를 거둔 채 싸우지 않는가? 도대체 어찌할 생각인가?"

정보가 말했다.

"모든 군사가 도독의 상처를 걱정하고 있습니다. 그래서 지금은 일단 군사를 거둬 강동으로 돌아갔다가 도독의 상처가 나으면 다시 오는 게 어떨까 싶습니다."

주유는 비통함을 가눌 길이 없었다. 지금 남군을 빼앗지 못하면 유비가 출병할 것이고 동오는 기회를 놓치고 만다. 이는 주유의 자존심이 용납할 수 없는 일이었다. 주유는 분연히 떨치고 일어나 소리쳤다.

"대장부가 되어 이미 주군의 봉록을 먹었다면 싸움터에서 죽어 말가죽에 시체를 싸서 돌아가야 할 것이오. 어찌 나 한 사람으로 인해 나라의 대사를 망친단 말이오!"

주유의 충성심에 감탄사가 절로 나온다.

주유는 아픈 몸에 갑옷을 입고 전투에 나서 남군을 공략했다. 주유가 이토록 무리한 까닭은 유비와의 약속 때문이었다. 만약 이 약속이 없었다면 독화살로 입은 상처가 아문 다음에 다시 남군을 치러 왔을 것이다. 지금 자신이 할 수 있는 일이라고는 목숨을 버릴 각오로 공격을 감행하는 것뿐이었다. 비록 어쩔 수 없이 전투에 나섰다고는 하나 주유의 지략이 어디 갈 리가 있겠는가? 주유는 자신의 상처를 이용하기로 결심했다.

조인은 전투에 나서면서 군사들에게 주유를 큰소리로 욕하라고 했다. 그런데 주유가 전투 중에 피를 토하며 말에서 굴러떨어지자 수하들이 업고 진영으로 돌아갔다. 이것은 주유의 계략이었다. 주유는 자신이 죽었다는 소문을 내고 모든 군사에게 상복을 입혔다.

과연 조인은 주유의 계략에 속았다. 야밤을 틈타 기습공격을 감행했다가 주유가 미리 매복시켜놓은 복병에게 대패한 것이다. 주유는 그 여세를 몰아 남군을 빼앗으려고 했다. 그러나 주유가 성 아래에 도착하니 성문이 굳게 닫혀 있었다. 성벽 위에 유비의 깃발이 휘날리고 있는 것이 아닌가! 주유는 너무 놀라 할 말을 찾지 못했다. 그때 성벽 위에서 조운이 외쳤다.

"도독께서는 이 몸을 너무 나무라지 마십시오. 군사의 명을 받들어 제가 이미 남군을 빼앗았습니다."

그 말에 진상을 파악한 주유는 분노가 치밀었다. 이것이야말로 '정정당당하게' 약속을 어긴 행위였다. 쌍방은 주유가 조인에게 패해 남군을 빼앗지 못한 경우에 유비가 남군을 공략하기로 약속했다. 그런데 주유가 승전을 눈앞에 두고 있을 때, 제갈량이 조운을 보내 힘 한 번 쓰지 않고 남군을 '도둑질'한 것이다. 사실 제갈량은 주유가 조인과 정면충돌해서 조인의 주력군과 주의를 묶어둔 틈을 타 남군을 '도둑질' 했다. 만약 그러지 않았다면 유비에게 남군을 공략할 우선권이 쥐어졌더라도 조인과 맞붙었을 때 반드시 승리한다고 장담할 수 없었다.

제갈량의 행동은 확실히 비도덕적이었다. 그러나 어느 순간의 정태적인 관점으로 사물을 바라보아서는 안 된다. 제갈량이 '비도덕적'으로 행동한 것은 사실이나 이는 과거 주유가 '비도덕적'으로 행동한 것에 대한 보복이었다. 다시 말해 '눈에는 눈 이에는 이'로 되갚아준 것뿐이다.

첫째, 주유와 제갈량은 모시는 주군이 다르다. 제갈량은 유비의 이익을 위해 주유와 창칼을 맞댈 수도 있다. 이 전제하에서 '속임수'를 좀 썼다고 문제 될 것은 없다.

둘째, 상대에게 큰 타격을 주려면 '사전'에 '속임수'를 써서 보복한 뒤 '사후'에 보복 계획과 실시 과정을 상세하게 '설명'하면 된다. 제갈량은 바로 이 방법을 택했다. 만약 '공격 비용의 최소화'와 '보복 효과의 극대화'를 동시에 꾀할 생각이 아니었다면 굳이 유비를 시켜 주유에게서 '선후 공격' 약조를 받아낼 필요가 없었다. 모두가 동시에 패를 펼쳐 함께 공격하거나 각자 공격해 운이 좋은 쪽이 남군을 차지하면 그뿐이었다. 그랬다면 제갈량이 먼저 남군을 차지했다고 하더라도 주유가 '사전 속임수'에 당했다는 억울함에 노발대발하지는 않았을 것이다. 게다가 조운이 제갈량의 명령에 따라 자신이 남군을 빼앗았다고 외치는 바람에 주유가 제갈량에게 속았다는 사실이 만천하에 드러났다. 주유가 이 같은 치욕을 어떻게 견딜 수 있겠는가?

제갈량의 보복은 여기서 그치지 않았다. 남군을 얻은 제갈량은 조인의 병부에게 남군을 지원하도록 속여 성이 빈틈을 타 장비로 하여금 형주를 빼앗게 했다. 또 같은 수법으로 형양을 지키는 하후돈을 속여 관우가 형양을 빼앗게 했다. 이리하여 형양 땅은 대부분 제갈량의 손에 들어갔다.

주유의 고통은 곧 제갈량의 기쁨이었다. 모든 사실을 안 주유는 단말마의 비명을 지르며 쓰러졌다. 이번에야말로 독화살에 맞은 상처가 모두 찢어지고 말았다!

◈ **심리학으로 들여다보기**

세상에 이유 없는 사랑은 있어도 이유 없는 증오는 없다. 미움의 감정이 더 많은 에너지를 소모시킨다. 그로 인해 내면에 깃든 긍정의 감정까지 불태워버릴지 모른다. 결국, 누구의 손해인지는 말하지 않겠다. 당신이 아니길 바랄 뿐이다.

발을 빼야 하는 이유는
분명하다

감정이 격해져 화살에 맞은 상처가 벌어졌던 주유가 깨어났다. 그가 내뱉은 첫마디는 바로 '제갈량을 죽이지 않으면 내 마음속의 원한을 풀 수가 없다'라는 말이었다. 제갈량이 또 동오의 힘을 빌려 어부지리를 봤기 때문이다. 이는 마음이 좁은 것이 아니라 어떤 사람이라도 속임수에 놀아나고 충격을 받으면 보복을 생각하는 이치이다.

노숙이 나서서 주유를 말렸다. 동오에서 손권과 유비가 싸우는 것을 원하지 않는 유일한 사람이 그였다. 이 모든 일이 자신에게서 비롯되었기 때문이다. 만약 그가 제갈량을 동오로 데려가지 않았다면 이런 원한이 쌓이고 앙갚음을 하는 일은 없었을 것이다. 이제까지는 제삼자이기에 감정적인 골이 없었지만, 일의 당사자가 된 이상 자신은 상황에 맞는 정확한 행동을 했다는 점을 증명하기 위해(일관성의 내재적 요구)

270

국가의 이익을 수호하는 와중에 자신을 수호할 수밖에 없었다.

노숙은 차라리 유비를 찾아가 이치를 따지라고 했다. 이는 주유가 일관되게 추구한 '떳떳함'에 부합했다. 그래서 두 사람은 먼저 유비를 찾아가기로 했다. 그리고 말이 통하지 않을 시 군사를 움직이기로 결정했다. 형주를 찾아간 노숙은 깃발이 질서정연하게 꽂혀 있고 군용이 엄숙한 것을 보고 저도 모르게 탄식했다. 주인과 손님이 마주한 자리에서 노숙이 선제공격을 했다.

"지난날 조조가 100만 대군을 이끌고 왔을 때 겉으로는 강남을 아우르기 위한 것이라 했으나 사실은 유황숙을 잡기 위한 것이었습니다. 이제 우리 강동은 많은 돈과 군량을 쓰고 셀 수 없이 많은 군사까지 잃은 끝에 조조를 격퇴시키고 황숙을 구해냈습니다. 그러니 조조가 차지했던 형양 9군은 마땅히 우리 동오의 것이 되어야 할 것입니다. 그런데 유황숙께서는 간계를 써서 형주, 양양, 남군을 빼앗으시다니 세상에 이런 법이 어디 있습니까? 황숙께서는 이에 대해 말씀을 해보시지요."

유비에게 던진 세 가지 의미가 담긴 노숙의 말은 그야말로 설득의 '정석'을 보여준다.

첫째, 노숙은 처음부터 끝까지 황숙을 들먹이며 제갈량의 이름은 입에 올리지도 않았다. 유비를 존중해서가 아니라 설득의 대상을 명확히 한 것이다. 유비는 '인의도덕'에 속박을 받는 인물이나 제갈량은 그렇지 않다. 똑같은 말이라도 유비에게는 효과가 있지만 제갈량에게는 아무런 효과가 없다. 그래서 노숙은 유비의 이름만 거론한 것이다.

둘째, 노숙은 '결초보은'하는 호혜의 원칙을 잘 알고 있다. 그는 조조가 강남에 온 목적이 유비를 잡기 위해서였다. 그런데도 동오가 많은 돈과 군량, 군사를 잃어가면서 유비를 구해줘 큰 은혜를 베풀었다고 강조했다. 이에 유비는 마땅히 결초보은해야 한다. 만약 배은망덕해서 은혜는 갚지 않는다 해도 동오가 형양 9군을 공략할 때 적어도 끼어들지는 말아야 했다.

셋째, 유비는 동오의 은혜에 보답하기는커녕 간계를 써서 형양 땅을 도둑질했다. 이런 행위는 유비가 늘 주장하는 '인의도덕'은 전혀 어울리지 않는다. 그러나 노숙은 직접 따지지 않고 유비가 자신의 입으로 설명하기를 요구했다.

'부드러움 속에 가시를 숨긴' 노숙의 말은 천군만마보다 강력했다.

유비는 임기응변에 능하지만 이 질문에는 쉽게 답하지 못했다. 그러나 최후의 임기응변 방법은 잊지 않았으니, 곧 제갈량에게 시선을 던져 대답의 책임을 떠넘기는 것이었다.

노숙이 말끝마다 '황숙'이라는 호칭을 붙인 까닭은 유비가 이 질문에 답하지 못할 것을 알았기 때문이다. 그러나 공이 제갈량에게 넘어간 이상 이 질문은 문제 되지 않았다.

"자경은 고명한 선비로서 어찌 그 같은 말씀을 하십니까?"

제갈량의 수법은 전형적인 '억지 부리기'였다. 자신의 관점을 말하기 전에 먼저 '억지'를 부리며 상대의 관점을 무조건 부정하는 것이다. 제갈량이 이어서 말했다.

"형양 9군은 동오 땅이 아니라 유표의 땅이었소. 유표는 죽었으나 그의 아들이 살아있습니다. 우리 주공은 유표의 아우이시니 숙부로서 조카를 도와 형주 땅을 찾아준 것인데 무엇이 잘못이란 말입니까?"

제갈량은 노숙이 생각한 호혜의 원칙에 따라 움직이지 않았다. 호혜의 원칙을 거론하면 유비로서는 백번 양보해도 할 말이 없기 때문이다. 그래서 제갈량은 아예 다른 관점, 즉 형양 땅의 합법적인 귀속권이 누구에게 있는지를 가지고 따졌다.

그러나 이 문제도 제갈량이 당당하게 따질 입장은 아니었다. 유표는 이미 형양을 아들 유종에게 물려줬고 유종은 조조에게 투항서를 보냈다. 그러므로 현재 형양 땅의 합법적인 소유주는 조조였다. 그 조조를 물리치는 데 동오가 많은 힘을 쏟았으니 형양 땅을 가지는 것도 문제될 것이 없었다.

그러나 노숙은 심사숙고는 잘해도 임기응변에는 약했다. 사전에 이점을 생각해보지 않은 그는 제갈량의 말에 대꾸할 말을 찾지 못했다. 노숙이 말했다.

"만약 공자 유기가 점거한 것이라면 문제가 없겠지요. 그러나 지금 유기 공자는 어디에 있습니까?"

이에 제갈량이 말했다.

"공자는 이곳에 계시오. 자경이 공자를 만나고자 한다면 내가 모셔 오리다."

제갈량은 유기를 데려오게 했다. 유기가 시종들의 부축을 받으며 나왔다. 안색이 창백하고 숨을 거칠게 몰아쉬는 유기를 보고 노숙은 깜짝 놀랐다. 유기가 물러난 뒤 노숙은 한동안 마음이 무거웠다. 한창나이인 유기가 곧 죽을 것 같은 모습으로 나타나자 안타까웠다.

"공자가 계시면 어떻게 되는 것이고 계시지 않으면 또 어떻게 되는 것입니까?"

노숙은 자신의 물음이 정곡을 찔렀다고 생각했지만 이것은 제갈량이 기다린 물음이었다.

"공자께서 하루라도 살아계신다면 우리는 그날까지 형주를 지킬 것이오. 그러나 공자께서 계시지 않는다면 그때는 따로 이 일을 논의해야겠지요."

노숙이 말했다.

"만약 공자께서 계시지 않는다면 그때는 반드시 형주를 우리 동오에 돌려주셔야 합니다."

"그렇게 하지요."

제갈량의 대답에 노숙은 마음을 짓누르던 큰 돌덩이가 내려진 것 같았다. 그제야 유비는 연회를 준비하라고 분부했다. 이 얼토당토않은 '형주 빌리기' 협상이 결국 성사된 데는 유기의 건강상태가 결정적 변수로 작용했다. 사실 유기의 건강상태는 '거짓 명제'였다. 유기는 '죽음'을 걱정하기에는 아직 너무 이른 나이였다. 그러나 제갈량은 유기를 '죽음을 눈앞에 둔' 병자의 모습으로 꾸며 전체 명제를 참으로 만들었다. 노숙은 유기의 목숨이 얼마 남지 않은 것을 직접 보아야만 이 자리에서 물러날 것이고 유기가 죽기 전까지는 형주를 되찾으러 오지 않을 것이다. 만약 유기가 팔팔한 청년의 모습으로 나타난다면 노숙이 아무리 어리석고 순진하더라도 영토 반환 요구를 그만둘 리 없었다.

솔직히 유비가 형주를 차지한 행위는 도의에 어긋나는 것이다. 노숙이 끝까지 돌려달라고 고집을 부렸다면 제갈량도 어쩔 수 없이 돌려줘야 했다. 제갈량이 유기를 죽기 직전의 병자로 꾸며 노숙을 속인 것과 주유가 독화살에 맞아 죽었다고 소문을 퍼뜨린 것은 똑같은 수법이다.

'너 죽고 나 죽기' 식의 정면충돌을 피하고 사태를 진정시킬 제3의 해결책을 찾을 수 있다.

그러나 이 일은 제갈량 자신과 유비 진영에 족쇄를 채운 것이나 다름없었다. 이후 손권과 유비 사이에 발생한 모든 갈등이 이 일에서 비롯되었기 때문이다.

사람은 기고만장할 때 자기 스스로 족쇄를 채운다. 주유도 남군이 자기 손에 들어왔다고 득의양양하다가 스스로 족쇄를 찼다. 양심의 가책을 느낄 때도 스스로 족쇄를 채운다. 이는 제갈량이 뻔뻔하지 않다는 말이 아니라 유비의 '도덕주의'를 지나치게 고려했다는 뜻이다.

제갈량은 모든 문제를 깔끔하게 해결했다고 자신했다. 하지만 근본적으로 해결한 것이 아니라 잠시 뒤로 미룬 것에 불과했다. 문제를 뒤로 미룬다면 일은 종종 우리가 원하지 않는 방향으로 흘러간다.

후에 이 일은 제갈량 일생일대의 실패에 영향을 미친다. 제갈량 '일생일대의 실패'는 무엇일까? 동오와 손잡고 위나라에 맞서자고 관우를 설득하지 못한 것일까? 동오와 전투를 벌이려는 유비를 말리지 못한 것일까? 수차례 북벌을 감행하고도 결국 실패한 것을 말하는 것일까? 모두 아니다. 그 실패는 바로 유표가 다스리던 형주를 빼앗자고 유비를 설득하지 못한 일이다.

제갈량은 융중의 초가에 은거할 때 유비에게 '천하삼분지계'를 연설한 바 있다. 이름하여 '융중대책'으로 핵심은 손권과 연합해 조조에 맞서자는 것이다. 이를 시행하기 위한 기본 전제는 유표가 다스리는 형주를 빼앗는 것이다.

똑같은 땅이라도 언제, 누구 손에 빼앗느냐에 따라 전략적 가치는 완전히 달라진다. 처음 제갈량이 유비에게 형주를 빼앗자고 건의했을 때 조조는 아직 군사를 움직이지 않았고 손권과 유표는 대치 상태에 있었다. 이때 유비가 유표에게서 형주를 빼앗았다면 근거지를 스스로 마련한 셈이 돼 외부세력과 소유권 분쟁을 벌일 필요가 없었다. 유비가 형주를 빼앗으면 조조가 공격해올 것이 분명했다. 그때 손권과 힘을 합쳐 조조에게 맞섰다면 모든 일은 쉽게 풀렸을 것이다. 그랬다면 조조를 물리친 뒤 동오가 형주의 귀속권을 주장할 일도 없었다. 이렇게 돼야만 제갈량의 '융중대책' 전략이 온전히 성공할 수 있었다.

그러나 이 절호의 기회를 놓친 뒤 형주는 마땅한 주인을 못 찾고 '분쟁지역'이 되었다. 제갈량이 계략을 써 동오의 힘을 빌려 형양을 차지했지만 이 때문에 손권과 유비 양측은 훗날 첨예하게 대립한다.

제갈량은 '형주를 빌려' 순간의 안녕을 얻었지만, 이후 계속 발뺌하며 형주를 돌려주지 않아 '도의'를 저버렸다. 관우가 형주를 지킨 이후로는 사실상 동오와 기분 좋게 동맹을 맺을 가능성이 완전히 사라져버렸다. 이유는 간단했다. 이득을 본 유비 입장에서는 당연히 현상을 유지하면서 동오와 사이좋게 지내고 싶다. 그러나 손해를 본 동오측에서도 그럴까? 무슨 수를 써서라도 형주를 되찾고자 할 것이다. 그래서 동오의 관계가 악화 일로를 걸은 책임은 제갈량이 합리적이고 합법적으로 형주를 차지하지 못한 데 있다.

물론 제갈량도 합법적으로 형주를 차지하려고 했다. 유비에게 형주를 빼앗자고 여러 번 권했으니까. 그러나 '윤리 도덕'에 얽매인 유비는 제갈량의 말을 귓등으로도 듣지 않았다. 그런 유비를 설득하지 못한 것이야말로 제갈량의 일생일대의 실패인 셈이다. 유비는 도덕에 위배

되는 일을 할 수 없었던 것이 아니라 도덕을 위배해도 되는 이유를 찾지 못한 것뿐이다. 제갈량은 그 이유를 찾지 못해 좋은 기회를 흘려보냈다. 이와 달리 '와룡과 봉추' 콤비로 불리며 제갈량에 못지않은 재주를 인정받은 방통은 유비가 도덕에 얽매이지 않고 서천西川 땅을 취하도록 '도덕을 위배해도 되는 이유'를 찾아줬다.

그래서 이 모든 책임은 제갈량에게 있다. 제갈량은 유비에게 '조만간 주공이 남군성에서 높이 앉으실 수 있도록 해드리겠습니다'라고 말한 적 있다. 얼핏 생각하면 자신감 넘치는 호언장담으로 여길 수도 있지만 사실 이 말은 우습기 짝이 없는 거짓말이다. '조만간'이 대체 언제인가? 영토의 전략적 의의는 때에 따라 다르다는 사실을 명심해야 한다.

◈ **심리학으로 들여다보기**

가장 큰 성공의 과실을 맛볼 때, 가장 큰 실패의 씨앗은 이미 땅속에 뿌리를 내렸다고 봐야 한다. 예측 불가한 것이 우리 삶 아닌가. 누군가와 희비가 엇갈리는 일에서 무턱대고 쾌재를 부르지 마라. 다음은 당신 차례이다.

도구가 있다면
그 활용도를 먼저 고민해야 한다

노숙은 주유에게 '형주를 빌려주게 된' 경위를 소상히 말했다. 주유는 유기의 명이 길지 않다는 말에 제갈량이 유기가 죽은 뒤에도 형주를 돌려줄 리 없다고 의심했다. 형양을 공략하는 순서를 정해놓고도 동오군이 조인군과 싸우는 틈에 어부지리를 꾀한 것이 바로 얼마 전이기 때문이다. 주유는 결코 제갈량이 구두로 한 약속을 믿지 않았다. 그러나 이때 마침 손권이 주유에게 병사를 물리라는 명을 내려서 발걸음을 돌릴 수밖에 없었다.

이때부터 제갈량은 인생에서 가장 빛나는 때를 맞이한다. 제갈량은 정말 운이 좋은 사람이다. 출사한 이후 제갈량은 순풍에 돛 단 듯 '잘나갔다.' 그가 짠 계책은 하나같이 성공했고 단숨에 인생의 황금기로 접어들었다. 그러나 제갈량은 가장 크게 성공했을 때 가장 큰 실패의 씨앗이 땅속에 뿌리를 내렸다는 사실을 알지 못했다.

장밋빛 인생을 즐기던 제갈량에게 문득 어떤 아이디어 하나가 떠올랐다. 그는 장인을 불러 자신의 설계도에 따라 사륜수레를 만들라고 했다. 사람들은 제갈량이 뜬금없이 사륜수레를 만들기 시작하자 그 까닭을 물었지만 웃기만 할 뿐 이유를 말해주지 않았다.

널리 인재를 구하던 유비는 마씨 오 형제를 초빙했다. 마씨 오 형제 중 으뜸이라는 마량馬良은 유비에게 이른 시일 내에 형양 주변의 무릉武陵, 영릉零陵, 계양桂陽, 장사長沙 4군郡을 빼앗으라고 조언했다. 이 네 개 군은 모두 곡창지대로 이 지역을 손에 넣으면 식량과 돈에 대해서는 한시름 놓아도 되었다.

유비는 곧 제갈량을 불러 상의한 끝에 먼저 영릉을 공격하기로 한다. 영릉태수 유도劉度는 제갈량이 장비, 조운을 데리고 공격해온다는 소식을 듣고 황급히 아들 유현劉賢을 불러 방도를 강구했다. 유현이 말했다.

"우리 영릉에도 만 명의 적을 상대할 수 있는 형도영邢道榮이라는 맹장이 있습니다. 장비와 조운이 용맹하다고는 하나 형도영이라면 그들을 대적하고도 남을 것입니다."

형도영은 자신의 무예가 고대의 명장 염파廉頗나 이목李牧에 뒤지지 않는다고 허풍을 치고 다니는 인물이었다. 이 점은 제갈량과 비슷했다. 제갈량도 늘 자신을 관중과 악의에 비유했으니 말이다.

자신감이 지나친 인물은 역사 곳곳에서 찾아볼 수 있다. 대장군 하진何進은 태감들이 감히 자신을 어쩌지는 못할 것이라고 자신하다가 결국 목이 잘렸다. 조조도 동탁을 죽이기는 닭 모가지 비틀기만큼 쉬운 일이라고 자신만만하다가 결국 일이 닥쳤을 때 도망쳤다. 오관육장五關六將은 관우를 이길 수 있다고 자신하다가 모조리 청룡언월도에 목이 달아났다.

형도영은 자신만만하게 나섰지만 막상 진영 앞에서 어리둥절해졌다. 맞은편 유비 진영에서 황색 깃발에 둘러싸여 사륜수레 한 대가 나왔다. 수레 안에는 윤건을 쓰고 학창의를 걸친 채 깃털부채를 든 제갈량이 앉아있었다.

동서고금을 통틀어 양군이 대치 중인 전장에서 수레에 앉은 채 전투를 지휘한 사람은 제갈량을 제외하고는 '전국시대 병성兵聖'이라고 불린 손빈이 유일하다. 그러나 손빈은 무릎뼈가 잘려 어쩔 수 없이 수레에 탄 것이다. 그렇다면 제갈량은 사지육신이 멀쩡한 몸으로 어째서 이동이 불편한 사륜수레에 앉아 전투를 지휘한 것일까?

제갈량은 자신을 포장하는 데 도가 튼 사람이다. 융중에서 출사할 때 계획한 '삼고초려三顧草廬'부터 적벽 전투에서 '귀신을 부리는 재주'를 보여준 것도 자신을 포장하기 수단이었다. 이 수레를 타고 나타난 것도 같은 이유였다.

첫째, 수레에 앉아 전투를 지휘한 손빈은 '병성'이라고 불린다. 제갈량도 사람들이 수레에 탄 자신을 보며 자연스럽게 손빈을 연상하도록 불편을 감수했다.

둘째, 수레에 앉아 전투를 지휘하는 것은 보기에는 멋져 보일지 몰라도 매우 위험했다. 그러나 이렇게 위험을 무릅쓰는 행동은 자신감과 우월감을 나타낸다. 간이 배 밖으로 나올 만큼 자신감이 넘치지 않고서야 감히 이런 위험을 무릅쓸 수 있겠는가?

셋째, 제갈량은 자신을 더욱 '신격화'시키고 싶었다. 이를 위해 특별한 도구가 필요하고 눈에 띄는 포장지가 있어야 했다. 사륜수레는 바로 이러한 조건을 모두 만족시키는 도구였다.

제갈량은 자신만만한 말투로 형도영을 가리키며 말했다.

"내가 바로 남양의 제갈공명이다. 조조가 100만 대군을 이끌고 왔으나 별 것 아닌 내 계책에 빠져 갑옷 한 조각 건지지 못하고 돌아갔다. 그런데 감히 너희 따위가 나와 맞서려 하느냐? 어서 투항하지 못할까!"

제갈량은 이렇게 말하면 형도영이 꼬리를 내리고 투항할 줄 알았다. 그러나 자신감이 지나친 사람은 자기 인식을 쉽게 바꾸지 못하는 법이다. 형도영이 껄껄 웃으며 말했다.

"적벽에서 조조의 대군을 몰살시킨 것은 모두 주유의 공이다. 그것이 너와 무슨 상관이란 말이냐?"

사람은 누구나 자신을 대단하게 생각한다. 설령 자신이 어떤 일의 성공에 아주 작은 역할을 했더라도 그 일의 성공은 모두 자신 덕분이라고 생각하는 경향이 있다. 제갈량도 그러했다. 그는 적벽대전의 승리는 모두 자신의 공이라고 생각했다. 그러지 않았다면 제갈량이 형도형에게 '조조가 100만 대군을 이끌고 왔으나 별 것 아닌 내 계책에 빠져 갑옷 한 조각 건지지 못하고 돌아갔다'라고 큰소리치지 못했을 것이다. 그러나 적벽 전투에서 제갈량이 굳이 '빌리지' 않았더라도 동풍은 알아서 잘 불어줬을 것이다. 제갈량이 적벽 전투의 승리에 기여한 것은 사실이나 그것은 조조에게서 화살 10만 대를 빌리는 데 성공한 것뿐이었다. 적벽 전투의 승리에 진정으로 기여한 사람들은 따로 있다. 주유는 군영회를 이용해 장간을 속여 조조가 채모와 장윤을 죽이게 만들었다. 방통은 조조에게 연환계를 바쳐 크고 작은 배들을 모두한 데 묶는 데 성공했다. 또 황개는 고육계를 써서 조조의 신임을 얻었다. 그러므로 객관적으로 말해서 제갈량의 공로는 떠벌리고 다닐 만큼대단한 것이 아니었다.

제삼자인 형도영은 사건을 중립적으로 보기 때문에 제갈량과 생각이 달랐다. 주유는 손권과 유비 연합군의 군통수권자로 모든 작전명령을 전달했다. 주유는 연합군에서 가장 지위가 높은 사람으로 외부에서볼 때는 전투 승리나 실패는 그의 책임이었다. 누가 어떤 공을 세웠든모두 주유의 지휘하에서 이뤄진 행동이다. 그러므로 성공하면 주유가성공한 것이고 실패하면 주유가 실패한 것이다. 그래서 형도영은 자세한 사정을 잘 모르면서도 적벽 전투의 승리는 주유가 이룬 것이라고판단했다.

형도영의 말에 제갈량은 심기가 몹시 불편해졌다. 제갈량은 수레를돌려 진중으로 돌아가면서 장비에게 출전을 명령했다. 형도영이 장비의 적수가 될 리 만무했다. 몇 합 부딪힌 형도영은 곧 꽁지 빠지게 도망치다가 조운에게 '딱' 걸리고 말았다. 도저히 빠져나갈 수 없겠다고생각한 형도영은 어쩔 수 없이 투항했다.

그러나 형도영이 거짓으로 투항한 사실을 간파한 제갈량은 형도영을 죽이고 유현을 붙잡았다. 제갈량은 유현을 죽이지 않고 오히려 영릉으로 보내면서 아버지 유도를 설득해 투항시키라고 했다. 목숨을 살려준 은혜는 그 무엇과도 비교할 수 없을 만큼 크다. 아직 세상 물정에어두운 유현은 깊이 감격해 영릉에 돌아가자마자 아버지에게 제갈량의 은덕을 입이 닳도록 이야기했다. 이에 유도도 결국 투항을 결심했다. 제갈량은 유도에게 계속 영릉태수 직을 맡기고 그의 아들 유현은 형주로 데려가 관직을 맡겼다. 이런 제갈량의 안배는 매우 적절했다. 유도에게 태수 직을 계속 맡겨 영릉의 안정을 꾀하면서 유현을 '인질'로 삼아 형주로 데려갔기 때문이다. 만약 유도가 생각을 바꿔 딴마음을 품더라도 아들의 안위 때문에 쉽게 배신하지 못할 것이었다. 이렇게 주도면밀하게 안배를 해두었으니 영릉은 안심해도 되었다.

다음 목표는 계양이었다. 제갈량은 조운과 장비가 서로 공을 세우려고 앞다퉈 나서는 모습을 즐거운 마음으로 지켜봤다. 제갈량은 누구 편도 들지 않고 제비뽑기로 결정했다. 그 결과, 조운이 군령장을 쓰고 군사 3천으로 가볍게 계양을 빼앗았다. 제갈량은 또 격장법을 이용해 장비가 무릉을 빼앗게 만들었다.

곡창지대로 유명한 4군 중 마지막으로 장사만 남겨둔 상황이었다. 유비는 기쁜 마음에 형주를 지키는 관우에게 세 개 군을 차지한 소식을 전했다. 관우는 장비와 조운이 공을 세운 것을 듣고 제갈량이 일부러 자신을 따돌렸다고 생각해 서둘러 유비에게 답신을 보냈다.

아직 장사를 차지하지 못했다고 하셨는데 형님께서 아직도 형제의 정을 잊지 않으셨다면 이번에는 제가 공을 세울 수 있게 해주십시오.

유비는 관우와 제갈량의 미묘한 신경전을 잘 알고 있던 터라 제갈량과 상의도 하지 않고 장비를 보내 관우 대신 형주를 지키게 하고 관우는 곧장 장사로 보냈다.

관우를 대하는 제갈량의 심경도 매우 복잡했다. 이토록 용맹하고 훌륭한 장수가 있는데 쉽게 길들일 수 없으니 계륵이나 다름없었다. 이에 제갈량은 다시 격장법을 써서 관우를 굴복시키기로 결심했다. 제갈량이 담담하게 말했다.

"자룡이 계양을 빼앗고 익덕이 무릉을 빼앗으면서 모두 군사 3천씩만 데려갔습니다. 그러나 장사에는 황충이라는 맹장이 있다고 합니다. 예순에 가까운 나이지만 만 명의 군사를 대적할 만큼 용맹하다고 합니다. 운장께서는 적을 가볍게 보지 마시고 더 많은 군사를 데려가도록 하십시오."

제갈량은 일부러 관우를 격분시키려는 게 분명했다. 하나는 조운과 장비가 겨우 군사 3천을 데리고 갔다. 그렇다면 관우가 자신이 장비나 조운보다 낫다는 것을 보이려면 그보다 적은 군사를 데리고 갈 수밖에 없다. 다른 하나는 황충은 관우보다 연장자로 백발의 나이에 이르렀다. 그런데 관우는 한창 젊은 나이이므로 상식적으로 생각해서 관우는 황충보다 강해야 한다. 그러므로 군사를 많이 데려갈 수 없다.

그러나 제갈량은 일부러 군사를 더 많이 데려가라고 했으니 관우가 그 반대로 행동할 것은 자명한 일이었다. 관우가 말했다.

"그까짓 늙은 졸개가 무엇이 겁난단 말입니까? 나는 3천 명도 필요 없습니다. 그저 형주에서 데려온 수하 500명만 있으면 됩니다!"

유비는 관우가 또 제갈량의 격장계에 빠진 것을 보고 급한 마음에 얼른 관우를 말렸다. 그러나 유비가 말릴수록 관우는 더욱 고집을 부리며 수하 500명만 데리고 뒤도 돌아보지 않고 가버렸다.

제갈량은 떠나는 관우를 보며 생각했다.

'관우가 격장계에 넘어가 놀라운 무용을 선보이며 가볍게 장사를 빼앗으면 당연히 좋은 일이다. 만약 관우가 실패해서 내가 뒤에서 지원하게 되면 관우의 기세를 꺾을 수 있다. 동시에 관우가 실패하면 유비는 틀림없이 나를 책망할 것이다. 그러므로 만일의 사태가 발생하지 않도록 미리 손을 써야 한다.'

제갈량이 서둘러 유비에게 말했다.

"운장은 평생 기고만장하고 남에게 뒤지는 것을 용납하지 못했습니다. 이번에 운장이 황충을 너무 가볍게 여겨 일을 그르칠까 걱정입니다. 주공께서 저와 함께 가서 운장을 도와야 합니다."

그렇지 않아도 관우가 걱정돼 마음이 편치 않던 유비는 즉시 군사를 모아 장사로 떠났다.

제갈량의 마지막 말은 '관우에게 무슨 일이 있어도 나와는 상관없다'라는 뜻이었다. 실패한 것은 관우가 적을 너무 가볍게 여긴 탓이다. 지원군이 늦게 도착하거나 도움이 되지 않더라도 지원군을 데려간 유비의 탓이지 제갈량과는 상관없는 일이었다.

◈ **심리학으로 들여다보기**

'성공의 길'을 찾기 전에 먼저 '성공의 도구'를 고려해야 한다. 그 도구가 시간일 수 있고 인간관계일 수 있다. 경제력이나 권력일 수도 있다. 어느 도구를 어떻게 활용할지 먼저 생각하고 일을 추진하자. 깊이 생각할수록 도구의 쓰임새는 달라진다.

정치가는
맹수보다 무섭다

원래 관우는 제갈량의 예상처럼 '기가 꺾였을' 상황이었다. 관우는 황충과 처음 창을 맞대고 싸울 때, 황충이 말에서 떨어져 죽을 위기에 처했다. 관우는 순전히 '오만함' 때문에 말에서 떨어진 황충을 살려준다. 가장 강력한 위력을 자랑하는 '시혜'라는 무기를 사용한 것이다. 이에 깊이 감명받은 황충은 그 보답으로 화살을 헛 쏘아 관우의 목숨을 살려준다. 이것이 호혜의 힘이다. 그러나 은혜를 갚고자 한 황충의 행동은 장사태수 한현韓玄의 의심을 불러일으켜 오히려 제 목숨을 잃을 위기에 처했다. 이때 위연이 황충을 구하기 위해 한현을 죽이고 주인이 없어진 장사를 관우에게 바쳤다.

그래서 유비를 따라 다급히 장사로 달려온 제갈량은 관우의 풀죽은 얼굴이 아니라 성을 차지하고 장수 위연까지 얻어 득의양양해진 모습을 보게 된다. 관우는 위연을 데리고 위풍당당하게 유비를 만나러 왔다. 유비는 위연이 과거 양양성에서 자신을 위해 반기를 들었다가 채모에게 일가족이 몰살당한 데다가 이번에도 큰 공을 세운 사실을 알고 상을 내리려고 했다. 그러나 제갈량은 벌컥 성을 내며 위연에게 소리쳤다.

"한현은 너와 아무런 원한도 없는 사이인데 어째서 죽였느냐? 모든 사람이 너와 같다면 충심을 가진 이가 없을 것 아니냐!"

제갈량은 벼락같이 호통을 친 다음 도수부를 시켜 위연의 목을 베게 했다. 제갈량이 사람들 앞에서 감정을 절제하지 못한 경우는 처음이었다. 언제나 진중하던 제갈량이 평소와 다른 모습을 보인 까닭은 위연이 제갈량의 계획을 망쳤기 때문이다. 제갈량은 관우를 꺾기 위해 심혈을 기울여 계획을 세웠다. 그런데 갑자기 위연이 끼어들어 위기에 빠진 관우를 도와주는 바람에 계획은 수포로 돌아가고 말았다. 게다가 이 일을 계기로 관우가 더욱 오만해졌기 때문에 그의 기를 꺾기가 한층 더 어려워졌다.

위연은 외모로 보나 기질로 보나 관우와 매우 흡사했다. 그러기에 더욱 제갈량의 반감을 샀고 분풀이 대상이 된 것이다.

유비는 평소와 사뭇 다른 제갈량의 행동에 도수부를 막아섰다. 사람들은 유비가 툭하면 눈물을 흘리는 유약한 사람으로 생각하지만 사실 그는 매우 결단력 있는 사람이었다. 특히 이런 중요한 순간에 그 결단력이 빛을 발했다. 게다가 이번에 위연을 죽이려는 제갈량의 행동을 막아선 것과 지난번에 관우를 죽이려는 제갈량의 행동을 막아선 것은 매우 달랐다. 지난번에 관우는 군령장을 쓰고도 조조를 풀어줬다. 다시 말해 관우가 잘못했기에 죽이려고 한 것이다. 그러나 위연은 죄를 짓기는커녕 큰 공을 세웠으므로 무고한 인명이 죽게 내버려 둘 수는 없는 노릇이었다. 유비가 말했다.

"항복한 자를 죽이는 것은 불의한 행동이오. 위연은 공은 있을지언정 죄는 없는데 어찌 죽인단 말이오?"

제갈량은 퍼뜩 정신이 들면서 유비가 대단하다고 생각했다. 평소에는 부드럽고 순하기만 한 인물이지만 중요한 순간에는 외유내강의 단호한 면모를 여실히 드러냈다. 제갈량은 문득 유비에게 경외심이 들었다. 그로 인해 위연을 죽일 수 없게 되었다는 사실을 알면서도 자신의 체면 때문에 기를 쓰고 구실을 찾았다. 제갈량이 말했다.

"그 녹을 먹으면서 그 주인을 죽였으니 이는 불충이요, 그 땅에 살면서 그 땅을 바쳤으니 이는 불의입니다. 또한 제가 위연의 상을 보니 뒤통수에 반골이 있습니다. 훗날 반드시 주군을 저버릴 것이니 미리 죽여 후환을 없애야 합니다."

제갈량은 '불충'과 '불의'를 논한 말이 설득력이 없다는 사실을 깨닫고 당황한 김에 뜬금없이 '반골설'을 지어냈다. 그렇다면 왜 '불충'과 '불의'를 논한 부분이 설득력이 없는 것일까? 이전에 장비가 무릉을 치러 갔을 때 무릉태수 금선金旋이 맞서 싸우다가 자신의 수하인 공지鞏志가 쏜 화살에 맞아 죽었다. 공지는 무릉성을 장비에게 바쳤고 제갈량은 공지의 공을 높이 사 큰 상을 내리고 금선 대신 무릉태수로 임명했다. 공지가 금선을 죽이고 성을 바친 것과 위연이 한현을 죽이고 성을 바친 것은 똑같은 행위였다. 그런데 어째서 공지는 상을 받고 위연은 죽임을 당해야 하는가? 똑같은 행위에 이중 잣대를 들이댔으니 설득력이 없는 것이 당연했다.

그래서 제갈량은 위연이 '뒤통수에 반골이 있어 훗날 반드시 주군을 저버릴 것이다'라는 이유로 후환을 없애기 위해 죽여야 한다고 주장했다. 그러나 이 말도 황당하기는 마찬가지다. 제갈량의 논리대로라면 사람은 누구나 언젠가 죽을 것이므로 더 살 필요 없이 지금 죽는 게 낫지 않은가?

원숭이도 나무에서 떨어질 때가 있다고 했던가. 말재주와 임기응변 능력으로 따라올 사람이 없는 제갈량이지만 이때는 급한 마음에 말실수하고 말았다. 이는 그릇된 마음으로 일을 하면 아무리 말재주가 좋아도 우스운 꼴을 보게 된다는 것을 잘 보여주는 사례다.

유비가 담담하게 말했다.

"만약 위연을 죽이면 누가 감히 항복하려 하겠소?"

유비는 이제 막 형양 9군을 차지했다. 따라서 현재 유비의 수하에는 원래부터 그가 데리고 있던 사람보다 유표 수하 중 투항한 장수들이 훨씬 많았다. 만약 투항한 장수들이 신변의 위협을 느끼고 딴마음을 품는다면 형양 9군은 금세 다른 사람에게 넘어갈 터였다.

유비가 이렇게 말한 것은 제갈량의 체면을 세워주려는 것이었다. 어쨌든 제갈량은 유비에게 없어서는 안 될 중요한 인재였다. 제갈량은 하마터면 우스운 꼴이 될 뻔했는데 유비가 자신의 체면을 깎지 않으면서 한발 물러설 수 있게 해주자 냉큼 물러섰다. 그러나 '바르고 대단한' 사람이라는 이미지를 지키는 데 한평생을 바친 제갈량이 그냥 물러날 리 없었다. 제갈량이 위연을 가리키며 말했다.

"오늘 목숨을 살려줄 터이니 너는 앞으로 주군의 은혜에 충심으로 보답하고 결코 딴마음을 품어서는 안 될 것이다. 만약 딴마음을 품는다면 그날로 네 목을 벨 것이다!"

이 순간 위연은 얼마나 억울했을까? 공을 세우고도 목이 잘릴 뻔했으니 말이다. 게다가 제갈량 때문에 '반골'로 낙인이 찍혀 평생 뭇사람의 의심을 받게 생겼다. 그러나 생각해보라. 위연은 지난날 양양성에서도 주인을 배신했고 장사에서도 주인을 배신했다. 그런데 만약 이정도 수모를 참지 못하고 유비마저 배신한다면 그야말로 제갈량이 말한 '반골'이 되지 않겠는가? 그리되면 제갈량의 사람 보는 눈이 매우 정확하며 그를 죽이려 한 것도 선견지명에서 나온 현명한 판단이었다는 말이 된다.

이렇게 된 이상 천하가 아무리 넓어도 위연이 발붙일 곳은 없었다. 과거 여포도 두 번이나 자신의 의부를 죽인 탓에 악명이 자자해 세 번째 조조에게 잡혔을 때 조조는 그에게 투항할 기회조차 주지 않았다. 이런 선례가 있는데 어느 누가 위연을 받아주려고 하겠는가? 그러므로 위연이 자신의 '뒤통수에 반골이 없다'라는 사실을 증명하려면 유비가 죽으라면 죽는 시늉까지 하면서 순종하는 수밖에 없었다.

당사자인 위연보다 더 화가 난 사람은 관우였다. 관우는 제갈량이 자신의 기를 꺾기 위해 위연을 죽이려 했다는 잘 알고 있었다. 이 사실은 관우의 오만함을 더욱 자극해 두 사람의 관계를 더욱 악화시켰다.

한편 형양이 안정을 되찾았으니 유기는 이제 이용가치가 없어졌다. 만약 유기가 살아있으면 형양의 유표를 따르던 무리는 옛 주인을 그리워할 수 있었다. 이는 유비의 통치 기반을 뒤흔드는 불안정 요소가 될 수 있는데 '때마침' 적절한 시기에 유기가 병으로 죽었다. 덕분에 유비는 정정당당하게 세력을 키워가게 됐다. 그러나 '득'이 있으면 '실'이 있는 게 세상의 이치다. 유기가 죽고 나니 땅을 빌려준 사람이 득달같이 달려왔다. 바로 노숙이었다. 애초 유기가 죽기 전까지 형주를 빌려주겠다고 약속한 인물이다.

그러나저러나 유비는 '인의'를 매우 중요시했으므로 형주를 돌려달라는 노숙의 요구를 어떻게 거절해야 할지 몰라 난감했다. 그때 제갈량이 나섰다.

"주공께서는 안심하십시오. 제게 다 생각이 있습니다."

노숙은 유비를 보자마자 형주를 돌려 달라고 했다. 유비는 묵묵부답으로 대응했다. 그러나 노숙이 끈질기게 반환을 요구 제갈량이 낯빛을 바꾸며 버럭 소리를 질렀다.

"자경은 어찌 그리 일의 이치를 모르시오?"

그럼 그렇지, 제갈량의 생각이란 바로 '억지 쓰기'였다. 입으로 한 약속이니 아니라고 하면 그뿐이었다. 제갈량은 일장 연설을 늘어놓기 시작했다.

"천하는 한 사람의 천하가 아니라 천하인의 천하요. 멀리 갈 것도 없이 한고조의 경우만 해도 그렇소. 한고조께서는 폭군 진왕에게서 천하를 빼앗았소. 우리 주공은 중산정왕의 후예이자 현 황제의 숙부이시니 마땅히 그 땅을 나눠 받으셔야 하오. 게다가 유표는 우리 주공의 형님입니다. 아우가 형의 땅을 물려받는 것이 무슨 문제가 있습니까? 그에 비해 그대의 주인은 전당錢塘 땅의 하찮은 벼슬아치의 아들로 조정에 아무런 공도 세우지 않았건만 지금 강동의 여섯 군 여든한 고을을 차지하고 있소. 그런데도 만족하지 못하고 한의 땅까지 탐내고 있소이다. 천하는 유씨의 것인데 내 주공은 성이 유씨인데도 몫이 없고, 그대의 주공은 손씨인데도 몫이 있단 말이오? 게다가 적벽에서 조조를 격파한 일도 그렇소. 만약 내가 동풍을 빌리지 않았다면 이교가 조조의 포로가 됐을 것은 말할 것도 없고 그대의 식솔도 목숨을 보전하지 못했을 것입니다!"

제갈량이 청산유수로 쏟아낸 말은 얼핏 들으면 이치에 맞는 것 같다. 하지만 처음부터 끝까지 '억지'였다. 그럼에도 고지식하기 짝이 없는 노숙은 제갈량의 말재주를 당해낼 수 없었다. 뛰는 놈 위에 나는 놈 있다더니 제갈량은 진정 '나는 놈'이었다. 노숙도 강동에서는 나름 인정받는 인물이었다. 손권도 그의 말이라면 팥으로 메주를 쑨다고 해도 믿을 만큼 신뢰했다. 그런데 웬일인지 제갈량 앞에만 서면 부처님 손바닥 위의 손오공이나 다름없었다.

사실 노숙은 제갈량이 뭐라고 떠들어대든지 상관하지 말고 유비에게 지난번의 약속을 지키라고 물고 늘어지면 될 일이었다. 그러나 노숙은 그만 큰 잘못을 저지른다. 자신이 사정할 일이 아닌데도 제갈량 앞에서 꼬리를 말고 고개를 숙인 것이다.

"그대의 말이 맞기는 하지만…."

제갈량의 화려한 언변에 정신줄을 놓은 것일까? 배고픈 맹수에게 잡아먹지 말라고 사정해봐야 무슨 소용이 있겠는가? 정직한 사람이라도 자기가 '정치가'로 나설 때는 배고픈 맹수보다 훨씬 흉악해지는 법이다. 지금 제갈량은 그러한 '정치가'였다. 노숙이 말했다.

"그러나 제 책임이 무겁다는 점을 헤아려주십시오. 두 분께서는 제 난처한 처지는 생각지 않으십니까?"

제갈량이 말했다.

"그대에게 무슨 책임이 있단 말이오?"

"모든 일이 나에게서 비롯되었습니다. 제가 형주를 되찾지 못한 채 동오로 돌아간다면 온 가족이 죽음을 면치 못할 것입니다. 현덕공 또한 만세의 웃음거리가 될 것입니다."

노숙은 불쌍한 척하며 '동정심'을 자극했다.

그러나 '정치가'에게 이런 수법이 통할 리 없었다. 제갈량이 말했다.

"지난날 조조는 100만 대군을 이끌고 걸핏하면 천자의 이름을 앞세우며 쳐들어왔으나 나는 눈 하나 깜빡하지 않았소. 그런 내가 강동을 두려워하겠소? 다만 그대가 내 오랜 친구인 점을 고려해 그대가 책임을 벗을 수 있도록 해주겠소. 내가 우리 주공께 문서 한 장을 써달라고 할 것입니다. 내용인즉 우리가 잠시 형주를 빌려 근거지로 삼다가 다른 땅을 얻게 되면 곧바로 동오에 돌려주겠다는 것이오. 그대가 듣기에 어떻소?"

노숙도 바보가 아니었다.

"도대체 어디 땅을 얻은 다음에 형주를 돌려준다는 말입니까?"

제갈량은 유장의 서천을 언급했다. 노숙은 한참 생각했다. 만약 제갈량이 끝까지 발뺌한다면 자신은 제갈량을 설득할 방법이 없었다. 제갈량은 단 한 번도 구두로 약속한 바를 지킨 적이 없다. 그러나 문서라면 다르다. 흰 종이에 검은 글자를 쓴 것에 불과하지만 적어도 구두로 한 약속보다는 구속력이 강했다. 돌아가서 보고할 때도 이 한 장의 문서만 있으면 자신의 책임을 벗을 수 있다. 여기까지 생각이 미친 노숙은 곧바로 제갈량의 제안에 동의했다. 유비가 문서를 다 쓰자 제갈량이 노숙에게 수결을 하라고 했다. 노숙은 떨리는 손을 들며 유비에게 말했다.

"황숙께서는 인의를 아는 분이십니다. 부디 이번 약조는 저버리지 마십시오."

한마디 말이라도 보태 문서의 구속력을 강화하려는 속셈이었다. 말을 마친 노숙은 문서에 수결을 했다. 제갈량은 어째서 이렇게 한 것일까? 형주를 돌려줄 뜻이 전혀 없는데도 그럴듯하게 문서까지 쓰며 반환 약속을 한 까닭이 무엇일까? 노숙을 농락하려는 속셈인 걸까?

그렇다, 제갈량이 농락하려는 사람은 노숙뿐만이 아니었다. 노숙 뒤에 있는 주유까지 농락해 격분시킬 작정이었다. 입만 열면 동오와 손잡고 조조를 치자고 외쳤던 제갈량이 이제 와 동오의 심사를 건드리는 까닭은 무엇일까?

첫째, 성공 가도를 달리는 사람의 눈에는 뵈는 것이 없다. 현재 제갈량은 인생의 황금기를 맞이했다. 그가 짠 계략치고 성공하지 않은 것이 없었고 그가 바라는 일치고(관우를 굴복시키는 일만 제외하면) 이루지 못한 일이 없었다. 그러다 보니 매사에 자신만만할 수밖에 없었다. 이때 제갈량은 자신이 이미 형양 땅을 차지했으니 주유를 상대하는 것쯤이야 식은 죽 먹기라고 생각했다. 그래서 고양이가 쥐를 가지고 놀듯이 '형주를 빌린다는 문서'를 써서 주유를 격분시키고 동오를 화나게 한 것이다.

둘째, 주유에 대한 제갈량의 복수는 아직 끝이 아니었다. 복수는 참 이상한 것이라서 하면 할수록 중독이 된다. 일단 복수의 포문을 열어 달콤한 쾌감을 맛보고 나면 그 맛을 잊을 수가 없다. 지난번에 주유를 속이고 형양을 차지했을 때부터 제갈량은 이미 복수에 중독되었다. 그래서 별다른 이유가 없는데도 주유를 화나게 만들 두 번째 계략을 꾸민 것이다. 게다가 이 일로 주유가 분을 참지 못해 죽게 된다면 동오의 전력은 크게 줄어든다. 잘하면 동오를 차지할 수도 있게 된다. 이렇게 근사한 이유가 있는데 제갈량이 망설일 까닭이 없었다.

◈ **심리학으로 들여다보기**

억지 행위가 '조직의 이익'과 합쳐지면 정의와 당당함의 화신이 된다. 그로 인해 역사적 과오가 발생되기도 했지만 단결과 협동을 부르는 이념이 되기도 한다. 어느 조직에서나 자행되고 세습되는 원칙이기도 하다.

감정을 이길 맞수는
감정밖에 없다

　노숙이 이 일을 보고하자마자 주유는 제갈량의 꾀에 넘어갔음을 깨달았다. 노숙이 말했다.

　"흰 종이에 검은 글자를 쓴 문서가 있고 유비의 친필 서명까지 있는데 어째서 제가 속았다는 겁니까?"

　"문서에 기한이 없지 않은가. 만약 유비가 10년 동안 서천을 취하지 않거나 취하지 못한다면, 그 10년 동안 형주를 돌려주지 않겠다는 말이 되는데 도대체 언제 돌려주겠다는 뜻인가? 그저 상황을 모면하려고 구실을 댄 것에 불과하단 말일세."

　서면으로 약속한 것이 구두로 약속한 것보다 구속력이 강하다는 사실은 노숙도 알고 있다. 그러나 서면으로 한 약속이든 구두로 한 약속이든 신의가 바탕이 돼야 한다. 유비와 제갈량의 행위는 주유가 분석한 대로 상황을 얼렁뚱땅 넘기려는 수작질에 불과할 뿐 그 바탕에는 '신의'가 없었다. 노숙은 화가 나는 한편 두려웠다. 자신이 또 제갈량에게 속았다는 사실에 화가 났고 이 일로 손권에게 무거운 벌을 받을까 두려웠다. 다행히 노숙은 과거 주유에게 은혜(주유에게 군량미 3천 석을 내어준 일)를 베풀었던 적이 있다 보니 여기에서 호혜의 원칙이 힘을 발휘했다. 지난날에는 주유의 추천으로 벼슬자리를 얻고 오늘은 이 위기를 벗어날 수 있도록 주유의 지혜를 빌리게 되었다.

그때 형주에서 유비의 부인인 감부인이 죽었다는 소식이 들려왔다. 주유는 크게 기뻐하며 한 가지 꾀를 냈다. 손권에게는 여동생이 한 명 있었는데 성격이 억세고 창칼 다루기를 즐겼다. 눈도 매우 높아 영웅이 아니면 시집을 가지 않겠다고 우겨 아직까지 혼인하지 못하고 있었다. 손권의 여동생을 혼인 미끼로 써 유비를 강동으로 불러들인 다음 인질로 삼아 형주와 맞교환을 요구하려고 생각했다.

과연 주유는 보기 드문 기재였다. 주유의 장기는 복잡하고 방대한 계책을 순간적으로 꾸미는 것이었다. 적벽에서 전투를 치를 때도 그러했다. 그는 장간이 왔다는 말을 듣자마자 '군영회' 계책을 생각해냈다. 이번에는 감부인이 죽었다는 소식을 듣자마자 복잡미묘한 현 상황을 전반적으로 고려해 '가짜 혼인 계책'을 생각해냈다.

주유는 어째서 손권의 여동생을 이용할 생각을 한 것일까?

유비는 산전수전 다 겪은 데다 주도면밀했고, 제갈량은 온갖 기이한 계책을 쉴 새 없이 쏟아내는 사람이었다. 이러한 두 사람을 속이기란 결코 쉽지 않음을 주유는 잘 알고 있었다. 그래서 기회가 오더라도 '미끼'가 충분히 매력적이고 믿을 만한 것이 아니면 유비는 걸리지 않을 것이었다. 유비를 꾀는 데는 손권의 여동생 만한 미끼가 없었다. 첫째, 신분이 비슷했다. 둘째, 자신의 '동생'을 시집보내겠다는데 손권이 거짓말을 하는 것이라고 의심할 사람은 없었다. 어느 누가 자신의 여동생을 계략의 미끼로 쓰겠는가?

그렇다면 주유는 왜 하필이면 '손권의 여동생'을 떠올린 것일까? 손권이 여동생을 생각해서 자신의 계책을 받아들이지 않거나 꾸중할 수도 있다는 생각은 하지 않은 것일까?

바로 이 점이야말로 주유가 손권을 얼마나 잘 이해하고 있는지 여실히 보여준다. 손권 같은 정치가에게 있어 현재 형주보다 중요한 것은 없다. 형주를 얻을 수만 있다면 다른 것은 모두 버릴 수 있다는 뜻이다. 게다가 정말로 손권의 여동생을 시집보내겠다는 뜻이 아니라 그저 잠깐 '이용'하는 것뿐이었다. 그래서 주유는 손권이 흔쾌히 승낙할 것이라고 확신했다.

주유는 그 누구보다도 손권을 잘 알았다. 만약 동오의 다른 장수들이 주유만큼 손권을 잘 알았다면 나중에 유비가 형주로 도망갈 때 손권의 명을 받고 뒤쫓아 온 반장潘璋, 진무陳武, 서성徐盛, 정봉丁奉이 손부인의 강경한 태도에 밀려 유비를 잡지 못하고 되돌아가는 일은 없었을 것이다.

주유의 계책은 노숙에게 책임을 면할 기회를 만들어주었다. 노숙은 잔뜩 흥분한 채 손권을 만나 이 계책을 올렸다. 과연 손권은 동의하며 여범呂範을 형주로 보냈다. 그러나 원숭이도 나무에서 떨어질 때가 있다고 했던가. 주유의 계책은 완벽하기 이를 데 없었지만 안타깝게도 큰 '구멍'이 있었다.

유비가 동오에 가지 않고도 혼사가 이뤄질 수 있다는 것이었다. 혼사를 받아들인 유비가 동오에 사자를 파견해 모든 일을 처리하게 한 뒤 형주에서 동오가 손부인을 보내주기만 기다리면 된다. 만약 유비가 이렇게 한다면 주유는 공연히 손부인만 바치고 '닭 쫓던 개 지붕 쳐다보는 신세'가 될 터였다. 그러나 틀림없이 계책이 성공할 것이라고 확신한 손권과 주유는 이 구멍을 발견하지 못했다.

제갈량은 여범이 형주 문제로 왔다는 것을 직감했다. 그래서 유비에게 일단 여범의 말을 듣기만 하고 모든 결정은 다음 날 내리라고 당부했다. 자신이 병풍 뒤에서 두 사람의 대화를 엿듣고 나서 계책을 올릴 생각이었다.

여범이 자신이 온 뜻을 밝히자 유비는 그 자리에서 거절했다. 다른 이유가 있겠는가? 감부인이 세상을 뜬 지 얼마나 되었다고 벌써 새 부인을 맞이한단 말인가? 백번 양보해도 도의적으로 있을 수 없는 일이었다. 이는 유비가 평생 쌓아온 자신의 이미지에 스스로 발목이 잡힌 것이나 다름없었다. 그러나 여범은 상대방을 설득하는 데 탁월한 재주가 있었다.

"사람이 아내가 없는 것은 집에 대들보가 없는 것이나 다름없습니다. 오후의 여동생은 아름다우며 어질기까지 하니 황숙의 부인으로 모자람이 없습니다. 만약 두 집안이 그 옛날 진泰과 진晋처럼 혼인으로 맺어진다면 역적 조조가 다시는 남하하지 못할 것입니다. 그리되면 집안과 나라가 모두 편안해질 텐데 황숙께서는 어찌 마다하십니까?"

여범의 말은 유비의 마음에 꼭 들어맞았다. 유비에게 부인이란 존재는 몸에 걸치는 옷에 불과했다. 황숙인 그가 옷을 몇 벌을 입든 대수겠는가? 그는 강동에서 보내온 이 '옷'을 위해 위험을 감수할 생각은 추호도 없었다. 그러나 이 '옷'이 그의 목숨을 보전해주고 그가 꿈꾸는 대업까지 이루게 해준다면 이 옷은 그냥 옷이 아닌 셈이 된다. 유비와 손권은 모두 걸출한 정치가였다. 이 둘은 무슨 일을 하든 정치적 득실을 먼저 따졌다.

여범의 말에 혹한 유비는 바로 승낙하려다가 왠지 모를 의심이 들었다. 아무래도 너무 시의적절하게 일이 추진되는 것이 영 꺼림칙했다. 주도면밀한 유비는 여전히 마음을 놓지 못하고 물었다.

"오후도 이 일을 아십니까?"

유비의 의심 가득한 물음에 여범은 절묘하게 대응했다.

"오후께서 모르신다면 제가 어찌 감히 중매를 설 수 있겠습니까?"

그런 다음 유비에게 제안했다.

"의심하지 마시고 강동에 한번 걸음하시는 게 어떠십니까?

여범은 적절한 때를 놓치지 않고 거절할 수 없는 제안을 했다. 앞서 말했듯이 유비는 강동에 갈 필요 없이 혼사만 치를 수도 있었다. 그런데 여범은 반문으로 유비의 의심을 풀어준 뒤 곧바로 초청했다. 이런 상황에서 유비가 여범의 초청을 거절한다면 아직도 의심을 풀지 못했다는 뜻이거나 겁이 많다는 뜻이다. 어느 쪽이든 유비로서는 체면이 서지 않는다. 그리하여 유비는 아무런 위험도 감수하지 않고 '새 신부'를 얻을 수 있었지만 '타이밍'을 잘 맞춘 여범이 '혼사'와 '강동 방문'을 하나로 엮는 바람에 어쩔 수 없이 강동을 방문해야만 했다.

유비는 절호의 기회를 놓쳤다는 사실을 깨달았다. 하지만 목숨을 보전하기 위해 다른 이유를 찾아 거절해야만 했다. 유비가 말했다.

"좋기는 하나, 내 나이 이미 쉰을 넘어 머리털이 희끗희끗하오. 오후의 여동생은 이제 한창나이인데 내 어찌 그녀의 짝이 되겠소?"

그러나 유비가 댄 이유는 설득력이 부족했다. 당시에는 남편이 아내보다 나이가 많고 일부다처제가 흔했기 때문이다. 여범은 또 몇 마디 말로 유비가 거절하지 못하게 만들었다. 이쯤 되자 유비는 제갈량과 상의한 다음에 가부를 결정해야겠다고 생각했다. 그래서 여범에게 먼저 물러나 여독을 푼 다음 이튿날 다시 오라고 했다.

한편 제갈량은 병풍 뒤에서 두 사람의 대화를 엿듣고 모든 상황을 파악했다. 이 일이 사실상 주유와 자신의 힘겨루기라는 사실을 깨달았다. 이때 제갈량은 한참 성공 가도를 달릴 때라 자신만만했다. 정면 대결을 피하지 않을 생각이었다.

'주유 네놈이 손권 여동생의 혼사를 가지고 위험을 무릅쓴다면 나 또한 우리 주공의 안위를 가지고 위험을 무릅쓰리라!'

제갈량은 유비에게 혼사를 거절하라고 권할 수도 있었고 강동에 가지 말라고 할 수도 있었다. 그러나 상대방의 자신감과 존엄을 철저하게 짓밟으려면 상대가 정한 게임 규칙과 과정에 따라 무너뜨리는 것이 가장 좋았다. 그래서 유비에게 강동으로 가 혼사를 치르라고 했다.

제갈량은 유비가 안전하게 강동으로 건너갔다가 무사히 형주로 돌아오게 할 자신이 있었다. 사물은 모두 양면성이 있기 때문이었다.

'주유 네가 혈육의 정을 이용해 믿음을 샀다면 나 또한 혈육의 정을 이용해 우리 주공의 안전을 지킬 것이다.'

그러나 제갈량은 유비에게 자기 생각을 모두 밝힐 수 없었다. 유비도 이번 혼사가 자신에게 매우 좋은 일임은 알고 있었다. 하지만 목숨을 담보로 호랑이굴에 뛰어들 수는 없었다. 제갈량은 유비가 자기 생각대로 움직이고, 주유의 뜻대로 강을 건너게 하려면 먼저 유비의 의심부터 없애야 했다. 이런 일쯤이야 제갈량에게는 누워서 떡 먹기였다. 제갈량은 자신의 이미지를 '신비롭고 범접할 수 없는 존재'로 만들었다. 그래서 유비 진영의 사람들은 제갈량의 신묘한 계책과 선견지명을 믿어 의심치 않았다. 이런 이미지를 만드는 과정은 결코 쉽지 않았지만 일단 이미지 구축에 성공하면 그 효과를 톡톡히 볼 수 있다. 제갈량이 말했다.

"제가 방금 점괘를 뽑아보니 크게 길하고 이로운 점괘였습니다. 주공께서는 어서 혼사를 허락하시고 강동으로 가십시오."

그래도 유비는 의심을 풀지 않자 제갈량이 웃으며 말했다.

"이것이 주유의 계책이기는 하나 어찌 제 헤아림에서 벗어날 수 있겠습니까? 제가 작은 꾀만 내도 주유를 꼼짝 못 하게 할 수 있습니다. 오후의 여동생도 주공의 사람이 될 터이고 형주 또한 잃지 않을 것입니다."

그제야 유비는 안심하고 강동으로 향했다.

◈ 심리학으로 들여다보기

다른 사람이 감정으로 공격한다면 당신 또한 감정으로 반격하는 것이 가장 좋다. 이성이 감정을 이길 수 없다. 인간적이지 못하다는 평이 따른다. 사람만이 느낄 수 있는 감정과 감성은 자신을 지키는 방패가 되기도 하고 상대를 공격할 창으로 쓰이기도 한다.

좌절에 분노하는 사람은
공격할 대상을 찾는다

유비의 여정에 제갈량은 맹장 조운을 호위로 딸려 보냈다. 제갈량은 유비가 동오에 도착한 뒤 맞닥뜨리게 될 상황에 따른 대응책을 생각해 두었다. 세 통의 밀서를 세 개의 비단 주머니에 나눠 넣고 조운에게 밀서를 봐야 할 때를 일러주었다.

왜 제갈량은 굳이 이런 수고를 한 것일까? 자신을 '신비하고 대단한 인물'로 포장하려는 고질병이 도진 것이다. 첫째, 조운에게 모든 계획을 미리 알려주면 그가 생각해낸 대응책은 신비감을 잃게 된다. 이는 자기 주변의 광채를 반감시킨다. 둘째, 제갈량이 미리 알려줄 뜻이 없다면 대응책을 적은 밀서를 따로 비단주머니에 넣을 필요가 없었다. 그저 잘 밀봉한 상태로 조운에게 넘겨주기만 했어도 될 것이다. 과거 조조가 적벽에서 패퇴하면서 남군을 지키던 조인에게 밀서를 남겼던 것과 마찬가지로 말이다. 그러나 제갈량이 밀서를 비단주머니에 넣은 행위는 결코 '사족'이 아니었다. 이렇게 형식을 갖춰 전함으로써 계책의 생동감과 신비감을 배가시켰기 때문이다. 훗날 조운에게 이 일을 전해 들은 사람들은 기가 막히게 재미있고 신비한 이야기를 들은 것처럼 깊은 인상을 받을 것이다. 그리되면 제갈량의 머리 위에 드리워진 '달무리'는 더욱 커지게 될 것이다.

유비는 조운과 군사 500명을 거느리고 동오 남서南徐로 향했다.

조운은 제갈량의 지시에 따라 남서에 도착하자마자 먼저 첫 번째 비단주머니를 열었다. 그 안에는 남서에 도착하자마자 유비에게 이교의 아버지인 교국로喬國老를 찾아가 여범이 중매를 서서 손씨 집안과 유씨 집안이 사돈을 맺게 되었다는 사실을 알리라고 쓰여 있었다. 또한 조운은 군사 500명에게 거리에 나가 혼인에 쓸 물건을 사들이며 유비가 손권의 여동생과 혼인한다는 소문을 퍼뜨리게 했다.

제갈량의 첫 번째 계책은 '거짓을 진실로 바꾸기'였다. 손권과 주유는 유비를 동오로 불러들이기 위해 혼인을 '미끼'로 쓸 생각이었다. 그래서 단 몇 사람을 제외하고는 이 일을 아는 사람이 없었다. 손권의 어머니는 물론이고 교국로조차 모르는 일을 백성들이 알 턱이 없었다. 그러나 조운과 병사들이 제갈량의 지시에 따라 이 소식을 만천하에 퍼뜨리면서 사회적으로 '선입관'이 만들어졌고 여론이 형성되었다. 사건의 관련자들은 세간의 평을 염려해야 하는 상황이 되었다. 손권과 유비가 사돈을 맺는다는 사실을 천하가 다 알고 있는 마당에 손권과 주유가 유비를 협박하거나 해치려 한다면 여론이 좋지 않을 게 분명했다. 특히 유비가 교국로를 만나면 틀림없이 이 일을 손권의 어머니에게 알릴 터였다. 제갈량은 일찍이 동오에 머물면서 두 사람의 친분이 두텁다는 사실을 알아냈다. 일단 영향력이 막강한 이 두 사람이 이 일에 개입한다면 손권과 주유가 유비를 해치려고 온갖 방법을 동원하더라도 쉽지 않을 것이었다.

제갈량의 첫 번째 계책에서 가장 주목할 부분은 '타이밍'이다. 제갈량이 조운에게 남서에 도착하자마자 소문을 퍼뜨리라고 한 것은 심사숙고 끝에 내린 결정이었다. 손권과 주유는 유비를 인질로 잡아 형주와 맞교환할 생각이므로 도착하자마자 죽이지는 않을 터, 당장 목숨이 위태로울 일은 없었다. 적의 계략에 빠지지 않으려면 이 황금 같은 시간을 그냥 흘려보내서는 안 된다. 반드시 유비의 목숨을 지킬 수 있도록 먼저 여론을 조성해야 했다.

과연 교국로는 유비가 다녀가자마자 곧장 오국태吳國太를 찾아가 축하 인사를 건넸다. 사정을 모르는 오국태는 깜짝 놀랐다.

"늙은 몸이 홀로 지내고 있는데 축하받을 일이 어디 있습니까?"

교국로는 유비와 손권의 여동생이 혼인하기로 한 일을 전했다. 오국태는 화가 머리끝까지 나 당장 손권을 불렀다. 오국태가 통곡하며 호되게 꾸짖자 손권은 어쩔 줄을 몰랐다. 손권은 하는 수 없이 유비를 인질로 삼아 형주를 되찾으려는 주유의 계책이라고 사실대로 말했다. 이에 오국태는 크게 노해 주유를 욕했다.

"주유, 이놈! 너는 여섯 군 여든한 고을의 대도독이면서 형주를 빼앗을 계책조차 생각해내지 못해 감히 내 딸을 미끼로 쓰느냐? 도대체 무슨 생각으로 이토록 천박한 계책을 생각해 낸 것이냐?"

손권은 오국태의 꾸지람에 꿀 먹은 벙어리처럼 한마디 대꾸도 하지 못했다.

세상살이가 아무리 각박해도 자녀를 위하는 어머니의 마음은 변함이 없는 법이다. 제갈량은 이 점을 알았지만 주유는 아니었던 모양이다. 그래서 주유의 계책은 처음부터 실패할 수밖에 없었다. 그러나 이때 오국태가 지키려 한 것은 딸의 이익일 뿐 유비는 그저 제삼자에 불과했다. 만약 오국태가 나서서 유비를 지켜주지 않는다면 유비의 목숨은 보장할 수 없었다.

다행히 유비는 교국로의 호감을 얻은 상태였다. 교국로가 말했다.

"일이 이미 이렇게 되었으니 차라리 유황숙을 사위로 삼는 것이 망신을 면하는 길입니다. 유황숙은 당대의 영웅이므로 영매令妹에게도 욕될 일이 없습니다."

오국태는 흥분을 가라앉혔다. 지금 상황에서 그녀에게 가장 중요한 것은 딸의 이익이었다. 형주를 되찾기 위해 딸을 이용하는 짓 따위는 결코 용납할 수 없었다. 그렇다고 망신을 면하기 위해 딸에게 어울리지도 않는 사람을 사위로 맞는 것도 원치 않았다. 오국태가 말했다.

"나는 유황숙이 어떤 사람인지 모른다. 내일 감로사에서 그를 한번 만나볼 것이다. 만약 그가 내 마음에 들지 않으면 너희들 뜻대로 하되, 내 마음에 들면 그에게 시집보낼 것이다."

손권은 오국태의 뜻에 동의했다. 어머니가 두 가지 가능성에 대해 언급했으니 조금이라도 오국태가 마음에 들지 않는다는 기색을 보이면 그 자리에서 유비의 목숨을 거둘 생각이었다.

그러나 떡 줄 사람은 생각도 않는데 김칫국부터 들이키면 속만 쓰릴 뿐이다. 유비가 손권에게 그럴 기회를 줄 리 만무했다. 그토록 오랜 세월 동안 이 사람 저 사람에게 의탁하면서 유비가 갈고닦은 기술은 '타인의 환심을 사고 좋은 첫인상을 남기는 것'이었다. 수많은 영웅에게 호감을 산 바 있는 유비가 노부인의 마음 하나 사지 못하겠는가. 게다가 유비는 용모로 보나 기질로 보나 영웅호걸이 분명해 결코 남에게 뒤지지 않았다. 그런 유비를 오국태가 싫어할 리 없었다. 오국태는 보면 볼수록 유비가 마음에 들어 그 자리에서 유비를 사위로 맞기로 결정했다. 이리하여 유비는 오국태 부중의 서원에 머물게 되었으니 이제 목숨은 걱정하지 않고 혼례 날만 기다리면 되었다.

한편 계획이 틀어진 데 실망한 손권은 주유에게 이 사실을 알렸다. 주유는 예상치 못한 상황에 깜짝 놀랐지만 이내 또 다른 계책을 생각해냈다. 주유는 손권에게 편지를 써서 부귀와 안락함으로 유비를 유혹해 그의 투지를 꺾고 향락에 빠져 돌아갈 생각을 잊게 만들라고 했다.

이 계책은 그대로 적중했다. 유비는 어려서부터 힘든 생활을 했고 커서는 천하를 떠도느라 안락한 생활을 한 적이 없었다. 그랬기 때문에 일단 부귀영화를 맛본 다음에는 거기에 빠져 헤어날 줄 몰랐다.

유비가 계책에 걸려들자 손권은 매우 기뻐하며 다음 작업에 착수했다. 유비를 위해 저택을 새로 단장하고 아름다운 화초와 나무를 잔뜩 심었다. 수십 명의 악공을 보내고 셀 수 없이 많은 금은보화와 비단을 내렸다. 오국태는 손권이 매부를 아끼는 마음에서 그런 줄로만 알고 매우 흡족해했다. 과연 유비는 주유의 생각대로 평온하고 호화로운 생활에 빠져 웅대한 뜻을 잊어버려 조운조차도 그를 만날 수가 없었다.

제갈량은 일이 이렇게 될 것을 진작부터 알고 있었다. 그는 조운에게 연말이 되면 두 번째 비단주머니를 열어보라고 당부했었다. 이윽고 두 번째 비단주머니를 열어본 조운은 유비를 찾아갔다.

조운은 조조가 50만 대군을 이끌고 형주를 공략하러 왔다고 거짓말을 했다. 그리고 서둘러 형주로 돌아가자고 청했다. 그러나 손부인과 달콤한 신혼생활을 즐기던 유비가 부인을 두고 떠나는 것이 어디 쉬운 일이겠는가? 유비는 틀림없이 손부인과 상의한 다음 어떻게 할지 결정할 것이다. 조운은 손부인이 이 일을 알게 되면 유비를 붙잡을까 염려돼 몰래 도망가자고 권했다. 그러나 유비는 기어코 손부인을 데리고 가겠다고 고집을 부렸다. 조운은 속으로 한숨을 내쉴 수밖에 없었다.

'귀신도 놀랄 재주를 지닌 제갈군사께서도 주공이 이처럼 깊이 빠져들 줄은 모르셨구나.'

사실 조운은 제갈량과 유비를 과소평가했다. 유비가 무사히 형주로 돌아가려면 반드시 손부인과 함께 가야 했다. 제갈량은 이 점에 대해서는 비단주머니에 따로 써두지 않았지만 유비가 틀림없이 이 사실을 알고 있을 거라고 생각했다.

한편 손부인을 잘 아는 유비는 자신과 함께 '몰래' 형주로 돌아가자고 설득했다. 다른 사람들에게는 곧 한해가 저무니 손부인과 함께 강변에 제사를 지내러 나가겠다고 둘러댔다. 이제 제갈량이 왜 조운에게 연말이 가까워지면 두 번째 비단주머니를 풀어보라고 했는지 알겠는가?

'제사'는 둘러대기 좋은 명분이다. 만약 다른 이유를 댔다면 손권이 심어놓은 밀정이 의심했을 것이다. 제사는 풍습에 따라 정월 초하루에만 지낼 수 있었다. 이보다 이르거나 늦으면 풍습에 맞지 않기 때문에 의심을 살 수 있다.

오국태는 유비와 딸이 정월 초하루에 강변에 제사 지내러 간다고 하자 곧바로 승낙했다. 유비는 이른 아침 길을 나섰다. 하지만 손권은 그믐날 밤 술에 취해 깊은 잠에 빠졌던 터라 유비가 떠난 뒤 한참이 흐른 뒤에야 잠에서 깼다.

손권은 너무 화가 난 나머지 탁자 위에 있던 옥벼루를 깨버렸다. 당장 유비를 잡아오라고 명령했다. 정보가 옆에서 말했다.

"주공께서 많이 노하셨으나 제 생각에는 진무와 반장을 보내도 유비를 잡아 오지는 못할 것입니다."

손권이 깜짝 놀라 그 까닭을 물었다.

"군주께서는 성격이 억세서 장수들이 모두 두려워합니다. 진무와 반장이 유비를 따라잡는다고 해도 군주께서 지키고 계시니 감히 해치지 못할 것입니다."

정보의 말은 불붙은 데 기름을 부은 격이었다. 손권은 더욱 화가 나 차고 있던 칼을 꺼내더니 장흠과 주태에게 자신의 검을 가지고 쫓아가 유비와 여동생의 목을 가져오라고 분부했다.

심리학에 '좌절-공격' 이론이 있다. 좌절을 겪은 사람은 분노하거나 의기소침해진다. 만약 좌절을 겪은 후 분노한다면 무슨 수를 써서라도 분을 풀 공격대상을 찾는다. 극단적인 경우 아무런 상관도 없는 무고한 사람을 분풀이 대상으로 삼아 무차별적인 공격을 가하기도 한다.

미국이 이라크에 2차 군사 공격을 감행했을 때, 많은 사람이 9·11 사건으로 극심한 좌절감을 느낀 미국이 이라크를 분풀이 대상으로 삼은 것이라고 평했다. 베스트셀러 《세계는 평평하다》의 작가인 토머스 프리드먼Thomas Friedman은 이렇게 평했다.

"9·11 사건 이후 미국은 아랍세계의 누군가를 공격해야 했기에 이번 전쟁을 일으켰다. 사담 후세인을 선택한 이유는 간단하다. 그가 이 세계의 중심에 있기 때문이다."

손권은 적벽에서 대승을 거둔 뒤, 자신이 아무런 이득도 얻지 못했고 유비가 모든 승리의 과실을 채갔다는 것을 깨달았다. 이에 이제 막 동오의 수장이 된 손권은 깊은 좌절감에 빠졌다. 게다가 이번 '가짜 혼사'로 형주를 되찾으려던 계획도 수포로 돌아갔다. 채찍이 쓸모없게 되자 이번에는 당근을 주어 유비를 폐인으로 만드는가 싶었는데 오히려 여동생을 데리고 도망쳐버렸다. 한두 번도 아니고 잇달아 좌절을 겪었으니 자존심 강한 손권이 참을 수 없었던 것도 당연하다.

좌절감은 곧 공격을 유발한다. '극심한 좌절감'은 정신 나간 공격을 동반한다. 이성을 잃을 정도로 화가 난 손권은 변명의 기회조차 주지 않고 몰인정한 추살령을 내려 유비뿐만 아니라 자신의 친여동생까지 죽이라고 했다.

◈ 심리학으로 들여다보기

절대로 남에게 공격을 유발하는 좌절감을 안기지 마라. 상대가 복수의 칼날을 가는 순간 당신은 쓰러진다. 상생과 공생의 방법을 찾아야 한다. 혹여 한 번의 실수로 상대의 허를 찔렀다면 바로 사과하고 후속 조치를 취해야 한다. 이를 외면하면 당신은 치명상을 입는다.

집착은
자신을 나락으로 내몬다

　주유는 유비가 도망칠 걸 예상해서 형주로 돌아가는 길목에 미리 서성과 정봉을 매복시켰다. 아니나 다를까, 유비는 길목을 지키고 있는 서성과 정봉에게 가로막혔다.

　조운은 문득 위급한 상황에서 세 번째 비단주머니를 열어보라고 한 제갈량의 당부가 떠올랐다. 세 번째 계책은 '손부인의 힘을 빌리는 것'이었다. 조운은 제갈량의 선견지명과 유비가 반드시 손부인을 데리고 돌아가야 한다고 고집을 부렸던 것에 감탄을 금치 못했다.

　손부인은 자신의 특수한 지위에 힘입은 '암호랑이'였다. 동오의 장수들은 그녀를 두려워하지 않는 사람이 없었다. 과연 유비가 상황을 설명하자 손부인은 서성과 정봉을 호되게 꾸짖었다. 서성과 정봉은 감히 맞서지 못하며 말했다.

"저희들이 스스로 나서서 하는 일이 아니라 주도독의 명령을 받들어 어쩔 수 없이 길을 막아선 것입니다."

손부인은 더욱 화를 내며 말했다.

"너희는 주유만 두렵고 나는 두렵지 않단 말이냐? 주유가 너희를 죽일 수 있다면 내 어찌 주유를 죽이지 못하겠느냐? 너희는 어서 돌아가 주유에게 전해라. 우리 부부가 형주로 돌아가는 것이 그와 무슨 상관이냐고 말이다!"

손부인은 권위를 참으로 잘 활용했다. 권위는 단순히 직위에 따라 결정되는 것이 아니라 종종 그 기세에 의해 결정된다. 범 같은 기세로 찍어 눌러야만 최고의 권위를 보여줄 수 있다. 서성과 정봉을 물리친 유비 일행은 다시 갈 길을 재촉했다. 한편 서성과 정봉은 뒤이어 유비를 쫓아오던 진무와 반장을 만나 손권이 유비 추포령을 내린 것을 알았다. 네 사람이 같이 유비를 쫓아갔다가 또 손부인에게 꾸지람을 듣고 물러났다. 이어 장흠과 주태가 손권의 추살령을 받들어 쫓아왔을 때, 유비는 이미 멀리 도망친 뒤였다.

여섯 사람은 신속히 주유에게 보고한 뒤 물길을 따라 유비를 뒤쫓았다. 유비가 유랑포劉郞浦에 이르렀을 때, 미리 도착한 제갈량이 배에서 기다리고 있었다. 제갈량은 유비가 바로 이날 도망쳐올 것을 어떻게 알았을까?

답은 간단하다. 평온하고 호화로운 삶에 빠진 유비가 꿀같이 달콤한 잠에서 깨어나려면 어느 정도 시간이 필요했다. 또 무사히 형주로 도망쳐오려면 정월 초하루의 제사만큼 좋은 기회도 없다. 유비가 동오로 시월에 갔으므로 제갈량은 조운에게 연말이 되면 두 번째 비단주머니를 열어 조조가 쳐들어온다는 거짓말로 유비를 '잠에서 깨우라고' 시켰다. 유비는 어느 정도 준비를 한 다음, 정월 초하루 제사를 구실로 도망쳐올 것이므로 제갈량도 이날에 맞춰 유비를 맞으러 온 것이었다.

제갈량이 유비를 배에 태웠을 때 마침 강에는 순풍이 불고 있었다. 돛을 펼치자 작은 배는 쏜살같이 앞으로 나아갔다. 동오의 추격병이 뒤쫓아오자 제갈량이 큰소리로 웃으며 그들을 향해 외쳤다.

"나는 벌써부터 일이 이렇게 될 줄 짐작했다. 너희들은 돌아가서 주유에게 다시는 미인계를 쓰지 말라고 전해라!"

한편 주유는 물길을 따라 급히 뒤를 쫓아왔다. 오군이 뒤를 바짝 쫓아오자 제갈량은 배를 버리고 뭍으로 올라갔다. 이에 주유도 부하들에게 뭍에 올라 계속 뒤를 쫓으라고 명령했다. 그러나 제갈량은 이런 일이 있을 거라 미리 예견하고 복병을 숨겨두었다. 관운장이 중앙, 황충과 위연이 각각 왼쪽과 오른쪽에서 공격을 퍼부었다. 주유군은 속수무책으로 대패하고 말았다. 주유도 화살에 맞았다.

그러나 이는 제갈량이 주유를 대적하기 위해 준비한 최후의 무기가 아니었다. 제갈량이 준비한 것은 칼도 아니고 활도 아니었다. 하지만 그 위력은 영혼을 파괴하고도 남을 만큼 강력했다. 그 무기는 바로 '말'이었다. 겨우 몇 마디 말에 불과했지만 한 글자 한 글자가 이미 처참하게 찢어진 주유의 가슴을 헤집어놓았다.

"주유의 계책이 천하를 평안케 하네. 부인을 바치고 군사까지 잃었구나!"

제갈량의 군사들이 소리 높여 외치자 화가 치솟은 주유는 옛 상처가 곪아 터져 정신을 잃었다. 한 사람에게 상처 주는 가장 효과적인 방법은 그가 가장 자신 있어 하는 분야에서 깔아뭉개는 것이다. 승패는 병가지상사이므로 한 번의 실패를 감당 못 할 소인배 주유가 아니었다. 그러나 주유는 항상 자신의 뛰어난 지모를 자랑으로 여겼는데 바로 이 부분에서 제갈량에게 한 방 먹었다는 것이 문제였다. 게다가 제갈량은 주유의 부하들 앞에서 공개적으로 주유의 실패를 조롱했다. 이는 주유뿐만 아니라 누구라도 견딜 수 없는 일이었다.

왜 제갈량은 주유를 이렇게까지 몰아붙인 것일까? 제갈량이 그린 그림에서 유비는 동오와 손을 잡아야만 조조와 대등하게 겨룰 수 있었다. 그러나 유비는 손권과 조조에 비해 세력이 미약했다. 그런 유비가 손권과 동맹을 맺고 이 관계를 주도적으로 이끌기 위해서는 반드시 동오의 정치를 쥐락펴락하는 핵심인물을 제거해야 했다.

동오의 정치 향방을 결정할 주요 인물로는 장소와 주유가 있었다. 그러나 과거 제갈량이 동오의 학자들을 말로 제압했던 일로 미루어보아 장소를 비롯한 문관들은 소심한 겁쟁이에 불과했다. 하지만 주유는 달랐다. 그는 분명 제갈량과 자웅을 겨룰 실력이 있었다. 만약 주유를 제거한다면 동오는 이빨 빠진 호랑이나 다름없다.

제갈량은 주유가 죽기 전까지 결코 고삐를 늦추지 않을 생각이었다. 그것은 주유도 마찬가지였다. 이미 여러 차례 제갈량에게 당한 전적 때문에 제갈량을 꺾어야만 뭉개진 자존심과 체면을 동시에 세울 수 있었다. 그렇기에 두 사람의 지혜 싸움은 둘 중 한 사람이 죽기 전에는 끝나지 않을 것이었다.

두 사람의 서로에 대한 공격은 그 성질이 달랐다. 주유의 공격은 적대적 공격으로 순수하게 분노를 쏟아내는 것이었다. 이와 달리 제갈량의 공격은 도구적이었다. 목적을 달성하기 위한 공격이었다.

주유는 상처가 어느 정도 회복되자 손권에서 상서를 올려 군사를 일으켜 복수하겠다고 했다. 그러나 장소와 고옹顧雍이 반대했다. 오히려 화흠華歆을 조조에게 사신으로 보내자고 했다. 그가 유비를 형주목으로 삼아달라는 표문을 올리게 해 겉으로는 유비를 안심시키면서 속으로는 조조와 유비의 관계를 이간질하자는 것이다. 둘 사이가 벌어진 틈을 타 일을 도모하자는 제안이었다. 그러나 조조가 누군가! 교활하고 간사하기가 둘째가라면 서러울 그가 이 정도 속임수에 넘어갈 리 없었다. 그는 오히려 주유를 남군태수로 임명하고 정보를 강하태수로 삼으라고 천자에게 표문을 올렸다. 이 두 곳은 모두 유비가 차지하고 있었으므로 주유와 정보는 이름뿐인 감투만 썼을 뿐이다.

아무리 감투에 불과하더라도 최고 지도자인 한헌제汉献帝가 내린 직위였다. 사람은 참으로 이상한 동물이다. 명의상이라도 어떤 물건이 내 것이 되면 다른 사람이 실질적으로 소유하는 꼴을 두고 보지 못한다.

남군태수가 된 주유는 유비가 자신의 땅을 차지하고 있는 꼴을 좌시할 수 없었다. 아무리 생각해도 유비와 제갈량을 상대할 좋은 방법이 떠오르지 않던 차에 문득 자신의 친구 노숙이 떠올랐다.

즉, 공격대상을 바꾼 것이다. 공격대상을 바꾸는 것을 잘 보여주는 이야기가 있다. 어떤 남자가 회사에서 사장에게 된통 당한 뒤 집에 돌아가 아무 죄도 없는 아내에게 화풀이했다. 영문도 모른 채 봉변을 당한 아내는 아들을 화풀이 대상으로 삼았다. 마찬가지로 이유 없이 혼이 난 아들은 집에서 기르던 개를 발로 차 분풀이를 했다. 아닌 밤중에 홍두깨라고 가만히 있다가 발로 차인 개는 편지를 배달하러 온 집배원을 물어버렸다.

끓어오르는 화를 주체하지 못한 주유는 친구 노숙을 '물어버렸다.' 달리 무슨 이유가 있겠는가? 노숙이 이 모든 일의 화근이었기 때문이다. 제갈량을 동오로 데려온 이도 노숙이요, 형주를 빌려준다고 친히 도장을 찍은 이도 노숙이었다.

주유는 손권에게 글을 올려 노숙을 보내 형주를 되찾아오게 하라고 했다. 불쌍한 노숙은 하는 수 없이 유비를 찾아가 형주 반환을 요구했다. 제갈량은 노숙이 찾아온 까닭을 알고 유비에게 그의 장기인 '눈물 바람'으로 상대하라고 당부했다. 결국, 제갈량은 유비가 유씨 일족인 유장을 차마 죽일 수 없다는 이유를 들어 형주 반환을 연기했다.

유비가 노숙 앞에서 통곡한 것은 이번이 처음이었다. 노숙도 견문이 적은 사람은 아니었으나 다 큰 성인 남자가 눈물 콧물 쏟아가며 통곡하는 모습은 처음 봤다. 노숙은 본래 정이 많고 너그러운 사람인데 이런 상황에서 어떻게 형주를 돌려달라고 매몰차게 요구할 수 있겠는가? 더군다나 이제 손권과 유비는 처남 매제 사이였으니 요구하기가 더 난처했다. 결국, 노숙은 아무 성과도 없이 동오로 돌아갔다.

노숙은 곧 주유를 만나러 갔다. 주유는 노숙이 또 유비와 제갈량의 농간에 놀아난 것을 알고 더욱 화가 났다. 그때 문득 머릿속에 한 가지 계책이 떠올랐다. 주유는 노숙에게 다시 형주로 돌아가 '동오가 유비를 대신해 서천을 빼앗은 다음 손부인의 혼수로 줄 터이니 그 대신 형주를 돌려 달라'라고 유비에게 전하라고 했다.

유비가 내건 구실을 역으로 이용해 생각해낸 계책이었다. 주유는 유장과 아무런 관계가 없으므로 마음 놓고 공격해도 상관없었다. 노숙이 말했다.

"도독, 서천은 여기서 한참 멀리 있는데 쉽게 얻을 수 있겠습니까? 아무래도 이 계책은 불가할 듯합니다."

주유가 자신 있다는 듯 웃으며 말했다.

"자경은 참으로 덕망 있는 어른 같은 말씀을 하시는구려. 내가 정말로 서천을 쳐서 유비에게 주리라 믿는 것이오? 나는 그저 이를 명목으로 유비와 제갈량이 아무런 방비도 하지 않고 있는 틈을 타 형주를 빼앗을 작정이오. 그래야만 내 심중의 한을 풀 수 있을 것이오!"

노숙은 그제야 주유의 뜻을 깨닫고 다시 형주로 향했다.

그러나 이 일을 어찌하겠는가. 제갈량은 일찌감치 주유의 계책을 꿰뚫어 보고 있었다. 제갈량은 기어코 주유를 죽이겠다고 결심하고 계략을 짰다. 제갈량은 짐짓 기쁜 척하며 노숙을 칭찬했다. 그리고 노숙의 제안을 흔쾌히 받아들였다.

"귀국의 대군이 도착하는 날에 돈과 군량을 마련해 직접 성 밖으로 나가 맞이하리다."

노숙이 돌아가 이를 보고하자 주유는 득의양양하게 말했다.

"하하하! 이번에야말로 제갈량이 내 계책에 걸려들었구나!"

제갈량을 이기고 싶은 마음이 너무 간절했던 탓일까? 주유는 제갈량이 이번에는 평소와 달리 자기 생각대로 움직여준다는 점을 간과하고 말았다. 주유와 제갈량은 그동안 수차례 자웅을 겨뤘는데 매번 주유가 이기려는 찰나 제갈량이 미리 준비한 한 수를 내놓아 승부를 뒤집곤 했다.

현명한 사람은 똑같은 실수를 반복하지 않는 법이다. 그런데 왜 주유는 번번이 제갈량에게 지고도 포기하지 못한 것일까?

◈ **심리학으로 들여다보기**

남자의 눈물은 여자의 눈물보다 강하다. 남자도 타인을 위해 혹은 사회를 위해 눈물을 흘릴 줄 알아야 한다는 말이다. 자신의 안위만 걱정하는 이기적인 인간은 눈물을 흘릴 줄 모른다. 눈물은 공감을 상징하며 고통을 나누겠다는 표현이다.

쇠사슬에 묶인 코끼리는
걷는 법을 잊는다

몸이 어느 정도 회복되자 주유는 곧 군사를 지휘하기 시작했다. 먼저 감녕^{甘寧}을 선봉에 세우고 자신과 서성, 정봉이 중군이 되었다. 그리고 능통^{凌統}과 여몽^{呂蒙}을 후속부대로 삼아 수륙 양군의 정예병 오만을 거느리고 천천히 형주로 진군했다.

동오의 대군이 하구에 이르자 공명의 명을 받은 미축이 나와 그들을 맞이했다.

"우리 주공께서 이미 돈과 군량을 준비해 두었으며 곧 운반해올 것입니다."

이에 주유는 황숙이 어디 있는지 물었다.

"주공께서는 형주성 밖에 연회를 마련하고 도독을 기다리십니다."

주유는 성공이 머지않았다고 생각하면서 정색하며 말했다.

319

"이번 원정은 그대들 집안의 일을 위한 것이오. 지친 군사들을 위로하는 일에 한 치의 소홀함도 있어서는 안 될 것이오!"

미축은 알았다고 하며 물러났다.

주유의 군대가 공안에 이르렀으나 강 위에는 배 한 척 없고 마중 나온 사람 하나 보이지 않았다. 한참 뒤에 정탐을 나갔던 군사가 돌아와 보고했다.

"형주성 위에는 백기 두 개만 꽂혀 있고 사람은 그림자도 보이지 않습니다."

주유는 뭍에 올라 장수와 시종들을 거느리고 형주성 밑으로 향했다. 이때 주유는 뭔가 이상한 낌새를 눈치챘어야 했다. 그러나 주유는 이제 겨우 제갈량을 꺾을 수 있다는 계책을 '구상'해냈다고 자부하고 있었다. 주유 내심의 강한 동기와 예상이 '지각의 선택성'에 빠지게 만들었다.

'지각의 선택성'이란 사람이 객관적인 외부 세계를 객관적이고 온전하게 인지하지 않고, 자신의 동기와 예상에 맞는 부분만 선택적으로 인지하고 맞지 않는 부분은 간과하는 것을 말한다. 다시 말해 주유는 자신의 '가도멸괵假途滅虢(길을 빌려서 괵나라를 멸망시킨다는 뜻으로 처음에는 길을 빌려 쓰다가 마침내 그 나라를 쳐 없애는 것을 말함)' 계책이 예상대로 순조롭게 진행되기만 바랐다. 제갈량이 이미 자신의 계책을 간파했다는 현실을 받아들이지 못한 것이다. 그래서 뭔가 꺼림칙한 조짐이 잇따르는데도 기어이 형주성 밑까지 왔다.

주유가 수하에게 문을 열라고 소리치게 했다. 그러자 갑자기 성 위에서 딱따기 소리가 울리며 백기 두 개가 내려가고 홍기 두 개가 올라

오더니 성의 군사들이 일제히 창칼을 들고 나타났다. 조운이 그 가운데 서서 주유에게 물었다.

"도독께서는 무엇 때문에 이번 원정에 나서신 겁니까?"

주유가 대답했다.

"나는 그대들을 대신해 서천을 치려는 것인데 그것을 모르고 묻는 것이오?"

조운이 껄껄 웃으며 말했다.

"제갈군사는 이미 그대의 가도멸괵 계책을 간파하셨으니 도독께서는 속히 돌아가시는 편이 좋을 것이오!"

주유가 격분하여 화를 내려는데 정탐을 나갔던 군사가 날듯이 달려와 보고했다.

"관우가 강릉에서 쳐들어오고 장비가 자귀^{秭歸}에서 공격해오고 있습니다. 그리고 황충이 공안에서, 위연이 잔릉^{屛陵}에서 밀고 들어옵니다. 사로에서 얼마나 많은 군사가 밀려오는지 알 수 없으며 주유를 사로잡으라는 군사들의 함성이 천지를 울리고 있습니다."

주유는 이번에도 제갈량에게 졌다는 사실을 깨닫고 단말마의 비명을 질러댔다. 그 순간 화살에 맞은 상치가 터지면서 말에서 굴러떨어졌다. 수하들이 급히 그를 배로 옮겼다. 이어서 달려온 정탐병이 유비와 제갈량이 산꼭대기에서 술을 마시며 즐기고 있다고 하자 주유는 더욱 분을 참을 수가 없었다.

사람은 화가 나면 이성을 잃는 법이다. 주유는 마음속에 가득 찬 분을 풀 길이 없었다. 기어이 서천을 공략하고 말겠다는 어리석은 결정을 내렸다. 서천을 공략하겠다는 것은 그저 형주성을 빼앗기 위한 구실에 불과했으나 이제는 '목적'이 되어버렸다. 아마 주유에게는 이 방법밖에 없었을 것이다. 그래야만 자신이 무능하지 않다는 사실을 증명할 수 있기 때문이다. 그래서 주유는 아픈 몸을 이끌고 수륙 양쪽에서 서천으로 진격했다.

그러나 제갈량은 이미 유봉과 관평을 보내 수로를 막았다. 이 사실에 주유는 더욱 격분했지만 아직 화가 나서 '죽을' 정도는 아니었다. 주유를 죽일 마지막 무기는 한 통의 편지였다. 이것은 제갈량이 직접 주유에게 쓴 것이었다.

한漢 군사중랑장軍師中郞將 제갈량이 동오의 대도독 공근선생께 보내오. 이 제갈량은 시상에서 선생과 헤어진 뒤로 늘 그리워하며 잊지 못했습니다. 이제 그대가 서천을 치려 한다는 소식을 들었는데 아무래도 그 일은 안될 것 같습니다. 익주는 그 백성이 강하고 지세가 험해 비록 유장이 어리석고 약하다고는 하나 스스로 지키기에는 부족함이 없습니다. 지금 그대가 지친 군사로 먼 길을 가 공을 이루려 하나 오기吳起라 하더라도 그 규율을 세울 수 없을 것이며 손무孫武라 하더라도 그 끝을 잘 맺을 수 없을 것입니다. 조조가 비록 적벽에서 졌다고 하나 그 마음이야 어찌 한시라도 복수를 잊었겠습니까? 선생이 군사를 일으켜 먼 곳을 치는 동안 조조가 그 틈을 엿보아 치고 내려온다면 강남은 가루가 되어 흩어지고 말 것입니다. 이 제갈량은 차마 그 같은 일을 좌시할 수 없어 이렇게 알려드리니 부디 밝게 헤아리십시오.

편지의 내용은 누구나 다 알고 있는 '사실'을 담담히 말한 것에 불과했다. 굳이 제갈량이 일깨워주지 않더라도 주유 자신이 누구보다도 잘 알고 있었다. 그러나 아주 특별한 '때'에 맞춰 주유의 손에 전해져 주유의 목숨을 앗아가고 말았다. 왜냐하면 잇달아 엄청난 충격을 받은 주유에게 그의 원정이 이성적이지 못한 행동이라고 결정타를 날렸기 때문이다. 틈만 나면 해칠 계략을 세웠던 상대에게서 나온 담담하고 진실한 말은 오히려 심장을 후벼 파는 날카로운 칼이나 다름없었다. 이 칼은 그 어떤 비웃음보다도 더 모욕적이었다.

결국 이 편지는 주유의 마지막 희망까지 끊어놓았다. 읽기를 마친 주유는 긴 탄식을 내뱉더니 오히려 이상할 정도로 차분해졌다. 그는 좌우에 지필묵을 가져오라 이르더니 손권에게 편지를 썼다. 편지를 다 쓴 뒤 장수들을 모두 불러 말했다.

"나는 충성을 다해 나라의 은혜에 보답하려 하였으나 천명이 다했으니 어쩔 수 없겠소. 그대들은 부디 오후를 잘 섬기어 반드시 대업을 이루시오!"

말을 마친 주유는 정신을 잃었다. 한참 뒤에 다시 정신을 차린 뒤 하늘을 우러러보며 길게 탄식했다.

"이미 주유를 낳았으면서 제갈량은 왜 또 낳았는가!"

이렇게 같은 말을 여러 번 하고 나서 숨이 끊어지니 그의 나이 겨우 서른여섯이었다.

자신과 운명의 관계를 어떻게 보는가? 자신이 운명을 지배하는가? 아니면 운명이 사람을 지배하는가? 사람이 운명을 지배한다고 믿는 자는 내부통제자고 사람은 그저 운명이 시키는 대로 따를 수밖에 없다고 생각하는 사람은 외부통제자다.

비범한 재주를 지녔고 하는 일마다 순풍에 돛 단 듯 잘 풀리는 사람은 자신이 운명을 포함해 모든 것을 통제할 수 있다고 생각한다. 자신이 하고자 마음만 먹으면 모든 일이 다 이루어진다고 여긴다. 주유도 내부통제자였다. 젊어서부터 이름을 날리기 시작해 평생 성공 가도를 달려왔다.

그러나 제갈량이 나타나면서 주유의 인생은 꼬이기 시작했다. 아무리 뛰어난 계책을 생각해내도 제갈량을 넘어설 수는 없었다. 처음에 이것이 그저 우연이라고만 생각했다. 그래서 자신이 제갈량보다 뛰어나다는, 적어도 제갈량보다 못하지 않다는 걸 증명하기 위해 끊임없이 힘겨루기를 했다.

그러나 융중의 초가에서 나온 제갈량은 주유가 막 출사했을 때와 마찬가지로 막힘없이 성공 가도를 달렸다. 주유가 아무리 기가 막힌 계책을 생각해내도 제갈량은 번번이 그의 계책을 무위로 만들었다. 그로 인해 하늘의 선택을 받은 자에서 갑자기 하늘의 버림을 받은 사람이 되었다. 이 얼마나 고통스러운 일이겠는가. 결국, 마지막 힘을 짜내 외친 '이미 주유를 낳았으면서 제갈량은 왜 또 낳았는가'라는 말과 함께 끝을 맺었다.

주유도 결연한 내부통제자에서 무력한 외부통제자로 변했다. 생명의 끝에 이르러서야 주유는 자신이 운명을 통제할 수 없다는 사실을 깨달았다. 그리고 운명의 지배를 받아들였다. 한때 그에게 장밋빛 인생을 선사했던 운명은 이제는 그를 아끼지 않고 몰인정하게 내팽개쳤다. 이때의 주유는 이미 모든 의지를 잃고 말았다.

"이미 주유를 낳았으면서 제갈량은 왜 또 낳았는가!"

이 얼마나 가슴 아픈 깨달음이고 무력한 외침인가. 주유는 그렇게 죽었다. 그는 자신의 생명을 바쳐 우리에게 '학습된 무기력'을 알려준다. '학습된 무기력'은 내부통제자에서 외부통제자로의 전환을 말한다. 이러한 전환은 종종 좌절과 실패를 겪으면서 완성된다.

쇠사슬은 어떻게 서커스단의 코끼리를 묶어둘 수 있는 것일까? 코끼리를 묶어둔 것은 쇠사슬이 아니라 '학습된 무기력'이다. 코끼리의 힘이라면 쇠사슬쯤이야 가볍게 끊을 수 있다. 그런데도 코끼리는 쇠사슬을 끊으려는 시도조차 하지 않는다. 코끼리가 봤을 때 쇠사슬은 결코 벗어날 수 없을 만큼 강하기 때문이다. 새끼 코끼리였을 때 몇 번이나 쇠사슬에서 벗어나려 시도했다. 하지만 그때는 힘이 약해 성공하지 못했다. 여러 번 실패한 뒤, 결국 새끼 코끼리는 쇠사슬에서 벗어나려는 시도를 포기했다. 이미 코끼리의 의식에 '학습된 무기력'이 자리했기 때문이다. 이 '학습된 무기력'은 괴력을 가진 어른 코끼리가 된 뒤에도 의식 속에 뿌리 깊게 자리하며 탈출을 꿈꾸지 못하게 만든다.

사람도 마찬가지다. 사람은 결국 죽는다. 누구도 죽음으로부터 당신을 구할 수 없다. 이것은 아마도 인류에게 있어 가장 보편적인 '학습된 무기력'이다. 만약 주유가 조금 일찍 이 이치를 깨달았다면 분을 참지 못해 죽는 일은 없었을 것이다. 제갈량이 자신보다 뛰어나다는 사실을 인정한다면 체면이 좀 깎이는 것 외에 달리 무슨 해가 있었겠는가?

주유는 단지 제갈량보다 재주가 조금 모자랐을 뿐, 주유의 집안은 제갈량과는 비교도 할 수 없는 명문가였다. 주유가 잘만 경영했다면 제갈량도 그를 어쩌지 못했을 것이다. 하지만 제갈량에게는 이 또한 주유가 화를 못 이겨 죽게 만들어야 했던 이유다.

제갈량은 주유가 죽었다는 소식을 듣고 큰소리로 웃었다. 물론 주유의 죽음은 제갈량이 바라던 바였지만 사람이 죽었다는 데도 마냥 기뻐하는 모습을 보고 있자니 제갈량에 대한 존경의 마음이 줄어드는 것은 어쩔 수 없다.

이때의 제갈량도 내부통제자였다. 제갈량은 하늘의 보살핌을 받은 사람이었다. 이후로도 또 다른 행운아인 사마의司馬懿가 나타날 때까지 그의 행운은 아주 오랫동안 지속된다.

하늘은 공평무사하다. 하늘의 보살핌을 많이 받을수록 '학습된 무기력'을 받아들이지 않는다. 그러나 사람은 언젠가는 자신의 한계를 깨닫고 '학습된 무기력'의 필연성을 받아들여야 한다. 제갈량은 여섯 번이나 기산으로 출정해 군사만 잃고 아무 성과도 거두지 못한 뒤에야 결국 오장원에서 이 이치를 깨달았다. 그러나 그때 그의 생명은 이미 종착역에 이르고 말았다.

◈ **심리학으로 들여다보기**

인간은 평생의 시간을 들여 '무력'한 현실을 받아들이는 법을 배운다. 손을 내저으며 거부하고 자신 있음을 내비치지만 속내는 두렵고 망설여진다. 여기에는 감당하기에 벅참도 있지만 실수해서는 안 된다는 심리적 요인이 크다. 자신의 무력함을 인정하자. 실수하지 않는 인간은 없다.

눈물은
상대방의 시야를 가리는 묘수를 부린다

　주유의 죽음을 안 유비는 제갈량에게 앞으로 어떻게 해야 하는지 물었다. 유비가 볼 때 멀쩡하던 주유를 격분해 죽게 만든 책임은 자신들에게 있었다. 귀한 인재를 잃은 손권은 주유의 복수를 위해 형주를 공격해올 수도 있었다.

　유비의 생각으로는 당연히 그럴 법했다. 훗날 관우가 동오에 의해 목숨을 잃었을 때, 유비는 제갈량과 조운이 사직을 먼저 생각하라고 간곡히 말렸는데도 군사를 총동원해 동오를 공격했다. 그러면서 피비린내가 물씬 풍기는 천고의 명언을 남겼다.

　"짐이 아우의 원수를 갚지 못한다면 만리강산을 얻은들 귀할 게 무엇이겠는가?"

　그러나 제갈량의 판단은 유비와 달랐다. 그는 이미 동오의 정책 결정자들의 심리를 손바닥 보듯 훤하게 꿰고 있었다. 손권은 우유부단하고 주견이 없어 주위의 말에 흔들리는 편이었다. 이제 주요 정책결정권은 장소를 위시한 문관들의 손에 쥐어졌다. 주유가 살아있을 때는 주유와 장소가 상호 견제하며 균형을 이뤘다. 그러나 주유가 죽고 없으니 장소 무리가 독단적으로 판단할 것이 분명했다. 이들은 험준한 장강의 비호를 받아 오랫동안 평온한 삶을 누렸던 터라 결코 전쟁을 원치 않았다. 이는 과거 조조가 침략해왔을 때 그들이 한목소리로 투항을 주장했던 것으로 충분히 짐작할 수 있다. 또한, 신분이 높은 문관들이 부끄러운 줄 모르고 당당하게 투항을 주장한 것은 무관들의 지위가 그다지 높지 않고 발언권이 약하다는 반증이기도 했다. 설령 일부 무장들이 전쟁해야 한다고 목소리를 높여도 전반적인 분위기에 밀려 큰 반향을 일으키지는 못할 것이었다.

이런 종합적인 판단으로 제갈량은 동오가 주유의 죽음으로 군사를 일으키지는 않을 것이라고 여겼다. 지금 그가 촉각을 곤두세우는 문제는 주유가 죽은 빈자리를 누가 메울 것이냐는 점이었다. 틀림없이 노숙이 맡게 될 것으로 예견했다.

제갈량이 그렇게 생각한 데는 몇 가지 이유가 있다.

첫째, 주유가 후계자로 고려할 만한 사람은 매우 적었다. 노숙은 주유와 말이 통하는 유일한 사람이었다. 지략이 야물지 못해 늘 주유에게 꾸지람을 들었지만 단 한 번도 주유의 반대편에 선 적이 없다. 공적인 부분에서 이러했다.

둘째, 주유와 노숙은 친분이 두터웠다. 주유가 벼슬길에 오른 지 얼마 되지 않았을 때, 노숙이 그에게 대가 없이 군량미를 제공했다. 주유는 이에 대한 보답으로 노숙을 손권에게 추천했다. 두 사람의 우정은 호혜가 깊어질수록 돈독해졌다. 사적인 부분에서 이러했다.

셋째, 사람은 후계자를 고를 때 자기 뜻을 거스르는 사람이 아니라 유지를 이어나갈 사람을 선택한다. 이 보편적인 법칙으로 보았을 때 노숙은 가장 적합한 후계자였다.

그래서 주유는 틀림없이 노숙을 선택할 것이지만 임명권을 쥔 사람은 손권이다. 과연 그가 주유의 건의를 받아들일까? 아니면 자신이 따로 생각한 사람을 임명할까?

손권은 주견이 없는 사람이고 주유는 그가 매우 신뢰하던 사람이다. 게다가 적벽에서의 전투 이후 손권은 더욱 주유를 신임해 군사 책략을 결정하는 데 있어 주유의 의견을 우선시했다. 그러므로 주유가 임종 전에 당부했다면 손권이 따르지 않을 리 없었다.

이로 미루어 볼 때 노숙은 주유의 뒤를 이어 동오의 도독이 될 게 분명했다. 제갈량은 이 결과에 매우 만족했다. 노숙은 그의 손아귀 안에 있는 사람이었다. 노숙이 동오의 군통수권자가 된다면 모든 일은 뜻대로 풀릴 거라 생각했다. 이에 제갈량은 동오에 주유의 문상을 가기로 했다. 유비는 제갈량의 결정을 이해할 수 없었다.

"군사께서 간다면 동오의 장수들이 해치려 들 것입니다."

이에 제갈량이 대답했다.

"주유가 살아있을 때도 저를 어쩌지 못했습니다. 하물며 주유가 죽은 지금에야 죄다 그보다 못한 사람뿐인 동오가 두려울 게 뭐 있겠습니까?"

주유를 격분시켜 죽게 만든 장본인이 문상 가는 것은 동오에 쓸 만한 인재가 없음을 조롱하는 것이 분명했다. 그러나 이것을 제갈량이 승리를 과시하려는 행동으로 본다면 단언컨대 그것은 오해다.

제갈량이 동오에 문상 가는 것은 주유의 죽음을 애석하게 여겨서가 아니라 다른 목적이 있어서였다.

그러나저러나 동오로 문상 가는 길에 신변의 위협을 당할 수 있으므로 제갈량은 호위무사로 조운을 데려갔다. 동오로 향하던 중 손권이 주유가 임종 전에 올린 글에 따라 노숙을 대도독으로 임명했다는 소식을 들었다. 시상에 도착한 제갈량은 사람을 시켜 노숙에게 '유황숙이 주유의 문상을 하라고 제갈량을 보냈다'라고 전하게 했다.

서둘러 나온 노숙은 심경이 복잡했다. 주유와 제갈량이 지혜를 겨룬 과정을 누구보다 잘 알고 있는 그였다. 이왕 게임에 참여했으면 이기든 지든 결과에 승복해야 한다. 따라서 노숙도 제갈량에게 그다지 원망의 마음을 품지는 않았다. 그러나 주유의 죽음은 충격적인 일이었다. 또한, 제갈량이 위험을 무릅쓰고 문상을 왔다는 사실이 이해가 안 되면서도 그의 용기에 탄복했다. 이렇듯 머릿속에 얽힌 생각으로 심경이 복잡했다.

제갈량을 본 주유의 부장들은 당장 죽이고 싶을 정도로 이를 갈았다. 하지만 칼을 찬 조운이 그림자처럼 지키고 있어 누구 하나 나서지 못했다. 주유의 수하 중 아무도 나서지 않은 까닭은 무엇일까? 이것은 심리학에서 말하는 '방관자효과'다.

'방관자효과'란 긴급한 일이 벌어졌을 때 보이는 반응이 혼자일 때와 여러 사람이 함께 있을 때 서로 다른 것을 말한다. 다른 사람이 함께 있으면 책임감이 분산돼 개인이 느끼는 책임감이 적어진다. 나 아닌 다른 사람이 행동에 나서주기를 바라면서 결국 아무도 나서지 않게 되는 것이다.

주유의 부장들도 마찬가지였다. 이런 상황에서 '방관자효과'를 무위로 만들려면 반드시 혈기 넘치는 사람이 자리에 있어야 한다. 그가 나서서 다른 사람이 행동하든 말든 먼저 와룡을 향해 칼을 휘둘러야 했다. 그러나 안타깝게도 위나라에는 허저^{許褚}가 있고 촉나라에는 장비가 있지만 오나라에는 이렇게 혈기 넘치는 맹장이 없었다. 이 또한 제갈량이 헤아려서 마음 놓고 동오를 찾은 이유였다.

제갈량은 제물을 영전에 바치고 직접 술을 올린 뒤 바닥에 꿇어앉아 제문을 읽었다.

슬프구나. 공근이여! 불행히도 일찍 죽고 말았으니. 목숨이 길고 짧은 것은 하늘에 달렸으나 사람이 어찌 슬퍼하지 않겠는가. 내 마음이 실로 아파 술 한잔 올리니 그대의 넋이 있다면 부디 이 술을 받아주시오. 그대 어릴 적 배움의 때를 생각하며 슬퍼하노니, 손백부를 사귐에 있어 의^義를 짚어 재물을 나누어 썼고 집을 내줘 살 곳을 마련해줬소. 그대의 젊은 시절을 생각하며 슬퍼하노니 만 리의 대붕을 잡듯 패업을 일으켜 강남에 할거하였소. 그대의 장년을 생각하며 슬퍼하노니 그대는 멀리 파구를 지키며 유경승을 달래고 역적을 쳐 나라의 걱정을 없앴소. 그대의 자태를 생각하며 슬퍼하노니 소교와 참으로 잘 어울리는 한 쌍이었고 한나라 신하의 사위로 부끄러움이 없었소. 그대의 기개를 생각하며 슬퍼하노니 그릇된 것은 말리고 유익한 것은 받아들여 처음에는 날개를 펼치지 못했으나 종국에는 크게 펼쳤소. 파양호에서 장간이 달래러 왔을 때를 생각하며 슬퍼하노니 그대는 아무렇지도 않은 듯 그를 받아들여 넓은 도량과 높은 뜻을 보여 주었소. 그대의 큰 재주를 생각하며 슬퍼하노니 문무의 계략에 두루 능한 그대는 화공으로 적을 물리쳐 강한 자를 억누르고 약한 자를 도왔소. 그대가 살았을 적 늠름한 모습과 빼어난 기상을 떠올리며 때아닌 죽음을 슬퍼하며 엎드려 우노라. 충의의 마음이여 영령의 기운이여. 그대 비록 서른여섯에 삶을 마쳤으나 그 이름은 후세에 길이 전할 것이오. 그대의 죽음을 애달파하는 정, 시름 가득한 창자는 천 갈래로 얽힌 듯하고 간담은 슬픔으로 쪼개지는 듯하오. 하늘은 빛을 잃은 듯 어둡고 삼군은 쓸쓸한데 주군은 슬피 울고 벗들도 눈물을 그칠 줄 모르고 있소. 이 량은 재주 없는 사람이라 이제 어디 가서 계책을 빌고 꾀를 구한단 말이오? 어떻게 동오를 도와 조조에 맞서며 무슨 수로 한을 돕고 유씨를 지킬 수 있겠소? 그대가 살아 서로 돕는 형세를 이루고 머리와 꼬리가 호응하듯 할 수만 있다면 흥하든 망하든 무엇을 걱정하겠소. 오호, 슬프구나, 공근이여! 삶과 죽음으로 영원히 헤어졌구나. 그대의 곧음 길이 마음에 지니려 하나 그리운 모습은 어느새 사라지고 있소. 넋이라도 있으면 내 마음을 굽어살피소서. 이제 하늘 아래서는 다시는 그대와 같은 지음을 만날 수 없을 것이오. 오호, 슬프구나! 다만 엎드려 잔 올리며 그대가 받아주길 빌 뿐이오!

제갈량은 제문의 맨 앞부분에서 주유의 수명은 하늘에 달렸다고 밝혀 슬그머니 자신의 책임을 벗었다. 중간에는 짧은 일생 주유가 이룬 공적과 풍부한 경력에 대해 회고했다. 그리고 마지막 부분에서는 자신을 주유의 '지기知己'라 부르며 영원히 헤어져야 하는 침통한 심경을 밝혔다.

이 제문은 문장이 화려하고 진실해 제문 중 으뜸이라 할 수 있다. 그러나 아무리 좋은 문장도 진실한 감정을 담아 읽지 않으면 무용지물이다. 제갈량은 제문을 읽을 때 극도로 슬픈 감정을 표현했다. 또 제문을 다 읽은 다음에는 바닥에 엎드려 대성통곡을 하며 몹시 슬퍼했다.

동오인들은 제갈량이 진심으로 슬퍼하는 모습에 깊이 감동받아 중얼거렸다.

"모두 공근과 공명이 화목하지 않다고 하던데 이제 제갈량이 슬퍼하는 모습을 보니 역시 소문이란 믿을 것이 못 되는구나."

주유의 절친인 노숙도 '진심으로' 슬퍼하는 제갈량의 모습에 비탄한 마음이 들었다. 노숙은 '공근이 속이 좁은 탓에 스스로 죽음을 재촉한 것이다!'라고 생각하며 오히려 제갈량에게 너무 슬퍼하지 말라고 위로했다.

제갈량의 슬픔이 큰 공명을 일으킨 까닭은 무엇일까? 주유를 격동시켜 죽여 놓고도 그 책임을 벗고 오히려 호감과 동정을 살 수 있었던 원인이 무엇일까?

눈물은 최강의 무기다. 인류의 지속적인 발전에 큰 역할을 했다. 이스라엘 텔아비브대학의 진화생물학자인 하슨의 최신 연구에 따르면 인류 진화의 초기 단계에서 넓은 시야를 확보하는 것은 공격하거나 외부의 위협에 반격하기 위한 전제조건이었다. 생존하려면 반드시 탁 트인 시야를 확보해야 하는데 눈물은 시야를 가린다. 시야가 흐린 사람은 정확하고 효과적으로 공격을 할 수 없고 제대로 방어를 할 수도 없다. 그래서 눈물을 보이는 것은 다른 사람에게 '나는 이미 경계를 늦췄다'라는 신호를 준다. 이쪽에서 경계를 늦추면 상대방도 경계심을 푼

다. 그렇게 되면 둘 사이에 흐르던 팽팽한 긴장감도 점차 느슨해진다.

당신을 공격하려는(또는 공격 중인) 상대에게 눈물을 보여 복종한다는 신호를 보내면 상대는 당신에게 연민이나 동정심을 느낀다. 심지어 당신에 대한 지지를 이끌어낼 수도 있다.

제갈량의 주공 유비는 이 '장기'로 매번 곤경에서 벗어났다. 제갈량은 오랜 시간 유비와 함께하면서 그의 장기인 '눈물 바람'을 전수받았다. 덕분에 주유 영전에서 실감 나게 대성통곡함으로써 동오 장수들의 분노와 증오를 잠재웠다.

제갈량은 제문을 다 읽고 노숙에게 작별을 고했다. 제갈량이 강가에 이르렀을 때 어떤 사람이 나타나 그의 옷깃을 움켜잡았다. 대나무로 얽은 관을 쓰고 도포를 입고 검은 띠를 두르고 흰 신을 신은 그는 제갈량을 보고 큰소리로 꾸짖었다.

"그대는 주유를 격동시켜 죽여 놓고 문상까지 왔구나. 동오에는 사람이 없는 줄 아는가!"

말을 마친 그는 칼을 빼 들고 제갈량에게 달려들었다.

◈ **심리학으로 들여다보기**

눈물이 가리는 것은 당신의 시야가 아니라 상대방의 시야다. 감정에 호소하는 오류가 발생하지만 상당히 효과는 크다. 그렇지만 매번 눈물을 무기로 삼지 마라. 눈물이 마르면 당신을 지켜줄 방어막이 사라진다.

〈2권에 계속〉